앙코르

지도

인간이 만든 신의 나라

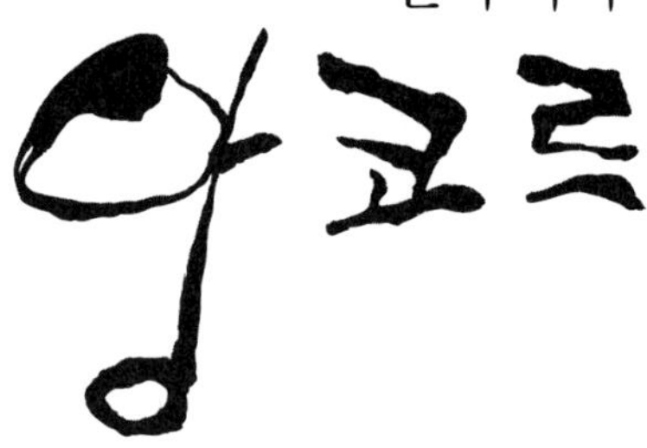
앙코르

인간이 만든 신의 나라

앙코르

글·사진 차장섭

역사공간

머리말

인간은 신을 만들었다. 인간은 불완전한 존재이기 때문에 완전함을 지향한다. 인간의 완전함을 추구하는 소망은 결국 상상력을 통해 완전한 존재, 신을 만들었다. 인간은 자신보다 완전한 존재인 신을 만들어 놓고 신이 되기 위해 노력하였다.

신은 인간을 만들었다. 신은 우주를 창조하였다. 하늘과 바다, 땅을 만들었다. 하늘에는 별과 구름을 만들고, 바다에는 물과 물고기를 만들었다. 그리고 땅에는 자신의 모습을 닮은 인간을 만들었다.

인간은 땅에 신을 위해 신의 나라를 건설하였다. 신을 항상 가까이하고 싶은 마음에 인간은 자신이 살고 있는 땅에 신의 나라를 만들었다. 인간이 사는 나라와는 다른 특별한 모습으로 신의 나라를 만들었다.

신은 인간을 위해 인간의 나라로 내려왔다. 신은 자신들을 가까이하고 싶어하는 인간의 소망에 부응하여 인간의 나라로 내려왔다. 인간이 원하면 가장 빠르고 손쉽게 만날 수 있도록 인간이 사는 인간의 나라로 내려왔다.

앙코르는 인간이 만든 신의 나라이다. 인간이 살고 있는 인간의 땅, 앙코르에 위대한 앙코르인은 신의 나라를 만들었다. 신들과 함께 살면서 신처럼 살고 싶은 마음에 온갖 정성을 모아 신의 나라를 건설하였다. 그리고 신들을 모셔왔다. 앙코르는 신과 인간이 함께 사는 이상향이 되었다.

앙코르는 500여 년 동안 자연이 지켜왔다. 인간이 만든 신의 나라는 인간의 기억 속에서 잠시 사라졌다. 신의 나라가 인간의 세상과 단절된 것이다. 그러나 신의 나라는 여전히 자연 속에 존재하고 있었다. 자연이 인간을 대신하여 신의 나라를 지켜왔다.

앙코르는 새롭게 인간의 세계로 돌아왔다. 세월의 무게에 무너져 화려하고 영화로웠던 옛 모습은 과거가 되었다. 그러나 강인하고 웅장한 신의 나라는 다시 인간에게로 돌아왔다. 오히려 더 따사롭고 인자한 모습으로 인간을 가슴 가득히 포용하고 있다. 이제 앙코르는 우주의 중심으로 인간의 가슴 가장 깊은 곳에 자리하였다.

앙코르를 여행하고 글을 쓰면서 많은 사람들의 도움은 나의 부족함을 메워주었다. 우선 글을 쓰는 동안 앙코르와 관련한 많은 연구서와 안내서들이 출판되었다. 의미있는 내용들을 많이 인용하였다. 그러나 그것을 각주를 통해 일일이 밝히지 않고 참고문헌에 인용한 저서의 목록을 밝혀 두었다. 저자에게 깊은 감사와 양해를 구한다. 그리고 네 차례 앙코르를 여행할 때마다 김빛나양과 김수산씨는 기꺼이 안내를 맡아주었다. 사진작업의 모든 것을 이종만 교수님이 자상하게 지도해 주셨다.

가족은 언제나 내 삶의 동반자이다. 친가와 처가의 부모님께서는 항상 자식에 대한 염려와 함께 격려를 보내 주셨다. 그리고 아내 김해숙과 아들 민재, 딸 윤지는 자료를 찾고 원고를 정리하는데 도움을 주었다. 가정의 따뜻함이 작업의 밑거름임을 새삼 느낀다.

위대한 앙코르 문명이 바로 그 땅에서 다시 이루어지는 그 날을 기대한다.

2010년 12월 학산재에서 차 장 섭

차 례

앙코르 문명

앙코르의 문명

세계 4대 문명은 각각의 문화권을 형성하였다. 나일강을 중심으로 하는 이집트 문명은 유럽 문화권의 기초가 되었다. 티그리스강과 유프라테스강 유역의 메소포타미아 문명은 아랍 문화권을, 황하를 중심으로 하는 중국문명은 중국·한국·일본 그리고 베트남 북부를 포함하는 동아시아 문화권을 형성하였다. 인더스강을 중심으로 발전하였던 인도 문명은 인도를 비롯한 동남아시아 문화권의 기반이 되었다.

인도 문명을 가장 먼저 수용한 동남아시아 국가는 캄보디아와 인도네시아이다. 캄보디아의 토착민인 크메르인은 힌두교를 중심으로 하는 인도 문명을 바탕으로 캄보디아 고유의 앙코르 문명을 만들었다.

앙코르 문명은 캄보디아의 톤레삽 호수를 중심으로 형성되었다. 톤레삽 호수는 메콩강과 연결되며, 메콩강은 동남아시아 여러 나라와 연결된다. 따라서 캄보디아에서 형성된 앙코르 문명은 메콩강을 통해서 동남아시아 각국으로 전파되었다.

앙코르 문명의 형성

문명은 강을 중심으로 발달하였다. 강은 인간에게 물을 공급할 뿐만 아니라 상류에서 가져 온 흙을 하류에 쌓아서 비옥한 농토를 만들어 주었다. 그 땅을 찾아 많은 사람들이 모여들었다. 한편 강은 인간에게 고통을 주기도 한다. 홍수 때마다 범람하는 강은 적은 인원으로는 감당하기 어려운 재난이었다. 마침내 인간은 강물의 범람에 대처하기 위해 힘을 합쳐 국가를 형성하기에 이르렀다. 강물이 주는 풍요와 고통은 결국 하나의 문명을 발달시키는 결과를 가져왔다.

메콩강의 선물 | 메콩강은 동남아시아 최대의 강이다. 중국의 칭하이성靑海省과 티베트 고원에서 발원하여 중국의 윈난성雲南省과 미얀마·라오스·타이·캄보디아·베트남으로 흐르는 대하천이다. 길이 4,800km의 메콩강은 중국에서는 칭하이성·티베트 지방의 여러 강이 창두昌都에서 합류하여 란창강瀾滄江이 된다. 라오스에서 메콩강은 1,500km에 걸쳐 흐르다가 라오스와 캄보디아의 국경에서 콘파팽 폭포를 이룬다. 국경을 넘어 캄보디아를 남류한 메콩강은 크라티에에 이른다. 여기서부터 프놈펜까지는 상당히 큰 선박의 항해가 가능하다. 지류들이 합쳐져 수량은 더욱 풍부해지고 흐름도 완만해지기 때문이다. 메콩강은 프놈펜 주변에서 북서쪽의 톤레삽강과 합류했다가 프놈펜 남쪽에 이르러 두 갈래로 갈라진다. 동쪽으로는 본래의 메콩강이, 서쪽으로는 분류인 바삭강이 흐른다. 이 지점에서 메콩강은 4개의 강이 K자 모양

을 하고 있기 때문에 '네 개의 팔'이라 불린다. 베트남에서는 220km를 흐르는데 흐름은 매우 완만하고 폭이 2km나 되며 유역에는 메콩 삼각주의 논농사지대가 펼쳐진다. 남중국해로 들어가기 전에 다이강을 비롯한 9개의 강으로 갈라진다. 이 때문에 메콩강을 베트남에서는 구룡강九龍江이라고도 부른다.

메콩강은 동남아시아의 교통과 생활의 대동맥이며 메콩강 유역은 풍요한 자원의 보고이다. 특히 메콩강이 반출하는 진흙은 연간 10억m³나 된다. 이로 인해 생겨난 거대한 토지는 쌀 생산의 중심지가 되었다. 그리고 강은 가장 중요한 교통로의 역할을 하고 있으며 강에서 생산되는 어류는 주민들에게 중요한 식량이다.

앙코르 문명은 메콩강의 선물이다. 앙코르 문명이 메콩강 유역의 넓은 지역 중 캄보디아 앙코르에서 발달한 이유는 무엇일까? 그것은 바로 톤레삽 Tonle Sap 호수 때문이다.

톤레삽 호수는 캄보디아의 한 가운데 자리하고 있다. 우기 때는 메콩강의 물이 불어나 수위가 높아져 프놈펜에서 톤레삽 호수로 역류하여 흘러들어 간다. 건기가 되면 강물이 줄어들면서 수위가 낮아져 호수의 물이 메콩강으로 빠져 나간다. 우기 때 호수는

수심이 10m 정도로 깊어지면서 넓이가 13,000km²에 이른다. 그러나 건기가 되면 수심
이 2.2m 정도로 줄어들면서 면적도 우기의 1/5인 2,500km²로 줄어든다.

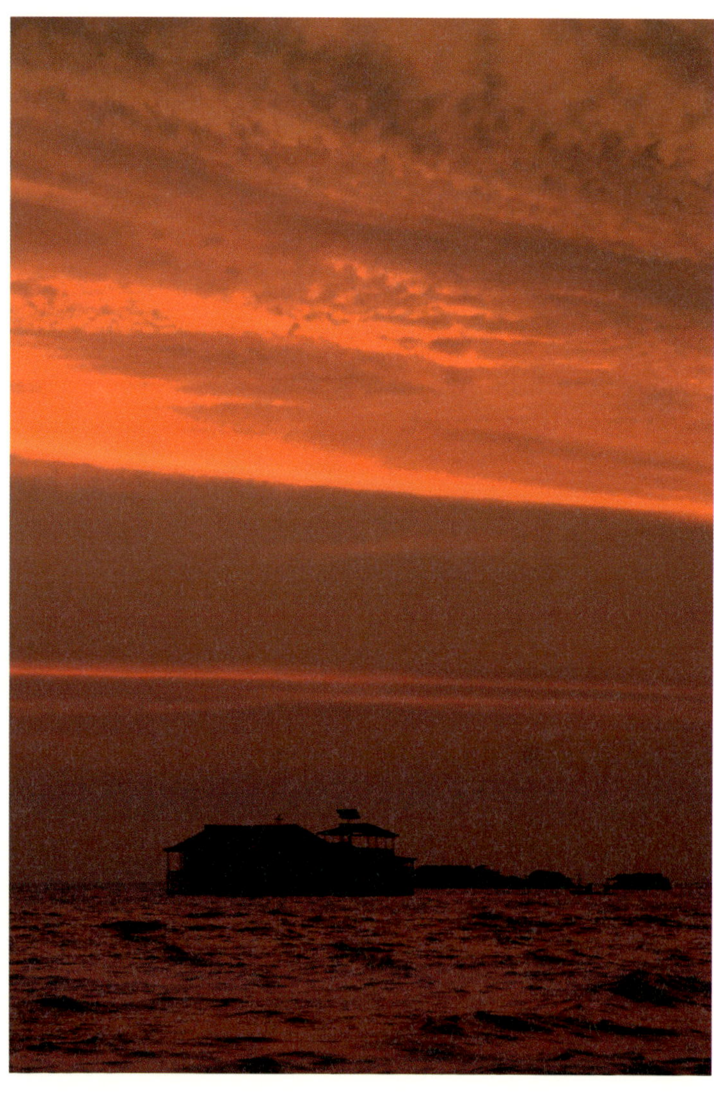

톤레삽 호수

풍부한 식량과 교통로, 톤레삽 호수 | 톤레삽 호수는 앙코르 문명이 발달하는데 두 가지를 제공하였다. 첫째, 풍부한 식량이다. 어족자원을 비롯하여 주변 농경지에 물을 공급함으로써 풍부한 식량 생산이 가능하였다. 왕성한 생산력은 경제적 여유와 정치적인 힘을 가지게 하고 그것을 바탕으로 문명이 발달할 수 있었다.

앙코르 평원

톤레삽 호수는 농업 생산의 중심지이다. 캄보디아는 늪지대라고 말 할 수 있을 정도로 낮은 저지대의 거대한 평원이다. 이 평원의 한 가운데 톤레삽 호수가 있다. 메콩강이 반출하는 진흙은 강물을 따라 하구로 내려왔다가 톤레삽 호수를 타고 역류하여 호수를 중심으로 거대한 캄보디아 평원을 만들었다. 그리고 톤레삽 호수는 대평원의 젖줄이 되어 물을 공급함으로써 앙코르 지역을 쌀을 비롯한 풍부한 농산물 생산의 중심지로 만들었다.

톤레삽 호수는 물고기가 풍부하다. 1858년 메콩강을 거슬러 톤레삽 호수를 통해 앙코르 유적을 답사하였던 앙리 무오Alexander Heri Mouhot는 일기에 '고기가 너무 많아 노를 젓기 힘들다'고 적고 있다. 지금도 1km²에 5만 톤의 고기가 잡힐 정도로 단위 면적당 어획량이 가장 많은 호수이다. 250여 종의 다양한 어족자원을 통해서 풍부한 식량을 공급하고 있다.

둘째, 톤레삽 호수는 캄보디아의 가장 중요한 교통로이다. 고대 교통의 중심은 물길이다. 메콩강은 동남아시아의 가장 중요한 교통로 가운데 하나로써 이 강을 통해서 많은 인적·물적 자원이 교류하였다. 그러나 배로 이동할 수 있는 거리와 지역은 제한적이다. 바다에서 베트남 델타 지역을 통해 메콩강을 거슬러 올라가면 뱃길은 캄보디아와 라오스 국경선에서 막힌다. 캄보디아와 라오스 국경선에는 콘파팽이라는 폭포가 자리하고 있기 때문이다. 반면 톤레삽 호수로 가는 톤레삽강은 우기는 물론 건기에도 뱃길이 열려 있다. 따라서 바다를 통해 들어온 문물은 바로 톤레삽 호수를 통해 캄보디아 내륙 깊숙이 들어갈 수 있었다.

캄보디아의 건국세력도 톤레삽 호수를 통해 캄보디아로 들어왔다. 이같은 사실은 캄보디아의 건국신화에 잘 나타나 있다. 인도의 브라만 계급인 카운디냐라는 사람이 신의 계시를 받고 새로운 땅을 찾아 배를 타고 동쪽으로 떠났다. 카운디냐가 캄보디아의 톤레삽 호수에 다다랐을 때 소마라는 아름다운 공주를 만나 사랑에 빠져 결혼을 하였다. 소마의 아버지는 용왕 나가라자로 이들에게 새로운 땅을 주어 통치하게 하였다. 이것이 캄부자Kambuja이다. 바다와 메콩강 그리고 톤레삽 호수를 통해 인도로부터 온 이주민과 토착민이 결합하여 캄보디아가 이루어졌다는 것이 건국 신화에도 나타나 있다.

앙코르 문명은 인도 문명이 톤레삽 호수를 통해 도입된 결과였다. 바다를 통해 동남아

앙코르 일상생활 부조, 바이욘

캄보디아의 농촌 풍경

시아로 유입된 인도 문명 가운데 하나가 메콩강을 거슬러 톤레삽 호수를 통해 캄보디아로 들어왔다. 인도 문명은 토착민인 크메르인들에게 하나의 통일된 종교와 세계관, 문자들을 제공함으로써 위대한 앙코르 문명을 탄생시켰다. 크메르인들은 인도 문명을 소화하여 그것과는 다른 자신들의 문명을 만들어낸 것이다. 특히 도성·왕궁·사원 등을 건축한 건축술과 돌에 새겨진 조각술은 인도를 넘어 독창적인 앙코르 문명의 진수를 보여준다.

톤레삽 호수는 외국과의 교류의 장이었다. 중국의 사신 주달관은 캄보디아로부터 조공을 받아내기 위해 파견된 원나라 황제의 사절이었다. 주달관도 메콩강에서 톤레삽 호수로 이어지는 뱃길을 이용하였다. 1296년 현재의 베트남 해안을 따라 항해하여 메콩강을 거슬러 올라가 캄보디아 중심부에 위치한 거대한 톤레삽 호수까지 들어왔다. 그리고 이 호수를 건너서 호수의 북동쪽에 위치한 앙코르에 도착하였다. 그는 1296년 4월부터 1297년 7월까지 앙코르에 머물렀으며, 본국으로 돌아가 여행기『진랍풍토기眞臘風土記』를 서술하였다. 이처럼 메콩강에서 톤레삽 호수로 이어지는 뱃길은 사람의 길이요, 문명의 길이었다.

한편 톤레삽 호수는 캄보디아와 다른 나라와의 전쟁터이기도 하였다. 캄보디아의 국력이 약해지면 톤레삽 호수는 적들의 공격 대상이었다. 인도네시아에 등장한 사일렌드라Sailendra 왕국의 공격을 받아 자야바르만 2세가 인질로 잡혀가기도 하였다. 그리고 톤레삽 호수를 통해 참파국의 공격을 받아 온 나라가 파괴된 때도 있었다. 국력이 약할 때 톤레삽은 비운의 호수였지만 강할 때는 승리와 개선의 장이었다. 자야바르만 7세는 참파국을 톤레삽 호수에서 물리치고 앙코르의 영광을 되찾았다. 강대국 캄보디아에게 톤레삽 호수는 영광의 호수가 되었다.

톤레삽 호수는 앙코르 왕국의 중심이며 앙코르의 위대한 문명을 건설한 앙코르 왕국은 동남아시아의 중심이었다. 앙코르는 신의 도시로 앙코르 왕국의 수도일 뿐만 아니라 동남아시아의 정치·경제·문화의 중심지였다. 정복 국가로부터 보내온 쌀과 향신료를 비롯하여 모든 물자와 노예가 이 곳으로 모이는 교역과 교류의 중심지였다.

톤레삽 호수

톤레삽^{Tonle Sap} 은 삽강이라는 뜻이다. 톤레^{Tonle}는 캄보디아말로 강江이다. 톤레삽 호수는 메콩강의 영향을 받아 주기적으로 1년 중 6개월은 크기가 커지고, 6개월은 줄어든다. 캄보디아를 남북으로 가르는 메콩강은 11월에서 이듬해 3월까지 건기에는 물이 줄어 호수의 크기가 2,500km² 정도로 서울의 5배 크기로 작아지지만, 4~10월 우기에는 13,000km²로 경상남북도를 합친 크기만큼 커진다.

어머니와 같은 호수 | 톤레삽은 어머니와 같은 호수이다. 우기에는 메콩강에서 역류한 물을 받아들여 홍수를 막아주고, 건기에는 호수의 물을 메콩강으로 내려보내 가뭄을 방지한다. 바로 어머니의 마음같은 톤레삽 호수 덕분에 메콩강 주변의 비옥한 토지는 사시사철 농사가 가능하다. 그리고 물고기에게는 최고의 산란장소를, 사람에게는 풍부한 어업 자원을 제공해준다. 호수의 가장 남쪽에 캄보디아 수도 프놈펜이 있고, 가장 북쪽에 앙코르 문명의 중심지 시엠립이 있다.

캄보디아 최고의 물 축제가 톤레삽 호수에서 거행된다. 이 축제는 매년 우기가 끝나고 건기가 시작되는 11월 초에 3일간 열린다. 캄보디아 최고의 명절이다. 농업중심의 캄보디아에서는 풍년을 위해 물만큼 중요한 것이 없다. 물 축제의 가장 큰 이벤트는 전통 배 경주이다. 경주에 참가하기 위해 전국에서 모여든 사람들로 프놈펜 왕궁 앞 톤레삽강 주변은 야영장으로 변한다. 축제에 참가한 사람들은 서로에게 물을 뿌려 액운을

없애고 축복을 기원한다.

톤레삽 호수에는 물고기와 함께 수상생활을 하는 마을이 있다. 호수가 주는 풍요는 250여 종의 물고기에서 확인된다. 식용은 20여 가지로 한정되지만 이 물고기들은 캄보디아인에게 단백질의 중요한 공급원이다. 어획량이 연간 10억 톤으로 대부분의 가옥 옆에는 물고기가 가득 든 가두리가 수면 위로 조금 떠올라 있다. 금방 걷어 올린 포망처럼 물고기가 바글바글하다.

수상마을에 사는 사람들이 모두 캄보디아인은 아니다. 그 중 약 30%는 베트남 난민이며 참족도 있다. 전쟁이 잦았던 캄보디아와 베트남은 아직 불편한 감정이 남아 있고, 이곳에서도 예외는 아니다. 같은 수상마을이라 하더라도 베트남 난민들의 배는 쉽게 구분

된다. 지붕을 얹거나 집을 치장하는 방법도 다르지만 가장 눈에 띄는 것은 가난한 그들의 살림살이다.

수상마을의 집은 수상가옥과 선상가옥으로 이루어져 있다. 수상가옥은 호수 주변 제방을 따라 있는 가옥으로 이것은 물속에 지지대를 박고 그 위에 집을 지었기 때문에 공중 누각처럼 생겼다. 수상가옥에는 주로 캄보디아인들이 살고 있다. 반면 선상가옥은 물 위에 배를 띄우고 그 위에 집을 지었기 때문에 물 위에서 살아간다. 따라서 배가 유일한 이동 수단이다. 이웃집에 놀러가거나 학교에 갈 때도 항상 배를 타고 이동한다. 이들 선상가옥에는 주로 베트남 난민들이 살고 있다.

가난하지만 위대한 호수 | 톤레삽 호수 마을에는 가난하지만 있을 것은 다 있다. 학교·슈퍼마켓·보트수리 센터·배터리 충전소·당구장·교회 등 육지의 여느 마을과 다르지 않다. 전기가 공급되지 않지만 자동차 배터리를 매일 충전해 불을 밝히고 텔레비전도 본다. 창가에 화분을 놓고 강아지도 기르며, 양은 냄비는 항상 반질반질하다. 모든 집에는 주소가 있어서 우편배달도 가능하다. 이곳의 자가용은 집집마다 갖고 있는 나룻배이다.

호수마을은 물고기 떼와 수위의 증감에 따라 이사를 한다. 우기는 이사철을 알리는 신호탄이다. 하류에 자리 잡고 있던 선상가옥부터 하나씩 상류로 올라가야 한다. 배에서 태어나 배에서 일생을 마치는 사람들이지만 육지와 멀리 떨어져 살 수는 없다. 물고기를 팔고 생필품과 식량을 공급받을 수 있도록 육지와 가까운 거리를 유지한다. 메콩강의 역류가 시작되면 하류에서 상류로, 물이 빠지는 건기가 시작되면 상류에서 하류로 수백 척의 선상가옥들이 대이동을 한다.

이사준비는 간단하다. 선상가옥은 트럭 대신 모터보트 한대를 부르고, 집을 묶을 튼튼한 동아줄을 하나 구하면 끝이다. 배를 고정시켰던 지렛목을 뽑으면 굴비처럼 엮인 선상가옥이 보트에 이끌려 상류로 올라간다. 네땅 내땅이 없으니 아무데나 자리를 잡으면 그만이지만 가끔씩은 좋은 자리를 두고 이웃끼리 싸움이 나는 경우도 있다.

　호수마을의 이사가 물 안에서만 이루어지는 것은 아니다. 점점 불어나는 호수에 밀려 강변에 살고 있는 수상가옥 사람들도 이사를 한다. 호수의 제방에 걸쳐 있는 수상가옥들은 호수의 물이 차오르면 집을 지탱하고 있는 수미터 높이의 버팀목으로는 안심할 수 없다. 하류의 집들은 안전한 내륙으로 이사를 떠나야 한다. 수상가옥의 버팀목을 뽑아내고 벽을 뜯어냈다가 다시 조립하는 일은 몇 십분이면 뚝딱이다.

　톤레삽 호수는 위대하지만 가난하다. 과거에는 위대한 앙코르 문명을 탄생시켰다. 그러나 현재는 전쟁으로 인해 가난하다. 미래에는 새로운 문명을 창조할 날이 있을 것이다. 따라서 톤레삽 호수를 가지고 있는 캄보디아의 미래는 어린이의 맑은 눈동자처럼 밝다.

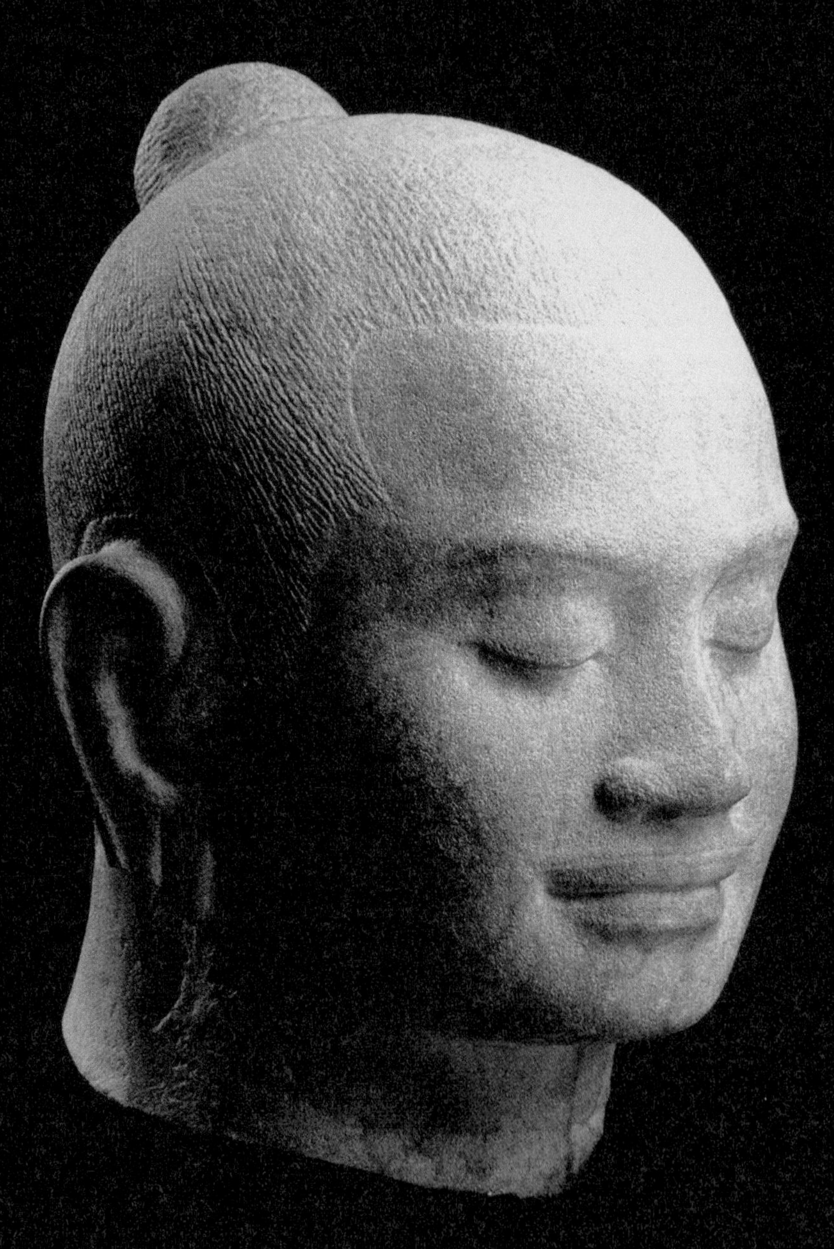

앙코르의 역사

캄보디아에 대한 명칭은 캄푸치아 Campuchea · 캄보디아 CamBodia · 크메르 Khmer · 앙코르 Ankor 등 여러 가지가 있다. 캄푸치아는 캄부자데샤 Kambujadesa 혹은 캄부자 Kambuja 에서 유래된 것이다. 전설 속에 크메르 민족의 시조인 북인도지방의 캄부 부족의 이름에서 나온 것이다. 캄부자는 '캄부의 후예들'이라는 뜻이며, 캄부자데샤는 '캄부자 후예들의 땅'이라는 뜻이다.

캄보디아는 산스크리트어인 캄부자에서 파생된 말이다. 이같은 명칭이 언제부터 사용되었는지는 확실하지 않으나 11세기 비문에 9세기를 설명하면서 '캄부자스 Kambujas'라는 용어가 나타나고 있다. 크메르는 캄보디아를 구성하는 민족을 지칭하는 말이지만 캄보디아를 지칭하는 용어로 자주 사용되었다.

앙코르는 802~1431년 사이에 캄보디아에 있었던 왕국을 말한다. 왕국의 정식 명칭은 캄부자데샤였지만 일반적으로 앙코르 왕조라고 불렀다. 이후 앙코르는 캄보디아를 지칭하는 용어가 되었다.

앙코르의 역사

동남아시아는 북에서 남으로 진출한 민족이 번갈아 가면서 새로운 역사를 창조하였다. 즉 이 지역에서 활동했던 민족인 크메르족과 베트남족·미얀마족·타이족이 시대를 달리하면서 대륙에서 남하하여 역사의 주인공이 되었다.

푸난扶南 왕국 | 캄보디아의 역사는 1세기경 인도의 승려에 의해서 건설된 '푸난 Funan'에서 시작되었다. 중국의 역사에는 부남국扶南國으로 기록되어 있다. 푸난은 '산山'이라는 의미이다. 산은 신성한 정령이 살고 있는 곳이다. 산의 정령은 해당 지역의 지배자를 보호하는 수호신의 역할을 한다. 푸난 왕국(1~6세기)의 건국 신화는 다음과 같다.

인도의 한 브라만 계급의 카운디냐 Kaundinya라는 청년이 꿈속에서 창조의 신 브라흐마로부터 '동쪽으로 가서 새 땅을 찾아라. 가는 길 큰 나무 밑에 활과 화살이 있을 것이다. 그것을 가지고 가라'는 계시를 받았다. 카운디냐가 탄 배가 캄보디아지역에 접근했을 때, 나신裸身의 여자 군대로 구성된 함대가 카운디냐를 공격하였다. 카운디냐가 신비로운 화살을 쏘아서 배를 맞히자 나체의 여자군대는 놀라 항복하였다. 그들의 대장은 소마 Soma라는 나신의 아름다운 공주였다. 이 발가벗은 공주를 그냥 쳐다보기가 민망하여 카운디냐는 입고 있던 겉옷을 벗

어 공주의 아래를 가려 주었다. 공주는 무릎을 꿇고 자기 몸을 가려주는 훤칠한 청년의 모습에 반해버렸다. 그리고 사랑에 빠져 결혼을 하였다. 소마공주는 나가라자^{Nagaraja}, 즉 용왕의 딸이었다. 지참금 대신 용왕은 대지를 덮고 있던 물을 마셔 새 땅을 드러나게 하였다. 그리고 그 새 땅을 카운디냐에게 하사하였다.

푸난 왕국은 동남아시아의 토착세력과 인도로부터 온 세력이 결합하여 탄생하였다. 토착세력은 나가^{Naga} 신앙을 믿으며, 옷을 입지 않고 나체로 살아가고 있었다. 반면 인도에서 온 세력은 힌두교를 믿으며 신궁神弓이 상징하듯 발달된 인도의 문명을 가지고 있었다. 이 두 세력은 결혼이라는 표현에서 알 수 있듯이 충돌보다는 서로 평화로운 화해를 통해서 결합하였다. 푸난 왕국의 문화는 토착적인 것과 외래적인 것이 융합해서 만들어진 것이다.

푸난 왕국은 풍요로운 경제력과 풍성한 종교의식 그리고 다양한 해외활동을 통해 다채로운 문화를 발전시켰다. 푸난 왕국의 영역은 캄보디아와 베트남 남부의 메콩 델타, 태국의 메남 계곡, 말레이 반도까지 포함하는 넓은 지역이었다. 인도와 중국을 잇는 중개무역국가로 성장한다. 푸난이 왕성한 국제교류를 하던 시기는 중국은 위진·남북조시대이며, 우리나라는 고구려·백제·신라의 삼국시대였다. 푸난 왕국은 중국의 남조와 꾸준히 활발한 교류를 하였다. 이때 중국 양梁나라를 통해서 우리나라의 백제와도 접촉하고 교류하였다. 백제가 직접 배를 몰고 푸난 왕국으로 가거나 푸난 왕국이 백제로 온 것은 아니었지만 중국 양나라를 통해서 교류하면서 인도적인 동남아 문화를 중국과 우리나라에 전해주었다.

비슈누의 8번째 화신 크리슈나, 6~7C, 160cm, 프놈펜 국립박물관

첸라 왕국 | 푸난 왕국을 압도하고 새롭게 일어난 나라가 첸라^{Chenla}[眞臘]이다. 6세기경 대륙에서 남하한 첸라 왕국(6~9세기)은 푸난 왕국을 영토적으로 계승하였지만 민족적으로는 전혀 연계성이 없다. 푸

난 왕국은 말레이 계통의 해상 민족이었던데 반해 첸라 왕국의 크메르족은 강을 따라 이동한 대륙 민족이었다. 따라서 푸난 왕국이 해상 교역을 바탕으로 대제국을 형성하였던 것과는 대조적으로 첸라 왕국은 농업을 기반으로 내륙에서 부를 축적하였다. 특히 메콩강과 연결된 톤레삽 호수 주변의 풍부한 농업 생산력과 수산자원을 바탕으로 꾸준한 인구 증가와 국력의 신장을 가져왔다.

첸라 왕국은 단일국가로 성장하다가 8세기경 자야바르만 1세가 죽은 후에 왕위 계승을 둘러싸고 투쟁이 시작되어 결국 수진랍水眞臘과 육진랍陸眞臘으로 분열되었다. 수진랍은 톤레삽 호수를 포함하는 현 캄보디아 영역과 남부 베트남의 메콩강 하류까지 물이 많은 지역을 중심으로 발전하였다. 육진랍은 수진랍의 북쪽 지역인 현재의 라오스를 포함한 삼림森林과 평원을 중심으로 발전하였다.

첸라 왕국은 한동안 사일렌드라의 영향 하에 놓여 있었다. 사일렌드라는 자바섬과 말레이 반도를 지배한 해상왕국으로 '산의 왕국'이라는 의미이다. 사일렌드라는 남지나해에 이르는 해상길을 장악하고 수진랍과 충돌하였다. 마침내 사일렌드라는 군대를 보내 수진랍을 점령한 후 왕을 죽

시바의 부인 여신 두르가, 7세기, 165cm, 프놈펜 국립박물관

이고 머리를 잘라 항아리에 담아 북쪽에 있는 육진랍 왕에게 보냈다. 이후 첸라 왕국은 한동안 사일렌드라의 영향 하에 있었으며 사일렌드라는 첸라 왕국에 종주권을 행사하였다.

첸라왕국이 사일렌드라로부터 주권을 회복한 것은 자야바르만 2세^{Jatavarman II}이다. 자야바르만 2세는 수진랍의 왕자로 어려서 사일렌드라에 볼모로 잡혀가 사일렌드라 공주와 결혼하였다. 왕실의 신임을 얻은 자야바르만 2세는 첸라 왕국으로 돌아와 사일렌드라의 대리인으로 활동을 하다가 독립하였다. 그리고 육진랍을 통합하여 새로운 앙코르 왕조를 열었다.

앙코르 왕국 | 앙코르 왕국(802~1431)의 정식 명칭은 캄부자데샤^{Kambujadesha}이다. 캄부자는 '캄부의 후예들'이라는 뜻이며, 캄부자데샤는 '캄부자 후예들의 땅'이라는 뜻이다. 앙코르 왕국의 주인공은 크메르^{Khmer} 민족이다. 이들 크메르 민족은 지금의 라오스 지방의 와트 푸^{Wat Phu}에 자리잡고 있던 민족으로 메콩강 연

충성서약을 받는 수리야바르만 2세, 앙코르 와트

안을 따라 남하하여 나라를 세웠다. 802년부터 1431년까지 앙코르 왕국의 공식적인 왕은 26명이다.

앙코르 왕국은 자야바르만 2세(802~834)에 의해 건국되었다. 종주국인 사일렌드라로부터 주권을 회복한 다음 국가의 건국과 통일을 위해 네 차례에 걸쳐 이주하면서 영토를 확장하였다. 인드라푸라 Indrapura에서 국가적 기반을 확립한 후 물과 어족자원이 풍부한 톤레삽 호수의 북쪽 지방으로 이동하였다. 그리고 프놈쿨렌에서 마침내 앙코르 왕국을 건국하였다.

앙코르 왕국의 출발 무대인 프놈쿨렌은 앙코르 평야 북방 40km 부근에 위치한 낮은 산이다. 앙코르 지역에는 산이 귀하다. 높지는 않지만 평야지대에 솟아 있는 산은 성스러운 곳일 뿐만 아니라 적의 공격을 방어할 수 있는 천연요새였다. 왕의 이름 뒤에 붙는 접미사 바르만 varman은 '갑옷 armor'이라는 뜻으로 '보호·수호'의 의미를 지닌다. 왕이란 결국 용맹스럽고 전쟁에서 승리한 자이며, 적과 자연의 위력으로부터 백성을 보호하는 능력을 가진 자라는 뜻이다. 이처럼 자야바르만 2세는 힌두교를 기초로 정치와 문화를 통합하여 앙코르 왕국의 기초를 닦았다.

인드라바르만 Indravarman 1세(877~889)는 롤루오스 지역에 왕국의 면모를 갖추었다. 그는 거대한 저수지를 만들고 수리시설을 정비하였다. 앙코르 왕국이 건설한 최초의 인공 저수지인 인드라타타카 바라이 Indratataka Baray가 그것이다. 인드라타타카 바라이는 앙코르 지역의 남동쪽 롤루오스에 있었다.

인드라바르만 1세는 롤루오스 지역에 조상과 자신을 위한 사원을 건설하였다. 프레아코 Preah Ko 사원은 자신의 부모와 자야바르만 2세 부부를 포함한 여러 조상을 기리는 사원이며, 바콩 Bakong 사원은 국왕 자신을 위한 것이다. 프레아코 사원은 신을 모신 사원군이 성벽과 해자로 둘러싸여 있고 구운 벽돌을 주재료로 사용하였다. 반면 바콩 사원은 돌로 만들었다. 중앙에 메루산을 상징하는 탑을 세우고 그 안에 시바신을 모시는 양식으로 훗날 앙코르 와트의 원형이 되었다.

야소바르만 Yasovarman 1세(889~910)는 앙코르 왕도王都시대를 열었다. 그는 왕도를 롤루오스 지역에서 앙코르 지역으로 옮겼다. 왕이 권력을 획득하는 과정에서 왕도가 훼손되자 앙코르 지역에 그의 이름을 딴 신도시 '야소다라푸라'를 건설하였다. 둘레가 16km에 이르는 장방형의 성벽을 쌓아서 신도시를 만들었다. 그리고 한가운데 자신의 사원인 프놈바켕Phnom Bakheng을 건설하였다. 프놈바켕은 높이 65m의 언덕을 이용하여 건축한 6층 기단의 피리미드형 산상사원이다. 그리고 1년 내내 농업용수를 조달할 목적으로 시엠립 강물을 끌어들여 동바라이를 만들었다. 동바라이는 그의 이름을 따서 야소다라타타카Yasodaratataka라 불렀다.

앙코르 왕국은 잠시 왕도를 앙코르에서 코케르로 옮겼다. 자야바르만Jatavarman 4세(928~942)는 왕위를 찬탈한 뒤 왕도를 앙코르에서 코케르로 옮겼다. 자야바르만 4세는 코케르에 거대한 기념물을 건설하였으며, 가장 큰 유적인 7층의 대피라미드 사원 정상에 왕의 링가를 건립하였다. 이 링가를 '왕권을 가진 신'이라 불렀다. 이외에도 코케르가 '링가푸라Lingapura'라고 불릴 정도로 수많은 링가가 모셔진 사원을 건립하였다.

라젠드라바르만Rajendravarman 2세(944~968)는 왕도를 다시 앙코르로 옮겨왔다. 천상의 궁전으로 일컬어지는 피메아나카스Phimeanakas 사원을 건립하였다. 이 사원은 국왕이 여인으로 변장한 토지신과 매일 밤 탑의 꼭대기에 올라가 잠을 잤다는 전설을 가지고 있다. 이 외에 힌두교 사원인 동메본 사원과 불교 사원인 밧춤Bar Chum을 건설하였다. 라젠드라바르만 2세는 힌두교 뿐만 아니라 불교도 중요시하였고 이 시기에 특히 대승불교가 발전하였다.

수리야바르만Suryavarman 1세(1002~1050)는 강력한 왕권을 바탕으로 앙코르 왕국 중흥기를 열었다. 그는 왕권을 둘러싼 라이벌 간의 투쟁에서 승리함으로써 강력한 왕권을 확립하였다. 관료제도를 정비하고 중앙의 왕과 지방의 권력자 간의 주종관계를 분명하게 하였다. 그는 왕을 섬기던 관리 500명을 모아놓고 충성서약을 받기도 하였다. 왕을 배반할 경우 32지옥에 떨어질 것이라는 충성서약문은 왕궁의 출입문 비문에 새겨져 전해지고 있다.

수리야바르만 2세(1113~1150)는 앙코르 문명의 상징인 앙코르 와트를 건립하였다. 그는 대외적으로 끊임없는 원정을 통해 대제국을 건설하고, 대내적으로 앙코르 와트를 비롯한 수많은 사원을 건설하였다. 그는 쯔엉썬 산맥을 넘거나 수백 척의 함선을 동원

하여 베트남 남부의 참파국과 베트남 북부의 대월국을 정복하였다. 그리고 서쪽으로 미얀마와 말레이 지역까지 영토를 확장하였다. 중국과도 외교관계를 수립하여 활동범위를 확대하였다.

자야바르만^{Jayavarman} 7세(1181~1219)는 앙코르 왕국의 최고 전성기를 이룩하였다. 1177년 참파국의 왕이 앙코르 왕국을 공격하여 왕도를 함락하고 왕을 살해했다. 후에 자야바르만 7세가 된 왕자가 참파에 인질로 붙잡혀 있다가 귀국하여 저항군을 이끌고 참파군을 물리쳤다. 왕자가 이끄는 저항군은 톤레삽 호수 해전에서 참파군과 일전을 벌여서 대승을 거두고 국토를 회복하였다.

자야바르만 7세는 성곽도시 앙코르 톰을 건설하고 왕도 한가운데 바이욘 사원을 건립하였다. 1181년에 왕위에 오른 자야바르만 7세는 국교를 불교로 바꾸는 종교개혁을 단행하였다. 당시 앙코르 왕국의 불교는 북방의 대승불교로 대표적인 불상은 관세음보살이었다. 자야바르만 7세는 바이욘 사원에 관세음보살상을 조각하여 자신을 관세음보살과 같은 군주상으로 백성들에게 각인시키고자 하였다.

자야바르만 7세는 국력이 회복되자 왕도 주변에 '타 프롬'·'프레아 칸'·'앙코르 톰'·'바이욘 사원' 등 대규모 불교사원을 계속해서 건축하였다. 타 프롬 사원은 1186년에 자신의 어머니에게 헌납한 사원이다. 프레아 칸 사원은 참파군과의 전쟁에서 이긴 것을 기념하여 아버지에게 봉헌한 보리사菩提寺로서 1191년에 건립되었다. 이 사원에는 인드라신이 크메르의 선조에게 주었다는 성스러운 보검이 보관되어 있었기 때문에 사원의 이름도 '성스러운 칼'을 의미한다. 현재 이 보검은 프놈펜 왕궁에 보관되어 있다.

자야바르만 7세는 당시 '동남아시아의 모든 길은 앙코르 와트로 통한다'고 표현할 정도로 제국의 고속도로를 정비하였다. 앙코르에서 225km에 달하는 태국의 피마이 지역까지 도로를 건설하였다. 그리고 정비된 길을 따라서 서쪽으로는 말레이 북부까지 진군하여 들어갔고, 북쪽으로는 라오스 일대를, 동쪽으로는 참파국의 일부를 제국에 편입시켜 최대의 영토를 구축하였다.

앙코르 왕국의 쇠퇴 | 타이의 아유타야^{Ayuthya} 왕국이 1430~1431년 앙코르 왕국을 점령하였다. 타이 시암족의 앙코르 침략은 침략으로 끝난 것이 아니었다. 위대했던 600년 앙코르 문명의 종말을 가져왔다. 아유타야 왕국은 과거 수백 년 동안 앙코르 왕국의 지배를 받았던 터라 앙코르를 철저하게 유린하였다. 그리고 많은 문화재를 약탈하고 신들의 무희 압사라와 신하 백성들을 포로로 잡아갔다. 크메르 민속무용인 압사라 춤이 단절된 것도 이때부터이다. 압사라는 이후 타이의 민속무용으로 거듭나게 되었다. 그리고 국가 종교도 타이가 신봉하던 소승불교로 바뀌었다.

이후 앙코르 왕국의 왕자 폰하 야트 ^{Ponha Yat}가 신하·장군·병사들을 소집하여 식민 통

킬링필드로 살해된 사람들의 유골.
와트트마이 사원

치자인 인드라파트를 살해하고 왕위에 올랐다. 그러나 그는 수리시설이 파괴되어 도성을 유지할 수 없는 앙코르를 떠나 외세 침략으로부터 보다 안전한 스레이산토르 지역의 바산^{Basan}을 임시 수도로 정하였다. 그리고 1434년에 톤레삽 호수와 메콩강이 만나는 프놈펜으로 다시 왕도를 이전하였다.

16세기 후반에는 수도마저 함락되어 타이의 종속국이 되었다. 이에 캄보디아 국왕은 베트남의 구엔[阮] 왕조의 왕녀와 결혼하는 혼인정책을 통하여 외세를 극복하려 하였다. 그러나 오히려 타이와 베트남 양 국가로부터 내정간섭을 받고 영토를 잠식당하였다. 현재의 호치민인 프레이 코나르는 베트남에, 시엠립을 비롯한 3개 주는 타이에 할양하였다.

식민지시기와 현대 | 　19세기 캄보디아는 프랑스의 식민지가 되었다. 아시아로 진출하려는 영국과 프랑스의 경쟁 속에서 태국은 영국이, 캄보디아와 베트남·라오스는 프랑스가 종주국 행사를 하였다. 1859년 프랑스군은 사이공을 함락시키고, 1863년에는 해군 대장 두다르 라그레를 캄보디아로 파견하였다. 왕위 계승에 실패한 노로돔^{Norodom}과 교섭하여 왕위를 옹립해주는 조건으로 보호조약을 체결하고 캄보디아를 프랑스 보호령에 편입시켰다.

캄보디아는 2차 대전 이후 1954년 프랑스로부터 완전한 독립을 이루었다. 캄보디아는 시아누크 국왕이 이끄는 불교사회주의 국가로 출발하였다. 그러나 1970년 쿠테타로 시아누크 국왕이 실각하고 론놀 장군이 권력을 장악하였다. 론놀 정권은 1960년부터 산악과 농촌지역에서 세력을 키워 온 크메르루즈군과 내전에 휘말렸다. 모택동주의자인 폴포트가 이끄는 크메르루즈군은 1975년 프놈펜에 입성하여 '민주 캄푸치아'라는 공산국가를 수립하였다. 이들은 지식인과 관료들을 해외로 추방하고 학살하였다. 1979년 정권이 무너질 때까지 700만 인구의 1/3에 해당하는 200만 명을 살해하는 킬링필드^{Killing Field}가 자행되었다.

폴포트 정권은 1977년 1월 베트남 국경을 침공하면서 나라를 전쟁으로 내몰았다. 그러나 그 해 12월 베트남 14개 사단의 침략을 받아 프놈펜 50km 지점까지 점령당하고, 1978년 1월 7일에는 프놈펜이 함락되었다. 베트남군은 1979년 1월 프놈펜에 위성정권인 '헹 삼린 정부'를 앉혔다. 그리고 20만 명의 베트남 주둔군은 타이 국경에서 크메르 루즈군을 토벌하였다. 이 과정에서 50만 명의 난민이 타이 등 인접국으로 도피하는 등 전 국토가 폐허가 되었다.

그러나 소련과 동구권의 해체 이후 국제질서가 급변하면서 캄보디아에 평화의 기회가 찾아왔다. 캄보디아의 각 파벌은 물론 베트남·중국 등 주변국에게 캄보디아에 평화를 정착시키라는 국제적 압력이 가해졌다. 1989년 베트남군이 마지막 철군을 하였다. 유엔군의 평화안 중재로 1991년 파리에서는 19개 국이 모여 '캄보디아 4대 군벌의 무장해제, 각 세력이 참여하는 최고국민회의 설치, 1993년 총선거 실시' 등을 내용으로 하는 평화계획안이 조인되었다. 그 결과 1992년 유엔의 '캄보디아 잠정통치기구'가 발족한데 이어 다음 해에 제헌의회가 구성되었다. 그리고 시아누크 전 국왕을 입헌군주제의 국왕으로 재선출하였다.

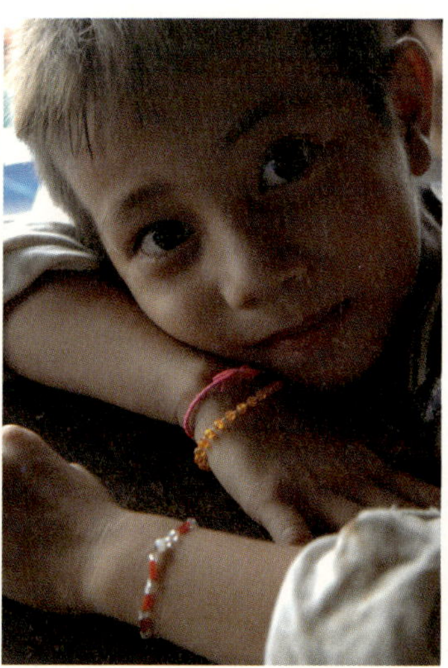
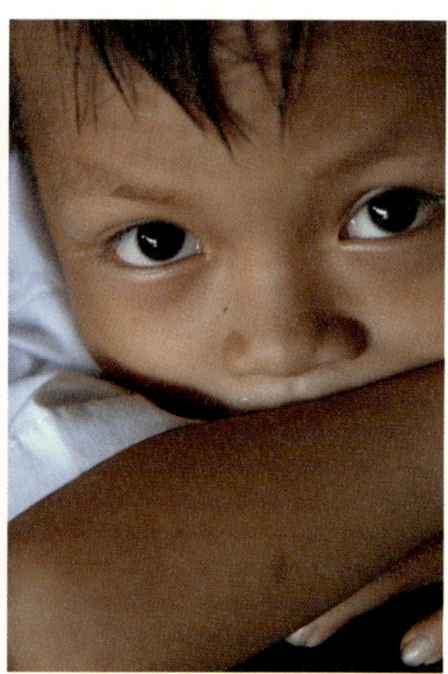

캄보디아의 미래, 어린이

앙코르 국립박물관

앙코르 국립박물관은 시엠립 ^{Siem Reap} 시내에 있다. 2007년 개관한 이 곳은 앙코르 문명은 물론 이전과 이후의 찬란했던 캄보디아의 역사와 문화를 보여준다. 1층과 2층에 마련된 8개의 전시실에는 유물이 시대순으로 배열되어 있다. 전시실에 들어서면 과거 여행을 통해 캄보디아의 화려했던 문명을 만나게 된다.

과거를 향한 시간 여행 | 박물관을 둘러보는 것은 시간여행이다. 시간여행은 2층에서부터 시작하는 것이 좋다. 2층에는 하나의 브리핑 홀과 4개의 전시장이 있다. 이곳에서 고대 크메르 왕조의 역사와 문화를 더욱 깊이 있게 이해할 수 있다. 브리핑 홀은 자리 80석이 배치되어 있는 소극장으로 앙코르 국립박물관을 소개하는 영상을 볼 수 있다. 상영시간은 매 15분마다 있으며 크메르어·한국어·일본어·중국어·영어·프랑스어·타이어 등 7개 언어로 감상이 가능하다. 한국어가 마련되어 있음에서 우리나라의 위상을 실감한다.

기획 전시실에는 불상들이 전시되어 있다. 고대의 크메르 문명에서 현재의 캄보디아에 이르기까지 제작된 불상들 중 가장 훌륭한 1,000개의 불상들과 유물들을 보여준다. '캄보디아 불교 사상을 반영한 전시실'에 들어서면 자신이 부처가 된 듯한 착각에 빠져든다. 사방 벽을 가득 채운 불상의 모습에서 캄보디아 불교의 흐름을 파악할 수 있다. 아울러 불상의 모습에서 소박하고 선량한 캄보디아인의 밝고 맑은 얼굴을 만날 수

앙코르 국립박물관 전경

있다.

전시실 A에는 앙코르 시대 앙코르 문명이 전시되어 있다. 앙코르 문명이 어떻게 성립되었는가는 수수께끼이다. 어마어마한 구조물의 건설을 가능케 한 앙코르 문명은 무엇인가? 그 해답이 이곳에 있다. 크메르인들의 왕에 대한 믿음을 탐구해보고, 한때 이 평온한 땅을 황폐하게 만들었던 고대의 전쟁들 속으로 들어가 앙코르 시대 앙코르 문명을 몸으로 느낄 수 있다.

전시실 B에는 앙코르 시대의 종교와 신앙을 보여준다. 어떤 문명을 더 깊게 이해하려면 그 나라의 신앙을 공부해야 한다. 앙코르 왕조의 종교는 직접적 혹은 간접적으로 문학·조각·건축 그리고 일상생활 등 앙코르 문명의 모든 면에 영향을 미쳤다. 이곳에서 앙코르에 몇 세기에 걸쳐 내려온 흥미진진한 전설들과 독특한 민간 설화들을 배우게 된다.

연꽃 좌대 위의 불상　　　　　　　　　　나가 위의 불상

　　전시실 C에는 고대 앙코르 왕들이 자리하고 있다. 앙코르 왕국을 동남아시아 최고의 문명으로 성장시킨 대표적인 네 명의 왕이 자리하고 있다. 이들은 시간을 뛰어넘어 역사적으로 캄보디아인들에게 강한 긍지와 자부심을 느끼게 해 준 왕들이다. 첫째 자야바르만 2세이다. 그는 802년에서 850년 사이에 자바로부터 주권을 회복한 다음 앙코르 왕국을 건국하고, 두 개의 첸라 왕국을 통일하였다. 앙코르 왕국의 창건 군주이다. 둘째 야소바르만 1세이다. 그는 889년에서 900년 사이에 왕궁의 수도를 롤루오스에서 앙코르로 옮김으로써 앙코르 왕도시대를 열었다. 셋째 수리야바르만 2세이다. 그는 1116년에서 1145년 사이에 앙코르 문명의 상징인 앙코르 와트를 건립하였다. 넷째는 자야바르만 7세로 그는 1181년에서 1201년 사이에 앙코르 톰과 바이욘 사원을 건설하고 앙코르 왕국 최전성기를 이루었던 군주이다.

나가 위의 불상　　　　　　　　　　삼존불

위대한 앙코르 문명 |　앙코르 국립박물관 1층에서는 앙코르 문명의 구체적인 모습을 볼 수 있다. 1층도 2층과 마찬가지로 4개의 전시실로 구성되어 있다. 전시실 D에서 '지상의 천국' 앙코르 와트를 만날 수 있다. 앙코르 와트는 지상 낙원을 상징적으로 보여주는 캄보디아를 대표하는 유적지이다. 앙코르 와트의 독특한 건축물은 오늘날의 많은 전문가들조차 당황하게 만드는 경이로운 것이다. 박물관 방문자들은 앙코르 와트에 한걸음 더 가까이 다가설 것이고, 어떻게 거대한 도시가 건설되었는지 배우게 될 것이다. 이곳 전시실에서 앙코르 와트에 대한 지식을 충분히 알고 난 후에 실제 앙코르 와트를 찾으면 그것의 장엄함과 화려함을 제대로 느낄 수 있을 것이다.

　전시실 E에는 '영혼들을 모신 신전' 앙코르 톰을 전시하고 있다. 이 전시실에서 정교한 기술을 바탕으로 장대하게 만들어진 왕도 앙코르 톰을 보게 된다. 웅대한 도시의 디자인과 예술품들을 통해 앙코르 왕국의 종교와 문화를 엿볼 수 있다. 도시의 인구들을 뒷받침하기 위해 건설한 거대한 규모의 관개 계획과 놀라운 공익사업들은 다시 한 번 경이로움을 느끼게 한다.

전시실 F에서는 '과거의 증거'인 돌에 새겨진 이야기들을 만나게 된다. 앙코르 전역에서 발견된 비문이 새겨진 비석들이 전시실에 가득히 전시되어 있다. 이들 비석들은 중요한 역사적 사실들을 기록하고 있을 뿐만 아니라 과거 웅대한 세계가 실존했었다는 증거의 역할을 한다. 이 비문들에서 고대 앙코르 왕조의 삶, 신앙 그리고 다양한 전설들을 엿볼 수 있다.

전시실 G에서는 고대의 의상을 통해 '압사라의 매혹'에 빠지게 된다. 석조물 이외에 또 다른 볼만한 예술품 중의 하나는 고대 앙코르인들의 의상이다. 고대의 의상들은 사회적 지위를 상징한다. 아름다운 보석들로 장식된 화려한 궁중 의상은 찬란했던 앙코르 문화의 한 면을 보여준다. 특히 압사라 무희들의 매혹적인 몸동작은 화려한 패션의 매력에 더욱 깊이 빠져들게 한다.

박물관은 과거를 통해 캄보디아의 현재를 바라보는 곳이다. 찬란했던 캄보디아의 과거는 분명 캄보디아의 미래가 밝을 것이라는 확신을 가지게 한다.

앙코르의 종교

종교의 역사는 인류의 역사만큼 오래되었다. 종교는 문화사적으로 정치·경제·
사회·사상·예술 등 사회 모든 영역에 영향을 미쳤다. 그리고 나약한 인간이 의지할
수 있는 곳으로 통치자의 지배를 안정화하기 위한 도구로 이용되기도 하였다.

종교는 문명의 형성에 절대적인 영향을 미쳤다. 세계 4대 문명은 자신들만의 종교
를 탄생시키고, 아울러 그 종교의 영향을 받으면서 문화권의 성격을 달리하였다. 이
집트 문명에 기반을 둔 유럽 문화권은 기독교를 중심으로 발전하였다. 메소포타미
아 문명을 바탕으로 하는 이슬람 문화권은 이슬람교가 중심이 되었다. 황하를 중심
으로 하는 중국 문명에 기초한 동아시아 문화권은 불교가 그 바탕이 되었다. 불교는
중국이 아닌 인도에서 발생하였지만 인도에서는 곧 소멸되고 오히려 중국을 비롯한
동아시아에서 크게 발전하였다. 인더스강 유역 인도 문명에서 시작된 인도 및 동남
아시아 문화권은 힌두교가 중심이었다.

앙코르의 종교는 힌두교와 불교였다. 모두 인도에서 성립된 것이다. 인도 문명이
만든 힌두교는 동남아시아로 확장되어 동남아시아 문화의 기초가 되었다. 앙코르
인은 힌두교와 불교를 수용하면서 인도의 발달된 문화를 함께 도입하고자 하였다.

힌두교

　힌두교는 두 가지 의미로 정의된다. 넓은 의미에서 힌두교는 '본래 인도에서 발생하여 전개된 인도인이 받드는 독특한 가르침'을 말한다. 따라서 힌두교를 인도교印度教라고도 한다. 힌두교를 범인도교라 함은 힌두 ^{Hindu}는 인더스강의 산스크리트 명칭인 '신두 ^{Sindhu}大河'에서 유래한 것으로, 인도와 동일한 어원을 갖고 있기 때문이다. 이러한 관점에서 힌두교는 기원전 2500년경의 인더스 문명에까지 소급될 수 있으며, 아리안족의 침입(기원전 2000~기원전 1500?) 이후 형성된 브라만교를 포함한다.

　좁은 의미에서 힌두교는 인도인의 신앙형태를 말한다. 아리안 계통의 브라만교가 인도 토착의 민간신앙과 융합하고, 불교 등의 영향을 받으면서 300년경부터 종파의 형태를 정비하여 현대 인도인의 신앙 형태인 힌두교로 발전하였다. 힌두교는 이처럼 오랜 세월에 걸쳐 형성되었기 때문에 특정한 교조와 체계를 갖고 있지 않으며, 다양한 신화·성전聖典·전설·의례·제도·관습 등을 포함하고 있다. 따라서 힌두교는 브라만교의 영향을 받았지만 브라만교와는 차이가 있다. 브라만교는 베다에 근거하여 신전이나 신상神像이 없이 자연신을 숭배하였다. 반면 힌두교에서는 신전·신상이 예배의 대상이 되고 인격신을 숭배하였다.

　힌두교의 근본 경전은 『베다』·『우파니샤드』이며 그 외에도 『브라마나』, 『수트라』 등의 문헌이 있다. 이 모든 것들은 인도의 종교적·사회적 이념의 원천이다. 또한 경전에 준하는 것으로 『마하바라타』, 『라마야나』의 2대 서사시가 유명하다. 특히 전자의 일부인 『바가바드 기타』는 널리 애창되고 있다. 그리고 『푸라나』·『탄트라』·『아가마』·『상

히타』등은 힌두교 각 파에서 존중되고 있다.

힌두교는 기본적으로 다신교이다. 힌두교는 다신교이기 때문에 특정한 신을 강요하지 않는다. 그리고 정통과 이단의 논쟁이 없다. 이단은 원래 정통적으로 확립된 교리에 대한 비판에서 생겨난다. 그런데 힌두교에서는 정통이라는 특정 교리만이 존재하는 것이 아니라 다양한 교리와 체계를 가지고 있어서 정통과 이단의 대립이 거의 없다. 뿐만 아니라 힌두교는 타 종교에 대해서 매우 관용적이다. 힌두교는 타 종교에 대해 자신의 울타리 안에서 탄압하지 않고 오히려 자기 안으로 흡수 동화시키는 경향이 있다. 불교의 경우 힌두교에서는 힌두교의 한 파로 간주하고 부처를 비슈누신의 아홉 번째 화신으로 포용하였다.

힌두교는 다신교이지만 여러 신의 배후에 최고의 신을 설정하였다. 힌두교는 다양한 신들의 배후에 최고의 유일신을 선정하였다. 그리고 다양한 신들을 최고의 유일신이 다양한 모습으로 나타난 것이라고 해석함으로써 힌두교는 교묘히 일신교적 형태를 취하고 있다. 우주창조의 신 브라흐마, 유지의 신 비슈누, 새로운 창조를 위한 파괴의 신 시바 등이 힌두교 최고의 신이다. 그리고 이들 세 신은 삼위일체를 이루고 있다고 인식하였다.

브라흐마Brahma는 창조의 신이다. 브라흐마는 세계를 창조하는 신으로 다양한 모습으로 묘사되었다. 브라흐마는 네 개의 머리와 네 개의 손에 물단지·활·널판지·베다 성전을 들고 백조를 탄 모습으로 묘사된다. 그의 배우자 여신 사라바스티Saravasti는 지혜·언어·음악의 여신으로 피부가 희고 우아하며 손에는 '비나'라는 악기를 들고 공작을 타고 있다. 그러나 삼위일체설은 교리적으로는 파악할 수 있지만 실제로는 비슈누와 시바 신앙에 가려 이 신을 받드는 사원은 아주 적은 편이다.

비슈누Visnu는 세계를 유지하는 신이다. 비슈누는 '상서로운吉祥'이라는 의미의 락슈미Laksmi의 남편이며 사랑의 신인 카마Kama의 아버지이다. 비슈누는 세사Sesa라는 뱀 위에 누워서 휴식을 취하거나 노란색 가사를 걸치고 가루다Garuda라는 새를 타고 지상에 내려온다. 비슈누는 검은색 얼굴에 네 개의 팔을 갖고 있다. 각각의 손에는

브라흐마가 타고 다니는 거위 함사와 브라흐마

일반적으로 차크라(원반 모양의 무기)·소라·곤봉·연꽃을 들고 있다.

한편 비슈누는 다양한 모습의 화신化身으로 등장한다. 홍수로부터 인류의 시조인 마누를 구한 물고기 모양의 마츠야Matsya, 거북이 모양으로 만다라 산을 짊어지고 대지를 지탱하는 쿠마Kuma, 물속으로 잠긴 대지를 지탱하여 인류를 구원한 멧돼지 모양의 바라하Varah, 반인간 반사자의 모습으로 악마를 퇴치하는 나라싱하Narashingha, 난장이의 모습으로 나타나 악마 발리가 지배하는 세상을 구원한 바마나Vamana 등 이들 모두는 비슈누가 화신한 모습이다. 그리고 파라슈라마Parashurama, 라마Rama, 크리슈나Krishna, 붓다Buddha, 칼키Kalki 등도 비슈누가 화신한 모습이다. 파라슈라마Parashurama는 '도끼를 든 라마'라는 뜻으로 도끼를 37번 휘둘러 아버지의 원수를 갚았다. 라마Rama는 서사시 『라마야나』의 영웅이다. 비슈누는 다샤라카 국왕의 아들 라마 왕자로 태어나 악마 왕 라바나를 물리침으로서 민중들과 친숙한 영웅이 되었다. 크리슈나Krishuna는 검은 피부를 가진 자로 사

랑과 즐거움을 통해 인간을 괴로움
과 고통으로부터 벗어나게 하였으
며, 악마인 칸샤를 물리치고 백성에
게 행복과 안정을 가져다주었다. 붓
다Buddha는 불교를 창시한 부처를 말
한다. 부처를 비슈누의 화신으로 설
정하는 것은 힌두교가 불교를 포용
하면서 타협하고 있음을 보여주는
것이다. 칼키Kalki는 우주의 파괴기
마지막에 불칼을 손에 들고 흰 말을
타고 나타나는 미래의 화신이다.

　시바Siva는 새로운 창조를 위한 파
괴의 신이다. 윤회의 관점에서 시
바는 파괴의 신인 동시에 새로운 창
조의 신이다. 시바신은 반달로 장
식한 틀어 올린 머리에 세 개의 눈
을 가진 고행자의 모습을 하고 있
다. 이마 한가운데 있는 세 번째 눈
은 마음의 눈으로 신의 눈을 상징한
다. 시바의 목이 푸른 것은 우유의
바다에서 제일 먼저 나온 독을 마셨
기 때문이다. 시바의 네 개의 팔 가
운데 오른쪽 위의 손에는 도끼를 들
고 있으며, 왼쪽 위의 손에는 영양
을 쥐고 있다. 그리고 나머지 두 개
에는 보호와 자비를 상징하는 형상

시바

링가

(무드라)을 취하고 있다. 시바는 춤의 왕으로 숭배받기도 하는데 그의 부인 우마와 함께 격렬한 춤을 추는 모습으로 표현되기도 한다. 시바는 난디라는 황소를 타고 다닌다.

시바는 구체적인 모습이 아니라 주로 링가라는 상징적인 형태로 나타나기도 한다. 링가는 남성의 성기를 상징하는 것으로 여성의 성기를 상징하는 요니 위에 꽂혀 있다. 이것은 성적 결합을 통해 풍요와 다산을 기원함과 동시에 성적 결합을 통한 궁극적인 해탈을 상징한다.

비슈누와 시바를 숭배하는 사람들이 힌두교의 대종파를 형성하였다. 비슈누파는 학문적 성격이 강하며, 비교적 사회의 상층부에 속한다. 비슈누의 10개 화신化身 가운데 라마와 크리슈나는 2대 서사시의 영웅이다. 이에 따라 비슈누파는 라마파와 크리슈나파로 나뉘었다. 반면 시바파는 사회 하층부에 세력이 있으며, 수행자의 고행·주술, 열광적인 제의祭儀가 특색이다.

캄보디아에 힌두교가 들어 온 것은 5세기경으로 추정된다. 인도에서 캄보디아로 전해진 힌두교는 삼위일체를 이루는 창조의 신 브라흐마, 질서와 유지의 신 비슈누, 파괴의 신 시바이다. 이들 가운데 창조의 신 브라흐마는 캄보디아에서 비슈누, 시바 숭배에 가려 보조적인 지위에 머물러 있었다. 비슈누는 우주를 유지하고 창조하는 역할 때문에 새로운 왕이 등장할 때마다 비유적으로 결합하였다. 그리고 시바는 파괴를 담당하는 신으로 캄보디아 토착신앙과 결합하여 링가 숭배사상으로 발전하였다.

 힌두교는 데바라자, 즉 신왕사상과 결합하면서 앙코르 시대에 더욱 발전하였다. 앙코르 시대 국왕은 곧 신이었다. 자야바르만 2세는 앙코르 왕조를 세우고 통치철학으로 데바라자^{devaraja} 사상을 천명하였다. 데바는 '신神'을 뜻하며, 라자는 '왕王'을 의미한다. 따라서 데바라자는 '신들의 왕'이라는 뜻으로 곧 신과 왕은 일치한다는 신왕사상神王思想이다. 인간을 지배하는 왕을 신들의 왕으로 신격화하는 것은 통치의 정당성을 확립하고자 하는 의도에서 비롯되었다. 왕권을 종교적으로 상징화하여 종교와 정치를 일체화한 것이다.

 앙코르 시대 힌두교 사원은 왕과 신이 합일하는 장소이다. 그곳에 모셔진 링가는 시바 신을 상징함과 동시에 국왕을 상징하였다. 주벽과 환호를 구비한 왕도王都는 산맥과 대양으로 둘러싸인 우주이다. 왕도의 중심에 건설된 사원은 우주의 중심산인 메루산을 상징하였다. 그리고 사원 정상에 모셔진 링가는 신인 동시에 국왕이었다.

난디

시바의 아들, 가네샤

# 불 교

불교는 힌두교와 마찬가지로 인도에서 성립되었다. 힌두교가 브라만교를 계승 발전시킨 것이라면 불교는 브라만교에 반기를 들고 성립되었다. 인더스강 유역에서 인도 문명을 이루었던 드라비다족을 아리얀족이 정복하였다. 이들은 원주민들을 노예화시키고 자신들의 민족의식을 강조하기 위해 카스트라는 신분제도를 만들었다. 카스트 제도는 크게 네 개의 계급으로 구성되어 있다. 브라만(사제계급)·크샤트리아(왕족·귀족·무사 등 귀족 계급)·바이샤(상인과 평민계급)·슈드라(노예계급)가 그것이다. 그리고 아리얀족의 종교는 카스트제도를 기반으로 하는 브라만교였다.

기원전 6세기경에 이르러 갠지즈강 중류의 마가다국과 코살라국을 중심으로 다양한 사상가들이 출현하였다. 이들은 전통 종교 브라만교에 대항하는 혁신사상가들로 떠돌아다니면서 숲속에서 수행하였다. 이들을 사문沙門이라고 불렀다. 불교를 창시한 석가모니도 사문 가운데 한 사람이었다.

사문의 공통점은 기성 종교였던 브라만교를 반대하는 것이었다. 특히 가혹하고 불평등한 카스트제도에 반기를 들었고 각종 의식과 제례, 동물 희생제 등에 반대하였다. 불교와 자이나교 또한 이러한 사문에 의한 반 브라만교 운동의 하나로 성장하였다. 석가모니는 불교를 통해 중도사상을 표방하여 극단을 피하고 만민 평등사상을 제창하였다.

불교는 기원 전후 시기에 소승불교와 대승불교로 분파되었다. 소승불교는 불교의 궁극적인 목적은 무위열반無爲涅槃에 있는 것으로 해석하고 이상적인 인간상은 이러한 열반을 얻은 아라한阿羅漢이라고 하였다. 그런데 아라한의 경지는 출가 수행자만이 가능

한 것이었다. 따라서 대승불교에서는 소승불교를 자신의 열반만을 추구할 뿐 다른 중생의 이익을 고려하지 않은 편협한 가르침이라는 뜻에서 소승小乘이라고 불렀다. 소승불교는 자리自利 불교·출가出家 불교·사변思辨 불교였다. 소승불교는 상좌부 불교로 스리랑카를 비롯한 동남아 지역에 전파되었다. 따라서 이를 남방불교라고 부른다.

대승불교의 대승大乘은 '깨달음을 향해 가는 커다란 탈 것'이라는 뜻이다. 깨달음의 뜻을 품고서 노력하면 출가出家와 재가在家를 불문하고 동일한 깨달음에 도달한다는 것이다. 자리自利위주의 소승불교에 대한 반성으로 출가자와 재가자가 함께 하는 불교를 모색하였다. 대승불교는 서역을 비롯해서 동북아시아에 전파되었기 때문에 북방불교라고 부른다.

대승불교는 다양한 부처와 보살의 개념을 도입하였다. 진리 그 자체로서 부처, 즉 법

신法身을 비롯해서 시방삼세에는 여러 다양한 부처가 존재한다고 믿었다. 그리고 신앙적 실천의 주체로서 보살을 강조하였다. 보살은 소승의 아라한을 대신하는 것으로 중생 모두가 해탈에 이를 때까지 스스로 열반에 들기를 거부하고 중생들 속에서 함께 수행하며 그들의 해탈을 위해 노력한다.

불교에서 불상은 크게 부처상과 보살상으로 구분된다. 부처는 산스크리트어 붓다^{Budda}에서 온 말로 완전 해탈의 경지에 이르러 중생을 교화하고 이끌어 주는 성자聖者를 말한다. 즉 생사윤회生死輪廻에서 해방된 깨달은 자覺者로 불佛, 여래如來라고 부르기도 한다.

보살은 완전해탈에 앞서 중생衆生구제라고 하는 한 단계를 남겨둔 경우를 말하며, 중생을 구제하고 궁극적으로 부처가 되기 위해 기원 수도하는 자이다. 산스크리트어 보디사트바^{bodhi-sattva}를 소리나는대로 읽은 보리살타의 준말이다. 보디는 '깨달음'을 사트바는 '살아있는 존재'라는 뜻으로 보살은 '깨달음을 구하는 중생'이라고 할 수 있다. 보살의 수행을 흔히 위로는 깨달음을 구하고 아래로는 중생을 교화한다고 한다.

5세기경에 힌두교가 캄보디아에 들어오면서 불교도 함께 들어 온 것으로 추정된다. 캄보디아에 처음으로 들어 온 불교는 대승불교였다. 대승불교는 계급을 초월하여 기도하는 모든 사람에게 자비를 베푸는 관세음보살과 석가모니 부처가 숭배의 중심이었다. 그러나 대승불교는 힌두교와 서로 배척하지 않고 공존하였다. 힌두교와 불교는 같은 곳에 근원을 두고 있었기 때문이다.

대승불교가 가장 성행했던 시기는 12세기말~13세기 초 자야바르만 7세의 통치기

부처상, 타프롬, 프랑스 기메박물관

였다. 그는 즉위하면서 국교를 힌두교에서 대승불교로 개종하였다. 자야바르만 7세는 정통 왕위 계승자가 아니라 지방사령관으로 참파국을 물리친 공으로 왕위에 즉위하였다. 따라서 정통이 아니면서 왕위를 계승한 그는 카스트라는 철저한 신분제도를 바탕으로 하는 힌두교가 부담스러웠다. 반면 불교는 평등을 주장하며 신분적으로 비교적 자유로웠다. 자야바르만 7세는 국교를 힌두교에서 불교로 개종함으로써 종교적으로 자신의 즉위를 합리화하고 정당화하였다.

자야바르만 7세는 불교 가운데 대승불교를 선택하였다. 대승불교는 부처이외에 보살의 개념을 도입한 보다 대중적인 불교였기 때문이다. 자야바르만 7세는 자신을 대승불교의 보살 가운데 가장 자비로운 관세음보살과 일치시켰다. 신왕사상에 입각하여 국왕이 곧 신이라는 인식을 바탕으로 대자대비의 상징인 관세음보살을 자신과 일치시킴으로써 자신이 백성들에게 가장 자비로운 존재임을 과시하고자 하였다.

앙코르시대 이후 캄보디아의 불교는 소승불교로 바뀌었다. 타이인들에 의해 수립된 수코타이 왕국과 아유타야 왕국이 앙코르 왕국을 점령하였다. 이들은 미얀마와 라오스를 경유하여 유입된 소승불교를 캄보디아에 전파하였다. 힌두교나 대승불교가 백성들에게 과중한 노역을 강요한 것과는 달리 소승불교는 매우 민주적이고 개인주의적이었기 때문에 국가에 대한 의무에서 백성들을 해방시켜 주었다. 따라서 앙코르 시대 이후부터 현재까지 캄보디아는 소승불교를 믿고 있다. 앙코르 왕국에서 건설된 힌두교 사원 및 대승불교 사원은 모두 소승불교 사원으로 바뀌었다.

앙코르의 예술

앙코르를 대표하는 예술은 건축과 조각이다. 건축과 조각은 신과 국왕을 위한 것이었다. 건축은 신과 국왕을 위한 사원이 중심이었다. 그리고 조각은 입체적인 신상과 종교적 신화와 국왕의 업적을 새긴 부조가 주류를 이루었다. 앙코르 시대의 신과 국왕은 하나였다. 데바라쟈 사상, 즉 신왕사상에 의해서 국왕과 신을 일체화시켰다.

사원은 왕과 신이 합일하는 장소이다. 사원에 모셔진 시바신과 비슈누신을 비롯한 여러 신들은 신을 상징함과 동시에 국왕을 상징하는 것이었다. 그리고 사원의 벽에 부조된 내용은 신의 이야기인 동시에 국왕의 이야기였다. 결국 신과 국왕을 모시고 있는 사원은 당시 최고의 건축이었으며, 최고의 조각으로 장식되어 있다.

캄보디아의 예술은 크게 세 시기로 구분된다. 제1기인 앙코르 이전 시기는 1세기부터 8세기 말까지로 앙코르 예술의 태동기라 할 수 있다. 제2기인 앙코르 시기는 9세기부터 15세기 전반까지로 앙코르 예술의 최전성기이다. 제3기인 앙코르 이후 시기는 타이의 침략으로 앙코르 왕국이 멸망한 1431년부터 현재까지로 앙코르 예술의 쇠퇴기라 할 수 있다.

앙코르의 건축

앙코르의 핵심 건축은 국왕과 신을 위한 건축이다. 국왕을 위한 건축은 궁전과 신전이다. 궁전은 국왕이 살아 있는 동안 생활하는 공간이다. 신전은 국왕이 사후에 모셔질 공간으로 국왕의 권위에 걸맞게 화려하고 위엄 있다.

신을 위한 건축은 사원이다. 앙코르에서는 힌두교와 불교가 유행하였다. 따라서 힌두교 사원과 불교 사원이 시대를 달리하면서 지속적으로 지어졌다. 힌두교 사원에는 시바를 비롯한 비슈누 등 다양한 힌두교 신들이 모셔졌다. 그리고 불교 사원에서는 석가모니 부처와 함께 관세음보살이 모셔졌다.

앙코르 시대 국왕은 살아서는 지상의 왕이지만, 죽으면 바로 신과 동일한 존재가 되었다. 따라서 앙코르의 사원건축은 신왕사상에 따라 국왕을 모시는 신전과 힌두교와 불교의 신을 모시는 사원이 하나로 결합된 형태다.

사원의 구조와 형태 | 앙코르의 사원은 힌두교 신화의 우주론에 입각하여 건축되었다. 건축 구조와 배열 그리고 장식과 조각 등 모두 힌두교와 불교의 종교적 내용을 표현하고 있다. 동일한 뿌리를 가진 힌두교와 불교는 거의 같은 우주론에 바탕을 두고 있다. 따라서 힌두교 사원은 물론 불교 사원도 힌두교의 신화에 나타난 우주론을 반영하였다.

사원은 힌두교의 세계를 가장 잘 표현하고 있다. 힌두교에서 우주는 7주7해七州七海

로 이루어져 있으며, 그 가운데 우주의 중심인 메루산이 있다. 메루산의 사방에는 인간이 사는 남섬부주南贍浮州를 비롯하여 네 개의 산이 있다. 앙코르의 사원은 해자와 회랑 그리고 연꽃 모양의 봉오리로 구성되어 있다. 해자는 우주의 근원인 바다를 상징하는 동시에 인간의 세계와 신의 세계를 구분지워 주는 경계의 구실을 한다. 회랑 혹은 성벽은 히말라야 산맥을 상징한다. 그리고 사원 중앙에 있는 연꽃 모양의 다섯 개 탑은 메루산과 그 주위를 감싸는 네 개의 봉오리를 상징한다. 힌두교와 우주의 세계를 평면적으로 도식화한 것이 만다라라면 앙코르의 사원은 그것을 입체적으로 형상화한 것이다.

사원의 형태는 지형에 따라 평지에 지은 평지식, 구릉에 지은 언덕식, 산의 정상이나 경사면에 지은 산악식으로 구분된다. 그리고 건물을 배치하는 방식에 따라 다시 전개식, 피라미드식, 테라스식으로 구분된다. 각각의 부지에 평면적으로 건물을 배치하는 전개식, 몇 층으로 쌓은 기단 위에 사당을 배치하는 피라미드식, 경사면을 이용하여 건물을 배치하는 테라스식이 그것이다.

사원의 구조는 주요 건축물을 동서로 일직선상에 두고, 부속 건축물을 주변에 배치하였다. 고푸라^{gopura}, 즉 탑문을 통해 사원 내부로 들어서면 사당으로 이어지는 중앙통로가 있다. 그리고 통로 좌우에 경전과 보물을 넣어두는 도서관經藏이 있다. 통로는 중앙의 사당祠堂과 연결되어 있다. 사원의 가장 중심 건물인 사당에는 신격화된 왕을 상징하는 신상과 시바신을 상징하는 남성 성기 모양의 링가 등을 모셨다. 이외에 사원 안에는 힌두교 바라문 승려와 불교 승려를 위한 승방僧房과 테라스·회랑·주벽 등의 부속 건축물들이 종횡으로 배치되어 있다. 그리고 주벽 바깥에는 바다를 상징하는 해자를 갖추었다.

건축의 재료 | 건축 재료는 나무와 라테라이트·벽돌·사암 등이 사용되었다. 나무는 모든 건축물에 가장 많이 이용되었다. 가정집을 비롯하여 왕궁과 승려들의 숙소 모두가 나무로 지어졌다. 그리고 지붕과 천정의 장식에도 나무가 사용되었다. 그러나 현재 남아 있는 목조 건축물은 거의 없다. 목조 건축에 사용되었던 나무의 썩은 잔해가 호수의 뻘 속에서 더러 발견될 뿐

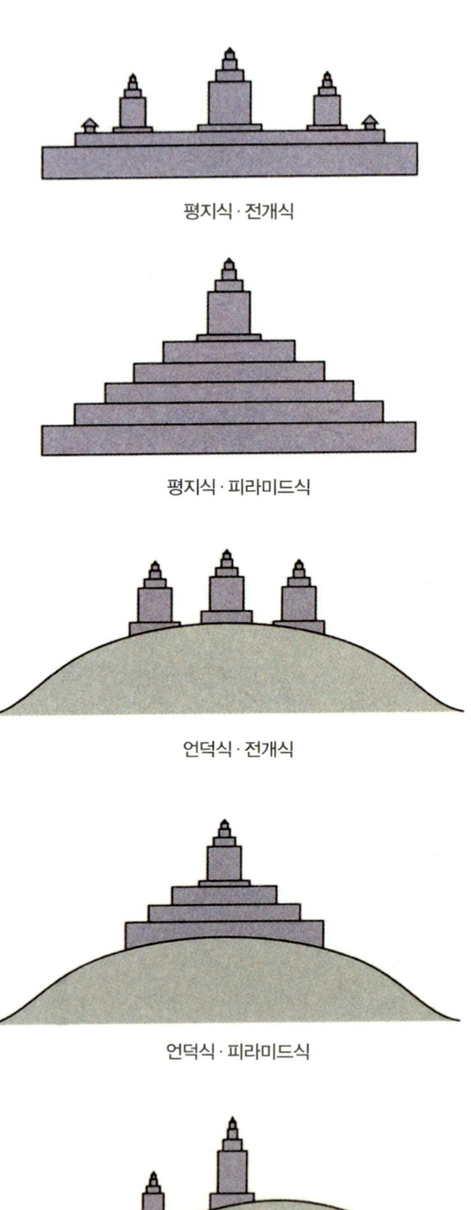

사원의 배치 형태

1주탑형

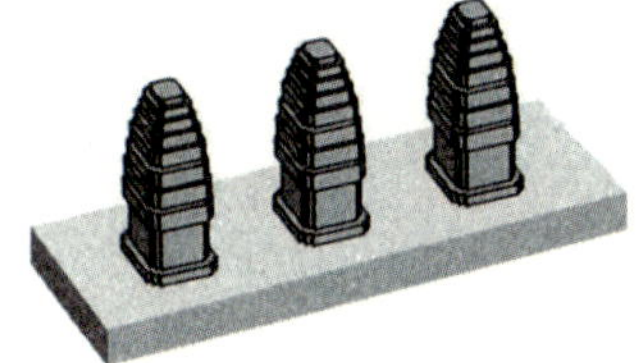

3주탑형

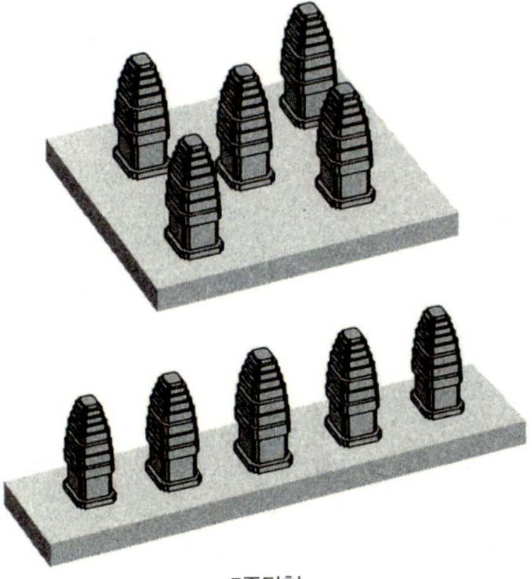

5주탑형

6주탑형

사원의 중앙탑 형태

이다. 그리고 목조 건축의 형태는 바이욘 사원의 벽화에서 확인할 수 있다.

건축 재료는 나무에서 벽돌로, 다시 라테라이트와 사암으로 변하였다. 벽돌은 초기에 많이 사용되었는데. 벽돌과 벽돌 사이는 식물성 접착제로 연결하였다. 식물성 접착제는 회반죽에 비해 강력한 접착력과 함께 외관상 거의 보이지 않는 미적 효과를 갖고 있었다. 벽돌을 쌓고 벽돌에 직접 조각을 하기도 하였지만 정교한 조각은 벽돌 위에 석고를 덮어씌우고 그 위에 조각하였다.

라테라이트laterite는 철과 알루미늄을 다량 포함하고 있는 붉은 돌이다. 땅속에 있을 때는 수분을 흡수하여 부드러우나 대기 중에 나오면 딱딱하게 말라 굳는다. 건축 재료로 이용할 때는 잘라내어 햇볕에 말려서 사용하였다. 빨리 굳는 특성 때문에 정교한 조각은 어려웠다.

사암砂巖은 퇴적된 모래가 굳어진 것으로 캄보디아에 널리 분포되어 있다. 앙코르 건축에 사용된 사암은 주로 프놈쿨렌Phnom Kulen지역에서 생산되었는데, 톤레삽Tonle Sap강이 역류할 때 물길을 이용하여 운반하였다. 사암은 10세기 후반부터 벽돌 대신 사용하기 시작하였으며, 11세기에는 사원 전체를 사암으로 건축하였다. 사암은 재질이 강하기 때문에 무게를 지탱할 수 있을 뿐만 아니라 조각을 하여 장식하는 데도 유리하였다. 그리고 붉은 색, 청색, 회색 등 색상도 다양하다.

라테라이트

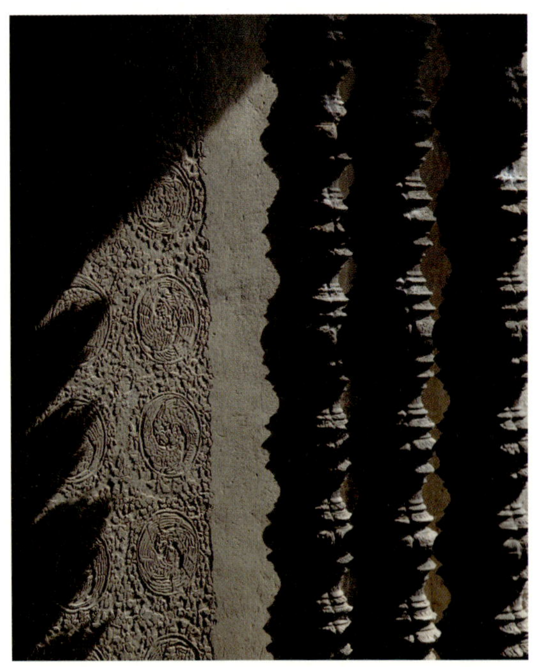

창문, 앙코르 와트

건축의 창문 | 앙코르 건축의 또 다른 아름다움은 창문이다. 창문은 채광과 통풍을 위하여 필요한 것으로 습기를 제거하고 벽면의 단조로움을 보완하기 위하여 중요시하였다. 그러나 건축물에 창문과 같은 구멍을 내는 것은 건물을 취약하게 하는 요소였다. 따라서 창문의 양 측면에 기둥을 세워 보완하거나 시각적인 효과만을 내기 위해 벽면에 창문을 조각해 놓는 '가짜 창문'을 만들기도 하였다.

창문의 모양은 다공형, 틈새형, 연자형으로 구분된다. 다공형多孔形은 일정한 간격을 따라 규칙적으로 구멍을 뚫어 놓은 것으로 시각적 효과를 내는데 사용하였다. 틈새형은 벽체에서 라테라이트나 사암을 부분적으로 돌출시킨 다음 세로로 틈을 내는 방식이다. 연자형蓮子形은 연밥모양을 여러 개 겹쳐 놓은 형태의 창문

으로 대개 건축물의 중앙부에 오도록 설계하였다. 따가운 햇살을 차단하고 창문을 통해
들어오는 광선이 습기를 제거하도록 하였다.

창문, 반테이 스레이

앙코르의 조각

조각은 인류의 역사와 함께 시작되었다. 조각은 예배나 숭배를 위한 종교예술에서 가장 각광을 받았다. 조각은 둥근 새김인 환조와 돋을 새김인 부조로 구분된다. 종교예술에서 주로 신상神像은 환조로 제작되며 종교와 관련된 이야기나 장식은 부조로 제작되었다.

앙코르의 조각 역시 힌두교와 불교의 신상은 환조로 제작되었으며 관련 신화는 부조로 조각되었다. 앙코르에서는 일찍부터 힌두교와 불교가 신봉되어 힌두교의 경우 시바와 비슈누의 신상이 가장 많이 제작되었고 불교의 경우 부처상과 관세음보살상이 다양한 모습으로 조성되었다.

사원의 외부 벽에는 장식을 위한 부조가 발달하였다. 부조의 내용은 여신 데바타를 비롯하여 천상의 무희 압사라가 있다. 그리고 바이욘 사원의 부조에서 볼 수 있듯이 일상생활을 표현한 것도 있다. 가장 많은 것은 앙코르 와트에서와 같이 힌두교와 불교의 신화 내용을 부조로 표현한 것이다.

앙코르의 조각은 사원에 신과 국왕이 실제 살고 있는 것처럼 느끼게 해주는 마술적인 기능을 가지고 있다. 그리고 사원에 숭배를 위해 줄지어 들어오는 신도들과 순례자들에게 보다 경건함을 갖게 한다. 또한 화려한 조각은 장엄함을 더하게 하는 장식적인 요소도 함께 가지고 있다.

인드라, 동메본

힌두교의 신상 | 앙코르의 조각 가운데 가장 많은 것은 힌두교 신상神像이다. 힌두교의 3대 신은 창조의 신 브라흐마, 유지의 신 비슈누, 새로운 창조를 위한 파괴의 신 시바이다. 이들 세 신 가운데 브라흐마는 앙코르에서 유행하지 못하고 비슈누와 시바신이 주로 제작되었다.

창조의 신 브라흐마Brahma는 다양한 모습으로 묘사되었다. 함사라는 이름의 백조를 타고 다녔으며, 네 개의 머리와 네 개의 팔을 가지고 있다. 네 개의 팔에는 자신을 상징하는 각각 다른 지물 즉 물단지, 활, 널빤지, 베다를 들고 있다. 브라흐마는에게는 배우자가 있다. 지혜와 언어, 음악의 여신이 사라바스티Saravasti이다. 그녀는 공작을 타고 있으며, 음악의 신답게 '비나'라는 악기를 들고 있다. 그러나 앙코르에서 실제로 비슈누와 시바 신앙에 가려 브라흐마를 모신 사원은 아주 적은 편이다.

거위 함사를 탄 브라흐마,
반테이 스레이

가루다를 탄 비슈누,
쁘라삿 끄라반

난디를 탄 시바,
반테이 스레이

유지의 신 비슈누Visnu는 세계의 질서를 지키는 신이다. 가루다Garuda라는 새를 타고 다니며, 노란색 가사를 걸치고 있다. 그리고 세시Sesa라는 뱀 위에 누워서 휴식을 취하는 모습으로 표현되기도 한다. 검은 얼굴에 네 개의 팔을 가지고 있는데, 각각의 손에는 원반 모양의 무기인 차크라를 비롯하여 소라, 곤봉, 연꽃을 들고 있다. 그의 배우자는 상서로움이라는 의미를 가진 락슈미Laksmi이며, 아들은 사랑의 신인 카마Kama이다. 비슈누는 해양지역과 결부되어 있어 비교적 온화한 성격이다. 신자에게 은혜를 베풀고 인류 멸망을 방지하기 위하여 여러 화신으로 나타나 세계를 구원한다.

새로운 창조를 위한 파괴의 신 시바Siva는 파괴의 신인 동시에 새로운 창조의 신이다. 난디라는 소를 타고 얼굴에는 반달 모양의 장식을 달고 다닌다. 그리고 이마에 하나의 눈을 더 가지고 있다. 이 눈은 마음의 눈인 동시에 신의 눈이다. 목이 푸른빛인 것은 우유의 바다에서 나온 독을 제일 먼저 마셨기 때문이다. 네 개의 팔에는 도기와 영양을 쥐고 있거나 보호와 자비를 상징하는 물건을 들고 있다. 춤의 왕으로 춤추는 모습으로 표현되기도 하는 시바의 배우자는 우마이다.

시바를 본존本尊으로 모실 때에는 링가라는 상징적인 형태를 하고 있다. 링가는 남성의 성기를 상징하는 것으로 여성의 성기를 상징하는 요니 위에 꽂혀 있다. 이것은 성적 결합을 통해 풍요와 다산을 기원함과 동시에 성 행위를 통한 궁극적인 해탈을 상징하기도 한다. 링가는 대개 세 부분으로 나뉘는데 아랫부분은 4각형의 단면, 중앙부는 8각형의 단면, 상부는 원주 형태로 되어 있다. 이는 천원지방天圓地方 사상에 바탕을 둔 것으로 사각형은 땅을 상징하고 원형은 하늘을 상징한다. 그리고 가운데 8각형은 이들을 연결하는 역할을 한다. 요니도 땅을 상징하여 4각형으로 되어 있으며, 의식을 거행할 때 성수聖水를 흘려보낼 수 있도록 홈이 만들어져 있다.

불교의 불상 | 불상은 크게 부처와 보살로 구분된다. 부처는 완전 해탈의 경지에 이르러 중생을 교화하고 이끌어 주는 성자聖者를 말한다. 보살은 완전 해탈에 앞서 중생衆生을 구제하고 궁극적으로 불佛이 되기 위해 기원 수도하

관세음보살상, 닉 뽀안　　　　부처상, 바이온, 프랑스 기메박물관　관세음보살상, 바이온

는 자이다.

부처상과 보살상은 머리 모양과 옷 모양으로 구분된다. 부처의 머리는 나발형螺髮型이며 옷은 법의法衣이다. 반면 보살의 머리는 보관형寶冠型이고 옷은 천의天衣이다. 기본적으로 부처는 출가出家의 모습을 하고 있으며, 보살은 재가在家의 모습을 하고 있음을 알 수 있다.

캄보디아의 불교는 힌두교와 함께 5세기경에 들어왔다. 캄보디아에 처음으로 들어 온 불교는 대승불교였다. 대승불교는 계급을 초월하여 기도하는 모든 사람에게 자비를 베푸는 관세음보살과 석가모니 부처가 숭배의 중심이었다. 따라서 사당에 모셔진 불상 대부분은 석가모니 부처상이다. 그리고 외부에 조각된 보살상은 관세음보살상이다.

나가의 숭배 |　　앙코르에서 나가Naga는 뱀신이다. 나가는 캄보디아를 비롯해서 동남아시아 그리고 인도의 원주민와 아리안족의 종교에 널리 퍼져 있는 대표적인 뱀 숭배의 상징이다. 나가는 중국과 한국·일본 등 동아시아로 오면서

용龍으로 변형되었다. 물의 신으로 물에 축적된 에너지를 지키는 나가는 신비적이며 두려운 존재인 동시에 '불사不死의 상징'이다.

앙코르의 신화와 전설에서 나가는 매우 경외로운 존재이며 인간에 대해 친숙하고 우호적이다. 건국신화에서 캄보디아인들은 인간이 뱀의 딸과 결혼하여 낳은 자손의 후예라고 표현하였다. 그리고 궁전 사원인 피메아나카스에서 매일 밤 국왕이 토지를 지키는 신, 뱀왕의 딸과 잠자리를 같이 한다는 설화가 있다.

나가는 바다·호수·우물과 같은 물을 수호하는 신이다. 대개 다섯 개 혹은 일곱 개의 머리를 가진 모습으로 표현된다. 얼굴은 인간의 모습을 하고 있으며, 머리는 코브라다. 불교에서 나가는 도를 깨우친 석가모니를 감싸고 머리로는 비를 맞지 않도록 보호하고 있는 형상을 하고 있다.

앙코르에서 나가는 인간의 세계, 즉 지상계와 피안의 세계인 천계를 이어주는 다리 역할도 한다. 앙코르 톰의 남대문 앞에 있는 나가상은 신과 아수라가 '우유의 바다'를 휘저을 때 커다란 밧줄로 사용되고 있다. 캄보디아 민속춤인 압사라 춤 또한 나가의 움직임을 표현으로 하고 있다.

나가, 반테이 스레이

앙코르 사원에는 섬세한 부조로 여신 상과 남신상이 새겨져 있다. 여신 데바타상Devata과 남신 드바라팔라상Dvarapala이다. 드바라팔라는 오른손에 창을 들고 왼손에는 연꽃봉오리를 내려뜨리고 있는 미남의 젊은이 모습이다. 굳게 다문 입술과 치켜 뜬 두 눈, 우뚝 솟은 코 그리고 뒤로 묶어 둥글게 마무리한 머리 등이 위엄 있고 남성적인 이미지를 물씬 풍긴다.

데바타는 사원의 본존에게 공양하는 여인이라는 의미를 가지고 있다. 사원의 입구를 지키는 여신 데바타는 마치 살아 있는 듯한 느낌을 주며, 풍성한 주름의 단순한 옷차림에 머리를 땋거나 묶은 모습을 하고 있다. 회랑의 벽면이나 기둥의 여신상은 단독으로 부조된 경우도 있지만 2인·3인·5인·7인씩 조를 이루어 부조된 경우도 있다. 그러나 수많은 여신들 가운데 표정이 같은 경우는 없다. 표정뿐만 아니라 왕관을 쓴 머리 장식·가슴 장식·의상에 이르기까지 모두 다른 모습이다.

압사라apsara는 무희舞姬·천녀天女로 칭해지는데, 항상 위대한 남신이 나타날 때 동반한다. 압사라는 천지창조 신화에서 바다를 휘저어apsu 추출되었다rasa는 의미를 가지고 있으며 신을 즐겁게 하고 유혹하는 역할을 담당하였다. 하늘을 나는 동작으로 표현된 압사라는 중국을 거쳐 우리나라로 오면서 비천상飛天像으로 변형되었다.

여신상은 회색 사암에 부조의 형태로 조각되어 있으며 크기는 대개 1~1.3m 정도이다. 여

남신 드바라팔라상, 롤레이

신상의 하반신은 상체에 비해 매우 짧게 표현하였다. 그런데 여신상은 시대에 따라 표현 양식이 다르게 나타난다. 머리에 쓴 관, 치마의 주름과 장식, 손과 발의 모양, 곡선미 등이 시대를 달리하면서 독특하게 표현되었다. 특히 허리에 걸치는 옷 삼풋^{sampot}의 형태와 표현 방식은 시대별로 각각의 특색을 가지고 있었다.

상인방의 여러 신들

앙코르 사원의 조각 가운데 주목되는 것은 상인방의 조각이다. 상인방上引枋은 문을 만들 때 문 위 벽돌의 무게를 지탱하기 위하여 양쪽 문설주 상면을 가로지르는 통돌의 버팀 구조물을 말한다. 상인방을 비롯하여 그 밑을 떠 받치고 있는 6각형의 기둥과 문틀은 모두 사암으로 만들었다. 그리고 이 사암에 놀랍도록 정교하고 입체적인 조각을 하였다.

상인방의 조각 양식은 프레아 코에서 시작하여 반테이 스레이, 앙코르 와트, 앙코르 톰으로 연결된다. 프레아 코의 상인방 조각은 소박하고 아담하면서도 무한한 상상력을 발휘하고 있어서 앙코르 시대의 조각예술의 원형을 보여 준다. 반테이 스레이 상인방은 더 깊고 화려하고 정교하며 매우 현실적이지만 너무 현란하고 이념적이다. 앙코르 와트의 상인방은 너무 반복적이고 설명적이며 신화적이고 그에 비해 앙코르 톰의 상인방은 불교적이고 거칠다.

상인방에는 다양한 문양과 신상이 조각되어

여신 데바타상, 롤레이

있다. 첫째 비슈누 신의 네번째 화신인 나라싱하^{Narashingha}이다. 나라싱하는 반 사자, 반 인간의 모습을 하고 있는 문지방의 신이다. 힌두교 신화에 의하면 악마 히란나야카시푸^{Hiranayaksipu}를 총애한 창조의 신 브라흐마가 그에게 '신·인간·동물 그 어떤 존재라도 그를 죽이지 못하며, 밤에도 낮에도 죽이지 못하며, 집 안에서든 집 밖에서든 죽이지 못하는 영생의 권능'을 부여하였다. 악마 히란나야카시푸는 교만해져 악행을 일삼았다. 심지어 자신의 아들 프라흘라다^{Prahlada}가 비슈누 신을 숭배하자 격노하여 아들마저 죽이려 하였다. 그의 불의를 보다 못한 비슈누는 브라흐마의 예언을 피해 그를 칠 묘안을 짰다. 질서 유지의 신 비슈누의 권능 중 하나가 불의가 발생하거나 난국에 처했을 때 그 상황에 맞는 상태로 환생하는 권능을 갖고 있었다. 비슈누는 브라흐마의 예언 중에서 결점을 찾아 신도 인간도 동물도 아닌 반 사자 반 인간의 몸인 나라싱하로 환생하여 밤도 낮도 아닌 황혼 무렵에 집 안도 집 밖도 아닌 문지방에서 그를 단숨에 처단하였다. 이후 나라싱하는 문지방의 신으로 추앙되었으며, 힌두교 건축물의 수문장으로 부조되었다.

둘째 칼라^{Kala}가 조각되어 있다. 칼라는 힌두교와 불교에서 흔히 볼 수 있는 가면 같은 형상물이다. 그 모습이 우리나라 귀면와에 새겨진 도깨비와 거의 같아서 우리에게는 친숙하다. 칼라는 신전으로 들어가는 입구의 문틀 위에서 무서운 얼굴로 사원을 지키는 수호신이다. 전설에 의하면 칼라는 식욕이 매우 강하여 시바에게 살아 있는 제물을 먹게 해달라고 하였다. 시바가 이 말에 노하여 '네 몸을 먹으라'고 명령하였다. 칼라는 결국 자기의 몸을 먹어버렸지만 머리는 먹을 방법이 없었다. 시바는 남아 있는 머리를 문 위에 올려놓아 자신의 엄한 면과 자비로움 양면의 모습을 보여 주었다. 칼라는 눈은 둥글고 앞으로 튀어나와 있으며 사자 모양의 코와 두 볼을 가지고 독수리같은 날카로운 이빨을 하고 있다. 양쪽 팔로 나가를 움켜쥐고 있으며 입에서 흘러나온 혓바닥은 나가의 형상으로 꿈틀거린다.

셋째 인드라의 조각이다. 나가의 위에는 오른손에 방망이를 든 남자신이 타고 있는데, 이것이 인드라이다. 인드라는 천둥과 번개 그리고 비의 신이다. 인드라가 인간들로부터 숭배를 받게 된 것은 가뭄을 유발한 악마 브리트라를 처치한 이후부터이다. 사람들은 인드라를 '비의 신'으로 숭배하였다. 그리고 가뭄이 찾아오면 인드라에게 비를 기원하

문과 상인방, 동 메본

『마하바라타』 신화의 부조, 앙코르 와트

는 제사를 지냈다. 프레아 코 사원을 건립한 왕이 바로 인드라바르만이다. 그는 자신을
인드라 신과 동일시하여 풍요로운 농경사회를 소망하고 있었다.

넷째 상인방에는 가루다가 조각되기도 한다. 가루다는 몸과 팔다리가 사람의 형상이
지만 부리가 달린 얼굴과 날개·발톱은 독수리의 그것이다. 가루다는 힌두교 신 비슈누
가 타고 다니는 것으로 상서럽고 막강한 힘을 가진 존재이다. 그런데 인도신화에서 천
적관계로 영원히 화해하지 않는 가루다와 나가가 앙코르 문명에서는 화합하고 화해하
고 있다. 독수리는 하늘의 상징이며 생명과 선의 상징이다. 뱀은 땅의 상징이며 죽음과
악의 상징이다. 앙코르 문명에서는 가루다와 나가의 화해를 통해 하늘과 땅, 선과 악의
조화를 추구하고 있다.

신화 이야기 │　　앙코르 사원의 부조에는 이야기가 있다. 부조에 새겨진 이야기는
　　　　　　　　인도의 대서사시 『마하바라타』·『라마야나』를 비롯해서 불교의

신화 그리고 앙코르의 역사적 사건이다. 물론 바이욘 사원의 부조에서 볼 수 있듯이 일상생활을 그린 것들도 있다.

『마하바라타』는 고대 인도의 힌두교에 바탕을 둔 신화적인 대서사시이다. 처음 쓰인 시기는 기원전 400년까지 거슬러 올라가지만 기원후 300년쯤에 완성되었을 것으로 추정된다. 『마하바라타』에는 아주 먼 옛날부터 전해 내려오는 신화와 전설·의례·도덕·계보에 관한 이야기로 가득하다. 이 가운데 핵심은 판다바 형제와 그들의 사촌 카우라바 형제 사이의 치열한 전쟁, 즉 쿠룩세트라 전투 장면이다. 『라마야나』는 기원전 200년에서 기원후 200년 사이에 지어졌다. 이것은 운문의 형태로 라마 왕자의 모습으로 지상에 내려와 펼치는 비슈누의 모험이 이야기의 중심을 이루고 있다.

『마하바라타』와 『라마야나』의 내용 가운데 즐겨 부조한 내용은 전투 장면이다. 부조된 전쟁은 인간의 전쟁이 아니라 신들의 전쟁이다. 국왕은 신들의 웅장한 전쟁 장면을 현실에서 벌이고 있는 전쟁에 오버랩시킴으로써 자신이 신과 같은 위대한 군주임을 과시하고자 하였다. 그리고 항상 전쟁에 시달리고 있었던 앙코르의 사람들은 신화 속의 전쟁 영웅을 통해서 위안을 얻고자 하였다.

　불교의 신화는 석가모니의 생애와 관련된 것이다. 앙코르의 부조에 나타난 불교의 신화는 석가모니의 삶 가운데 일어난 일화이다. 특히 부처님의 자비로운 측면을 강조하는 일화를 골라 부조로 새겼다. 그리고 대승불교 사상 전체의 본질을 나타내기 위하여 보살의 이미지도 부각시켰다. 중생을 자비로 포용하는 관세음보살이 대표적이다.

조각양식의 변화 |　앙코르 시대의 조각은 시기에 따라 다양한 모습으로 나타났다. 프놈쿠렌 Phnom Kulen 양식 · 프레아 코 Preah Ko 양식 · 바켕 Bakheng 양식 · 코케르 Kohker 양식 · 프레 룹 Pre Rup 양식 · 반테이 스레이 Banteay Srei 양식 · 바푸온 Baphuon 양식 · 앙코르 와트 Ankor Wat 양식 · 바이욘 Bayon 양식 등이 그것이다.

압사라, 프레아 코

압사라, 프놈 바켕

압사라, 바콩

압사라, 프레 룹

압사라 양식의 변화

프놈쿠렌 양식(802~875)은 프놈쿠렌 구릉에 조영된 사원군의 조각상에 나타난 새로운 조각 양식을 말한다. 이 양식은 앙코르 양식의 출발점으로 1983년 프랑스 극동학원 보고에 의해 처음 그 실체가 밝혀졌다. 프놈쿠렌 양식은 자연적인 모습이 덜하고 약간 형식화된 모습을 하고 있다. 신들의 의상 표현에서도 벨트 가운데 주름이 져 있다.

프레아 코 양식(875~889)은 인드라바르만 1세 시대 수도 하리하랄라야에 건설된 프레아 코, 바콩, 롤레이 사원에 나타난 양식이다. 이 시대의 조각상은 프놈쿠렌 양식에서 중후감을 한층 더하고, 복부에 살을 붙여 볼륨감을 느끼게 한다. 그리고 신왕사상이 본격적으로 강화되면서 조각에서 힘과 에너지를 느낄 수 있다.

바켕 양식(889~927)은 프놈 바켕 사원의 부조에 나타난 스타일이다. 야소바르만 1세는 왕도王都를 롤루오스 지역에서 앙코르 지역으로 이전하여 신도시 '야소다라푸라'를 건설하였다. 그리고 한가운데 자신의 사원인 프놈 바켕 Phnom Bakheng 을 건설하였다. 프놈 바켕 사원에 나타난 바켕 양식은 프레아 코 양식에 한층 장식을 더한 점이 특색이다. 여

압사라, 반테이 스레이

압사라, 바푸온

압사라, 앙코르 와트

압사라, 바이온

압사라 양식의 변화

신 데바타상의 치마 꺾임과 주름이 가늘고 주의 깊게 새겨져 있다. 조각 양식이 강한 것에서 섬세한 것으로 지향하고 있음을 보여 준다.

코케르 양식(921~944)은 자야바르만 4세가 왕위를 찬탈한 뒤 왕도를 앙코르에서 코케르로 옮기면서 발전한 예술 양식이다. 자야바르만 4세는 코케르에 7층의 대 피라미드 사원을 건립하고 정상에 링가를 모셨다. 사원의 거대한 스케일과 매우 동적인 조각들은 자야바르만 4세의 강력한 왕권을 상징하는 것이었다. 이는 앙코르 왕도와는 다른 새로운 조각 양식이었다.

프레 룹 양식(944~968)은 라젠드라바르만 2세가 왕도를 다시 앙코르로 옮긴 후에 등장한 예술 양식이다. 앙코르로 옮긴 후 천상의 궁전으로 일컬어지는 피메아나카스 Phimeanakas 사원을 건립하였다. 그리고 힌두교 사원인 동 메본 사원과 불교사원인 밧춤 Bar Chum, 프레 룹 사원을 건설하였다. 이 시기의 에너지가 넘치고 단단한 체구의 조각은 9세기 후반의 것과 비슷하다. 그리고 동 메본과 프레 룹에 남아 있는 회반죽 부조의 여신상은 매우 세련된 모습을 보여준다.

반테이 스레이 양식(960~1000)은 반테이 스레이 사원에 부조된 조각의 양식이다. 자야바르만 5세(968~1001) 당시에 가장 세력을 떨친 인물은 힌두교 시바파의 대사였던 야즈나바라하이다. 그는 섭정을 통해 왕권을 대행하면서 앙코르 톰의 북동쪽에 반테이 스레이를 건립하였다. 반테이 스레이는 소규모이지만 붉은 장미색의 사암으로 건축되어 불이 타는 듯한 아름다움을 보여주고 있다. 각각의 건물에 조각된 섬세하면서 산뜻하고 우아한 자태의 부조는 당시 건축·조각의 정수를 보여주고 있다. 반테이 스레이에 부조된 신상들은 화려한 장신구·다양한 자태·육감적인 모습·풍부한 표정 등으로 우리를 미의 세계로 유혹한다. 이들은 종래 신상들의 정형으로부터 해방을 의미한다.

바푸온 양식(1050~1066)은 우다야디티야바르만 2세가 왕궁의 남쪽에 황금의 수미산을 본떠서 건립한 바푸온 사원에 나타난 양식이다. 바푸온 사원의 벽면에는 힌두교 신화의 내용과 왕궁 주변의 생활이 부조되어 있다. 한편 서 바라이의 한가운데 섬에 건립된 서 메본에서 청동 비슈누 신상이 발견되었다. 바푸온 양식은 맵시 있는 모양을 더욱 강조하여 옷깃을 꺾지 않고 허리의 잘록한 부분을 따라 밀착한 선으로 표현하는 것이 특징이다.

앙코르 와트 양식(1100~1175)은 분열된 왕국을 통일한 수리야바르만 2세가 건설한 앙코르 와트에 나타난 예술 양식이다. 5탑식의 사당은 연꽃의 꽃봉우리 모양으로 메루산을 상징한다. 창건 당시에는 그곳에 금을 칠하여 찬란한 황금색으로 빛나도록 하였다.

앙코르 와트의 조각 가운데 압권은 약 80m에 이르는 제 1회랑에 새겨진 부조들이다. 전쟁 장면에 관련된 비슈누의 활약을 통해 수리야바르만 2세 자신의 활약을 찬양하고 있다. '천국과 지옥', '우유바다 휘젓기' 장면은 영원한 생명을 희구하는 국왕 자신의 소원을 담고 있다. 또한 앙코르 와트에는 남신상은 보이지 않고 1,737체의 여신상이 부조되어 있다. 이들 여신상은 보관 장식과 가슴·치마 장식 등이 매우 자연스럽고 화려하다. 특히 긴 치마에 흩뿌려진 꽃무늬를 넣는 것 등은 앙코르 와트만의 특징이다.

바이욘 양식(1181~1219)은 자야바르만 7세에 의해 건설된 바이욘 사원에 나타난 예술 양식이다. 바이욘 양식은 이전과는 달리 매우 혁신적이다. 힌두교 대신 불교를 국가 종교로 채택하면서 인자한 인간의 모습을 한 관세음보살상이 조각되었다. 거대한 이들 조각상의 매력은 얼굴 표정에서 나타나는 정신적인 고요함과 엄격함이다. 바이욘 양식의 특징은 거칠지만 동적이고 남성적이다.

2부

앙코르 유적

창업기의 사원

앙코르 시대를 개막한 것은 자야바르만 2세이다. 그는 인도네시아의 자바 왕국에 인질로 잡혀갔다가 풀려나서 프놈쿨렌이라는 성스러운 산에서 자바로부터 독립을 선포하고 앙코르 시대를 열었다. 그리고 앙코르 왕조의 수도를 프놈펜 지역에서 톤레삽 호수 북쪽 앙코르 지역으로 옮겼다.

창업기 앙코르 왕국의 중심지는 롤루오스 지역에 있는 하리하랄라야^{Hariharalaya}였다. 하리하랄라야^{Hariharalaya}의 하리^{hari}는 우주질서 유지의 신 비슈누를 지칭하며, 하라^{hara}는 파괴의 신 시바를 지칭한다. 힌두교에는 창조의 신 브라흐마까지 합하여 3명의 주신이 있다. 그러나 흔히 브라흐마는 비슈누와 함께 공양 받았으므로 하리하라는 힌두교 3대 주신인 브라흐마·비슈누·시바 모두를 모신 성스런 수도라는 뜻이다.

롤루오스^{Loluos}에는 9세기 초반 앙코르 왕조의 최초의 힌두교 사원이 건립되었다. 자야바르만 2세 이후 그의 아들 인드라바르만 1세와 야소바르만 1세가 왕위를 계승하였다. 이들 두 왕은 롤루오스에 사원들을 건축하였다. 인드라바르만 1세는 프레아 코 사원을 지었다. 이곳에 아버지인 자야바르만 2세를 비롯한 조상을 모심으로써 왕조의 정통성을 천명하였다. 그리고 자신의 영묘이면서 시바신을 모신 바콩 사원을 건축하였다. 특히 수도의 중심에 자리한 바콩은 메루산 사상이 도입되어 일찍이 왕권의 신격화가 시작된 모습을 볼 수 있다. 그리고 거대한 저수지인 발라이의 원형이 된 '인드라타타카'를 만들어 관개농사를 지을 수 있도록 하였다. 야소바르만 1세는 인드라타타카 호수 한 가운데에 조상을 위한 롤레이 사원을 지었다.

롤루오스 지역의 사원은 세 가지 유형이다. 인드라바르만 1세는 아들 야소바르만 1세에게 세 가지의 유언을 남겼다. 첫째, 조상을 위한 신전을 지어라. 둘째, 자신이 죽어서 돌아갈 신전을 지어라. 셋째, 백성을 위하여 저수지와 수로를 건설하여라. 롤루오스 지역에는 이 같은 유언에 따라 세 가지 유형의 사원이 건축되었다. 조상을 위한 조상사원 프레아 코^{Preah Ko}, 자신이 죽어서 돌아갈 국왕사원 바콩^{Bakong}, 저수지를 만들고 물을 숭배하는 물의 사원 롤레이^{Lolei}가 그것이다.

프레아 코 Preah Ko

인간이라는 존재는 조상이 남긴 유품이다. 인간은 조상으로 인해 현재의 모습으로 존재할 수 있다. 따라서 조상을 숭배하는 것은 자신을 위한 것이다. 현재의 나 자신은 조상에 의해 만들어졌기 때문에 조상의 모습은 곧 나의 모습이다. 위대한 조상은 나 자신을 위대하게 만든다. 국왕은 자신의 위대함을 과시하기 위해서 조상을 숭배하였다. 조상을 높임으로써 자신을 높이고자 하였다. 자신의 출신에 문제가 있는 국왕일수록 그것을 보완하기 위해 조상을 높이는 작업에 보다 많은 노력을 기울였다.

앙코르 왕국 최초의 사원 | 프레아 코는 앙코르 왕조 최초의 사원이다. 프레아 코를 세운 인드라바르만 1세는 자야바르만 2세와 3세를 이은 앙코르 왕조의 3대 왕이다. 인드라바르만 1세는 12년(877~889) 밖에 통치하지 않았지만 왕코르 왕조의 기반을 튼튼히 하여 흔들리지 않는 반석 위에 올려놓은 인물이다. 그리고 앙코르 건축의 기본 양식을 확립시키고 제사와 의례의 기초를 마련하였다.

프레아 코는 라테라이트로 쌓은 3중의 담장과 중앙에 있는 여섯 개의 벽돌탑으로 구성되어 있다. 사원의 정문은 동쪽이다. 해자를 건너 라테라이트 벽돌을 깐 동쪽의 신도神道를 따라 들어서면 중앙에 여섯 개의 탑이 있다. 동쪽 전면에 세 개의 탑이 있고, 그 뒤에 또 다른 세 개의 탑이 있다. 그러나 현재는 여섯 개의 탑만이 제자리를 지키고 있

을 뿐이며 해자는 흔적을 찾을 수 없다. 담장도 무너져 담장 사이에 있던 창틀만이 겨우 자리를 지키고 있다.

　프레아 코는 벽돌과 사암 그리고 석고를 조화롭고 적절하게 사용하였다. 프레아 코의 주재료는 붉은 벽돌이다. 앙코르 지역의 흙은 붉은 색이다. 그 흙으로 구운 벽돌은 다른 지역의 벽돌보다 붉은색이 더욱 강하다. 프레아 코의 탑은 벽돌로 만든 전형적인 전탑이다. 탑의 문양은 벽돌을 쌓은 후에 벽돌에다 바로 조각하였다. 그러나 정교한 조각은 사암이나 석고를 사용하였다.

　프레아 코의 정교한 조각은 사암을 사용하였다. 사암은 내구성이 강하고 가장 보편적으로 사용되는 소재이다. 앙코르 동북부 30km 지점에 있는 쿨렌산맥 Kulen Mountains에서 채취하여 시엠립강을 따라 뗏목으로 운반하거나 코끼리·물소·황소가 이끄는 마차를

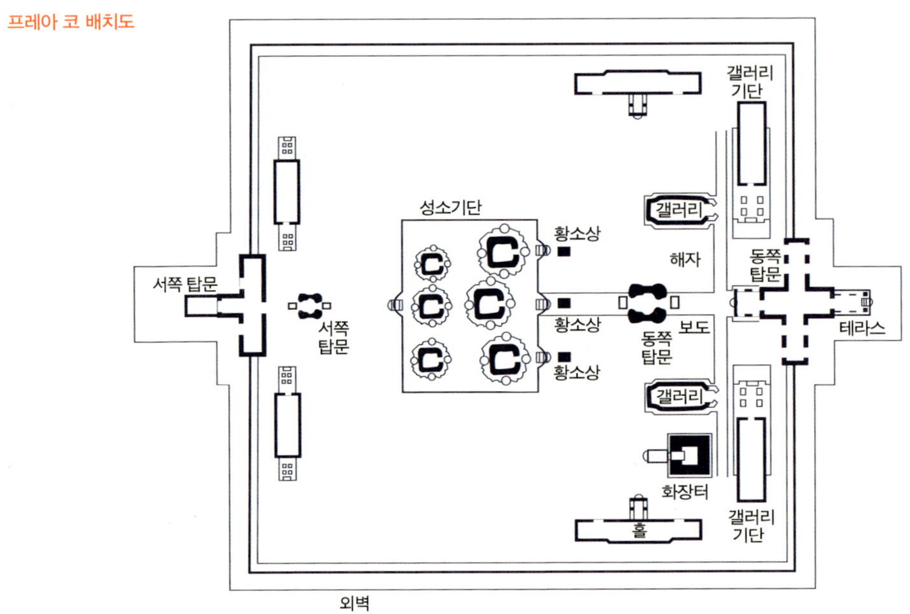

이용하여 육로로 운반하였다. 사암은 남신男神 드라바팔라·여신女神 데바타·사자상·난디상 등 정교한 조각을 요구하는 곳에 사용하였다. 그리고 강한 버팀을 요구하는 문틀이나 바닥, 모서리 등에도 사용하였다. 프레아 코에 최소한으로 사용된 흰색의 사암은 붉은 벽돌과 절묘한 조화를 이루고 있다.

프레아 코에서는 벽돌로 쌓아 올린 벽을 장식하기 위하여 스터코Stucco라는 석고를 사용하였다. 스터코는 소석회와 고운 모래·타마린드 열매·슈가 팜·개미집 점토 등을 반죽하여 만든 것이다. 이를 벽돌 위에 바르고 그것을 조각하여 아름다운 형상을 만들었다. 현재 대부분의 스터코 벽은 탈락하고 일부만 남아 있다. 남아 있는 부분을 통해서 석고 조각의 아름다움을 충분히 상상할 수 있다.

조상을 위한 사원 |

프레아 코는 조상을 위한 사원이다. 인드라바르만 1세는 앙코르 왕국의 개창자인 자야바르만 2세에게 이 사원을 봉헌하였다. 중앙의 전면에 있는 세 개의 탑 가운데 높은 탑이 자야바르만 2세에게 봉헌한 탑이다. 비문에 '파라메슈바라^{Paramesvara}에게 바친다'는 명문이 새겨져 있다. 파라메슈바라는 시바신을 지칭하는 것으로 자야바르만 2세의 사후 이름이다. 자야바르만 2세는 신왕사상神王思想에 입각하여 자신과 시바신을 동일시하였다. 오른쪽 탑은 인드라바르만 1세의 외조부인 루드라바르만에게, 왼쪽의 탑은 왕의 친아버지인 프리티비드라바르만에게 봉헌된 것이다.

세 개의 탑 바로 뒤에 짝을 같이 하면서 세 개의 탑이 있다. 후면에 있는 세 개의 탑은 전면에 있는 탑 주인의 부인들을 모신 것이다. 북쪽에 있는 탑이 남쪽에 있는 탑보다 중앙 탑에 좀 더 가까이 있다. 아마도 자야바르만 2세 부인과 외할머니의 사이가 좀 더 가까웠는지 모르겠다. 이같은 파격은 형식적이고 도식적인 양식이 가지는 경직성을 탈피하여 보다 인간적이고 여유로움을 준다.

프레아 코는 '신성한 소'라는 의미이다. 중앙탑으로 올라가는 계단 아래에는 소가 한 마리 앉아 있다. 이것은 시바신이 타고 다니는 난디^{nandi}라는 소다. 이 사원은 자야바르

만 2세에게 바쳐진 것이다. 따라서 시바신이 타고 다니는 난디가 중앙에 자리하고 있으며, 신전의 이름도 '신성한 소'라는 의미의 프레아 코로 정해졌다.

계단 위 탑 앞에는 각각 두 마리의 사자가 지키고 있다. 캄보디아 사자의 전형적인 모습이다. 엉덩이를 땅에 붙이고 앉아서 오가는 사람들을 맞이하고 있다. 동양의 사자는 서양의 사자와는 대조적이다. 서양의 사자는 언제든지 공격할 수 있도록 일어서서 입을 벌리고 포효하면서 공격의 자세를 취하고 있다. 반면 동양의 사자는 엉덩이를 땅에 붙이고 방어의 자세를 하고 있다. 특히 캄보디아의 사자는 캄보디아인을 닮아서 소박하고 얌전하다. 사자는 잡귀를 막기 위한 것일 뿐 인간을 위협하기 위한 것이 아니기 때문이다. 이후 앙코르 사원의 사자상은 시간과 장소에 따라 약간의 변화를 보이지만 정감이 가는 평화로운 모습은 그대로다.

탑의 정면에는 양쪽에 수호신

난디상

사자상

남신 드바라팔라

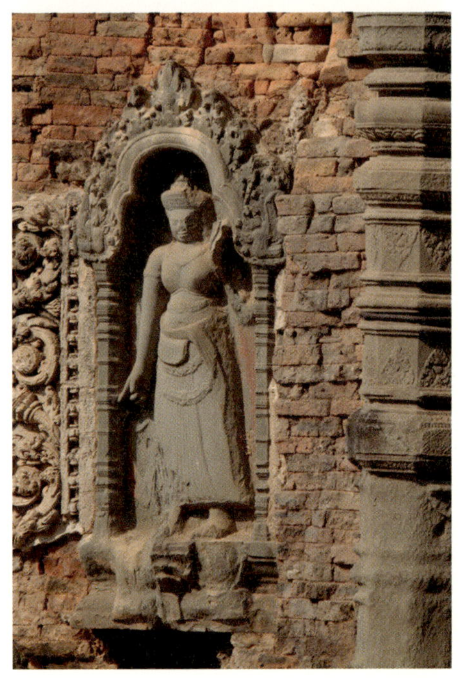

여신 데바타

이 새겨져 있다. 문을 지키는 수문장이다. 전면에 있는 세 개의 탑에는 남신男神 드바라팔라Dvarapara 상이 새겨져 있다. 왼손을 허리에 대고 오른손에 몽둥이를 들고 있는 남자 수문장 드바라팔라의 모습은 당당하다. 반면 후면에 있는 세 개의 탑에는 여신女神 데바타Devata 상이 새겨져 있다. 볼륨감 넘치는 풍만한 젖가슴과 잘룩한 허리는 매우 육감적인 모습이다. 남신과 여신은 바로 캄보디아의 남성과 여성의 모습을 그대로 보여 주고 있다.

상인방의 정교한 조각 │

프레아 코 사원은 캄보디아 조각의 진수를 보여준다. 특히 상인방의 화려하고 정교한 조각은 캄보디아인의 상상력과 예술성이 집약된 곳이다. 상인방上引枋은 문 위에 벽돌의 무게를 지탱하기 위하여 양쪽 문설주 상면을 가로지르는 통돌의 버팀 구조물이다. 상인방을 비롯하여 그 밑을 떠받치고 있는 6각형의 기둥과 문틀은 모두 사암으로 되어 있다. 이 사암에 놀랍도록 정교하고 입체적인 문양을 조각하였다. 프레아 코 사원에서 벽돌로 된 부분은 무너지고, 스터코의 벽은 탈락하여 폐허처럼 되었다. 그러나 사암으로 된 상인방은 폐허 속에서도 그 모습을 거의 온전하게 간직하고 있다.

상인방의 조각 양식은 프레아 코에서 시작하여

반테이 스레이·앙코르 와트·앙코르 톰
으로 연결된다. 프레아 코의 상인방 조
각은 소박하고 아담하면서도 무한한 상
상력을 발휘하고 있어서 앙코르 왕조의
조각예술의 원형을 보여 준다. 그리고
프레아 코 상인방은 창조적 가능성이 압
축되어 있으면서 소담하고 무한한 상상
력의 원형을 간직하고 있다.

　프레아 코의 상인방에는 다양한 문양
이 부조되어 있다. 첫째는 힌두교과 불
교에서 흔히 볼 수 있는 가면같은 형상물
인 칼라가 조각되어 있다. 그 모습이 우
리나라 귀면와에 새겨진 도깨비와 거의
같아서 우리에게는 오히려 친숙하다. 칼
라는 신전으로 들어가는 입구의 문틀 위
에서 무서운 얼굴로 사원을 지키는 수호
신이다. 칼라의 모습은 머리는 사자모습

을 하고 있으며 둥근 두 눈은 앞으로 툭 튀어나와 있고, 날카로운 어금니를 드러내며 으
르렁대는 형상으로 아래턱이 없는 것이 특징이다. 양쪽 팔로 나가를 움켜쥐고 있으며
입에서 흘러나온 혓바닥은 나가의 형상으로 꿈틀거린다.

　둘째는 인드라의 조각이다. 인드라는 천둥과 번개 그리고 비의 신으로 가뭄이 들때
마다 인간들이 기우제를 지냈다. 프레아 코 사원을 건립한 왕이 바로 인드라바르만이
다. 국왕은 자신을 인드라 신과 동일시하여 풍요로운 농경사회를 소망하고 있었음을 상
징적으로 보여 주고 있다.

　셋째는 가루다 조각이다. 중앙탑의 뒷면 가짜문 위에 있는 상인방에는 가루다가 두
손으로 나가의 꼬리를 힘차게 움켜쥐고 있다. 그리고 양끝으로는 각기 다섯 개의 머리

를 가진 나가가 머리를 쳐들고 있다. 가루다와 나가는 천적관계이다. 가루다는 몸과 팔다리는 사람의 것이지만 부리가 달린 얼굴과 날개·발톱은 독수리의 그것이다. 가루다는 힌두교신 비슈누가 타고 다니는 것으로 상서롭고 막강한 함을 가진 존재이다. 그런데 인도의 신화에서 천적관계로 영원히 화해하지 않는 가루다와 나가가 앙코르 문명에서는 화해하고 화합하고 있다. 독수리는 하늘의 상징이며 생명과 선의 상징이다. 뱀은 땅의 상징이며 죽음과 악의 상징이다. 앙코르 문명에서는 가루다와 나가의 화해를 통해 하늘과 땅, 선과 악의 조화를 추구하고 있다.

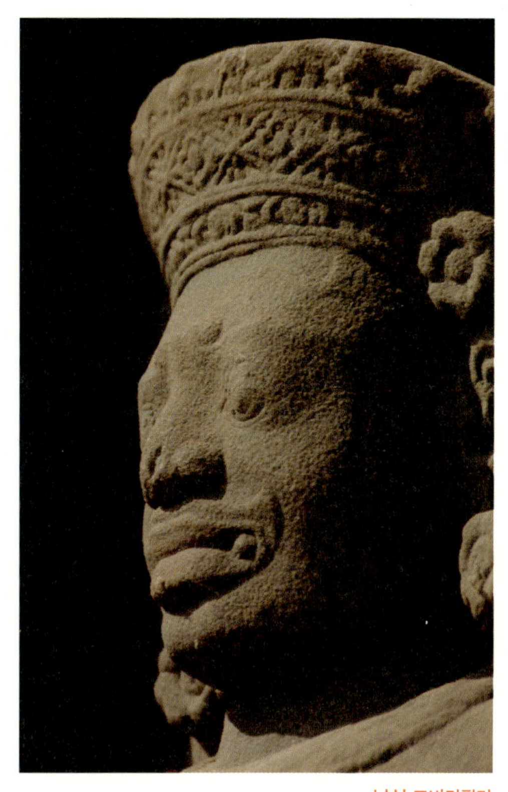

남신 드바라팔라

프레아 코는 무한한 상상력이 만들어낸 앙코르 초기 예술의 원형을 보여주고 있다. 이후 신전은 프레아 코의 기본 틀을 벗어나지 않았으며 화려하고 아름다운 조각은 그대로 계승 발전되었다.

인간에게 두려운 것 중 하나가 죽음이다. 죽음에 대한 두려움은 갖지 못한 자보다 많은 것을 가진 자에게 더 크다. 갖지 못한 자는 살아 있는 현실에 대한 집착이 상대적으로 덜한 편이다. 그러나 현재 많은 것을 가지고 있는 자는 그것에 대한 집착으로 죽음이 더 두렵다. 죽음은 모든 것을 가져가기 때문이다.

국왕은 권력과 재산, 명예 등 많은 것을 갖고 있었다. 당연히 죽음을 가장 두려워 한 사람도 국왕이었다. 국왕은 죽음의 문제를 해결하기 위해 다양한 방법을 모색하였다. 최고의 환경 속에서 최고의 음식을 먹으며 건강을 유지하고자 노력하였다. 병에 걸리면 최고의 의사를 불러 가장 좋은 약으로 삶을 연장하려고 하였다. 그리고 자신이 살해 당하는 것을 방지하기 위해 최고의 무사들로 하여금 자신을 보호하였다. 그러나 영원한 삶을 산 국왕은 어느 시대, 어느 곳에도 없다.

신은 죽지 않는다. 그러므로 영원한 삶을 살기 위해 선택한 것은 국왕 자신이 직접 신이 되는 것이다. 자신을 신과 동일시함으로써 영원한 삶을 유지하고자 하였다. 따라서 죽은 후에 자신이 신이 되어 머무를 수 있는 사원이 필요하였다.

앙코르 왕국 사원의 모델 | 바콩은 시바신에게 바쳐진 사원이다. 바콩은 앙코르 왕조 초기의 사원으로 당시 도읍지인 하리하랄

라야Hariharalaya의 한 가운데에 우뚝 솟은 웅장한 사원이다. 원래 초기 앙코르 왕국은 정치·종교 일체의 통치 이념에 따라 시바신을 숭배하여 곳곳에 크고 작은 시바신을 모시는 사원을 지어 국민 일체감을 유도하였다.

앙코르의 사원들은 신전인 동시에 무덤이다. 사원의 건축방식이 신전과 무덤을 결합한 양식으로 되어 있다. 외형은 벽돌로 쌓아 올린 무덤형식이나 내부는 신전을 만들어 신을 모시고 숭배하였다. 바콩은 인드라바르만 1세가 통치기간 동안 자신이 들어갈 무덤을 미리 만들어 놓은 것이다.

바콩은 앙코르 최초의 산山의 사원이다. 산의 사원은 돌로 기단을 산처럼 높게 쌓아올려 그 위에 중앙탑을 조성한 형식을 말한다. 바콩은 주위를 거대한 외벽으로 둘러싸고 한 가운데에 하늘로 높이 솟은 중앙탑을 만들었다. 중앙탑은 시바신이 살고 있는 메루산을 상징한다. 바콩은 힌두교 사원 최초로 메루산의 형상을 도입했다는 점에서 의의가 있다. 이후 만들어지는 사원에서는 형태는 조금씩 달라도 메루산을 중앙탑으로 표현하였다.

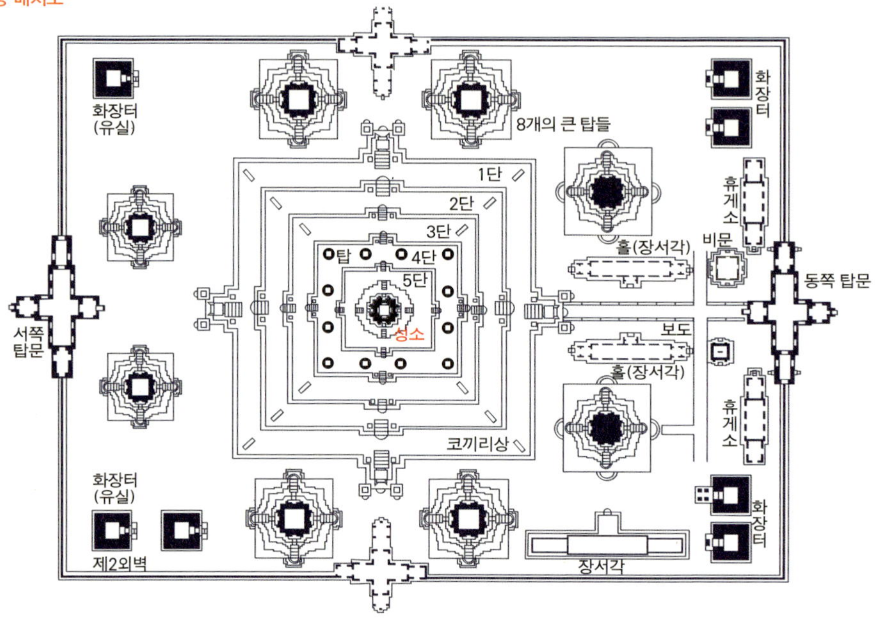

3중 외벽과 2중의 해자 |

바콩은 3중의 외벽과 2중의 해자로 둘러싸여 있다. 외부 담과 중간 담, 내부 담 그리고 외부 해자, 내부 해자가 그것이다. 가장 바깥쪽의 외부 담은 높이가 15m에 이르렀으며, 넓이는 무려 900×700m에 이르렀다. 그리고 외부 담 안에는 3m 깊이의 외부 해자가 둘러져 있었다. 그러나 현재 외부 담은 무너져 흔적을 찾기 힘들다. 외부 해자도 메워져 논이 되었다. 다만 외부 담과 중간 담 사이에 일정한 간격을 두고 만들어진 22개의 전탑이 있었던 흔적이 일부 남아 있을 뿐이다. 일반적으로 관광객이 차에서 내리는 곳은 이미 외부 담을 지난 중간 담의 앞이다.

중간 담은 400×300m이며, 담 안에는 내부 해자가 있다. 담은 사암과 붉은 라테라이트를 혼합하여 만들었다. 우리나라 토담 위에 기와를 얹은 것과 같은 형태로 만들었는데 높이가 낮고 두툼한 형태로 되어 있다. 중간 담 안에는 내부 해자가 있다. 외부 담과 외부 해자는 높고 넓게 만들어 적으로부터 방어를 하기 위한 것이었다. 그러나 중간 담과 내부 해자는 성聖과 속俗을 구분하는 단순한 상징적 조형으로 낮고 좁게 만들었다. 우리는 해자를 가로질러 나 있는 신도를 통해서 속된 인간 세계에서 성스러운 신의 세계로 들어가는 것이다. 특히 내부 해자는 계단식으로 만들어져 있다. 이는 해자로 내려가 목욕을 하거나 해자의 물을 길어가기 편리하도록 만든 것이다. 해자에서 몸과 마음을 씻고 순결한 상태에서 사원 안으로 들어가도록 한 것이다.

중간 담을 들어서면 내부 해자를 가로질러 가는 신도神道가 있다. 신도를 코즈웨이 causeway라고 하는데 둑방이라는 뜻이다. 대부분의 신도가 해자 중앙에 제방길로 되어 있었기 때문에 이같은 이름이 붙은 것이다. 신도의 양 옆에는 거대한 나가가 있다. 7개의 머리를 쳐들고 땅에 배를 깔고 있는 모습은 거대한 공룡같다. 몸통은 주름까지 조각하여 매우 사실적으로 표현하였다. 웅장하고 장중한 나가는 신도의 난간 역할을 한다. 나가의 난간 장식은 앙코르에서만 볼 수 있는 양식이다. 바콩에서 시작된 난간 장식으로서 앙코르 와트로 이어졌다. 앙코르 와트에서는 나가를 난간 기둥 위에 올려놓은 것이 다를 뿐이다. 인도에서 유입된 문화를 자신의 것으로 승화시킨 것이다.

내부 담은 160×120m이며 라테라이트로 만들었다. 내부 담의 동서남북에는 탑문인 고푸라^{gopura}가 있다. 고푸라는 신도神道와 벽이 만나는 지점에 십자모양으로 지어진 현관을 말한다. 주 출입문인 동문을 들어서면 양쪽에 남북으로 길게 놓인 두 개의 직사각형 건물을 만난다. 이 건물은 바콩 사원을 찾는 신도들의 휴게소 겸 대기소이다. 회랑의 초기 양식이다. 그리고 중앙 신도를 따라 양 옆에 나란히 있는 정사각형 건물은 도서관library, 즉 장서각이다. 이것은 아마도 경전을 보관하던 우리나라 사원의 경루 혹은 장서각과 같은 역할 했던 것으로 추정된다. 이 가운데 북쪽 건물에서 바콩 사원에 대한 기록 비문이 발견되었다.

5단의 피라미드형 구조

바콩에는 네 개의 화장터가 있다. 바콩 사원이 인드라바르만 1세의 무덤이라는 사실과 관련된다. 화장터의 문은 서쪽으로 나 있다. 그것은 일반 건물의 문은 동쪽으로 내지만 신에게 향하는 영혼들을 위한 문은 서쪽으로 내기 때문이다. 현재 동북쪽 코너 두 개의 건물터는 화장터로 불을 지피던 아궁이와 연기를 빼내는 굴뚝이 남아 있으나, 북서쪽과 남서쪽의 화장터는 유실되었다. 5단의 신전 둘레에 모두 8개의 탑들이 있다. 탑들은 사방으

입구 문에서 본 중앙신전

로 문이 나 있는데, 동쪽 문만 출입이 가능하고 나머지 3면은 문형식만 새긴 가짜문이다. 그래도 각 문 입구에는 사자상이 늠름하게 수문장 역할을 하고 있다. 벽돌로 쌓은 탑은 표면에 석회를 바르고 그 위에다 부조를 새기는 기법으로 장식하였다. 그리고 벽감에는 남신과 여신들을 새겨 넣었다. 8개의 탑 가운데 동쪽으로 난 두 개의 탑은 특별히 아름다우며 가짜문의 부조가 대단히 훌륭하다. 북동쪽 탑의 상인방에는 칼라^{Kala}의 귀면상鬼面像이 새겨져 있으며, 서쪽 탑의 상인방 조각도 빼어나다. 중앙의 피라미트 신전이 사암으로 된 것과는 대조적으로 벽돌을 만든 것이 특징이다.

신전 둘레 8개 탑의 의미는 무엇일까? 현재로서는 정확하게 그 용도를 알 수 없다. 다만 우리나라 불국사 석가탑 주위에 8개의 연꽃좌가 있는 것과 대비된다. 석가탑의 8개의 연꽃좌는 석가모니 부처가 득도를 하자 8부신중이 나타나 부처님을 호위하였음을 상징한다. 따라서 바콩의 8개의 탑들도 중앙의 피라미트 신전을 호위하는 수호신을 상징하는 것으로 추정된다.

중앙신전 앞에 중앙 신도와 나란히 긴 건물이 양쪽에 자리하고 있다. 사암으로 만든 육중한 건물이다. 출입구가 중앙 신도 방향으로 나 있고, 난간 기둥 장식의 창문이 있으나 내부는 어둡다. 이 건물의 용도는 정확하게 알 수 없으나 제사를 준비하던 곳으로 추정된

신전 주변의 벽돌탑

여신 데바타

다. 이 건물은 후대 대략 12~13세기에 건축된 것으로 보인다. 그리고 신전 앞에는 시바 신이 타고 다니던 황소인 난디상이 있었으나 현재는 파괴되어 그 형체를 알아보기 힘들다. 난디상은 반대쪽인 서쪽 입구에 잘 남아 있다.

중앙의 피라미트 신전은 5단으로 되어 있다. 4단의 기단과 중앙탑이 있는 1단으로 이루어져 있다. 이것은 4개의 하늘을 가진 우주의 중심 메루산을 의미한다. 앙코르의 사원 가운데 최초로 메루산의 의미를 도입하여 산 모양의 신전을 구축함으로써 후대 모든 사원의 기초가 되었다.

아래 4개의 기단은 각각 힌두교의 나가의 세계, 가루다의 세계, 락샤사의 세계, 약사의 세계를 상징한다. 각각의 기단에는 계단이 중앙탑으로 이어지도록 되어 있다. 나가 Naga는 뱀의 형상을 한 물의 신으로 탑의 보호신이며 가루다 Garuda는 독수리 형상으로 비슈누 신이 타고 다니는 영물, 인간의 수호신이다. 락샤사 Rakshasa는 초능력을 가진 거인 형상의 마귀이며, 약사 Yaksa는 선악의 양면을 가진 작은 신으로 앙코르 예술에서는 주로

상인방의 칼라와 인드라

악마로 표현되고 있다. 1단에서 3단까지는 사방 코너마다 코끼리상을 세워 장식 했고 4단에는 사암으로 쌓은 12개의 작은 탑들이 질서정연하게 배치되어 있다. 12개의 탑 안에는 시바신의 상징인 링가가 모셔져 있다.

　최상단인 5단은 신들과 국왕의 세계를 상징한다. 5단은 한가운데 솟아 있는 중앙탑을 떠받치는 기단 역할을 한다. 따라서 5단에는 띠 모양의 무늬를 둘러 장식하고 각종 부조를 조각하였다. 그러나 지금은 훼손이 되고 단편적인 부조만이 당시의 상황을 보여준다. 특히 남쪽면의 보존상태가 좋은 편인데 신과 아수라의 전투장면 조각은 매우 사실적이며 역동적이다. 중앙탑은 연꽃모양이다. 연꽃은 완전한 해탈을 상징한다. 따라서 연꽃은 불교에서 숭배하는 꽃인 동시에 힌두교에서도 숭배하는 꽃이다. 중앙탑에는 네 개의 문이 있는데 동쪽 문을 제외한 세 개의 문은 장식 문이다. 문 위에는 상인방이 있고, 상인방 위에 삼각형 모양의 프론톤Fronton이라는 새로운 양식의 조각이 있다. 프론톤은 박공면이다. 박공면은 건물의 측면에 있는 상인방 위의 넓은 면을 말한다. 동쪽 문

의 박공면에는 춤추는 시바, 즉 시바 나타라자 Shiva Nataraja의 모습이 새겨져 있다. 시바의 춤은 모든 악을 제압하는 파괴의 춤이며, 또 다른 생산을 위한 춤이다. 북쪽 문의 박공면에는 『라마야나』의 이야기를 조각하였다. 서쪽 문의 박공면에는 거대한 나가가 아난타 Ananta 위에서 편안하게 팔베개를 하고 드러누워 우유의 바다 위에 둥둥 떠 있는 비슈누의 모습이 새겨져 있다. 남쪽 문의 박공면에는 『마하바라타』에 나오는 악마와 신들의 '우유바다 휘젓기'가 새겨져 있다.

문과 문 사이의 이중의 벽감에는 여신 데바타들이 조각되어 있다. 프레아 코의 여신에 비하면 치마의 주름이 선명하고 허리의 장식도 사실적이다. 몸매는 치마로 휘감아 놓아서 윤곽이 드러나지 않는다. 앙코르 와트의 여신상이 신체의 윤곽을 드러내서 육감적인 것과는 대조적이다. 그리고 사자들은 프레아 코에 있는 사자들에 비해 궁둥이가 더 튀어 나왔다. 점점 자신의 문화에 대한 자신감을 느끼게 한다.

　바콩은 지금까지 어느 시대 어느 지역에서도 볼 수 없었던 양식들이 나타나 있다. 앙코르 문명의 기원은 인도 문명이다. 그러나 앙코르의 미술은 인도의 미술과는 다르다. 앙코르 인들은 인도의 영향을 받으면서도 그것을 자신의 것으로 소화하여 자신의 색깔과 목소리를 분명하게 나타낸 것이다. 앙코르 와트가 앙코르 미술의 대표적인 것으로 알려져 있지만 앙코르 와트는 이미 바콩에서 시작되고 있었다.

롤레이 Lolei

물은 인간의 생명이다. 인간이 살아가는데 가장 필요한 것 중 하나인 물은 마시지 못하면 바로 생명의 위협을 받는다. 몸속으로 들어가 영양분을 운반해 줄 뿐만 아니라 노폐물을 밖으로 배출시키는 역할을 한다. 인간은 물로 인하여 성장하고 새로워질 수 있는 것이다.

인간이 물을 먹고 살아가듯 자연도 물을 먹고 살아간다. 물을 먹고 살아가는 자연이 인간에게 중요한 것은 그 자연을 인간이 먹고 살아가기 때문이다. 자연은 물을 먹고 성장하고 인간은 그 자연물을 섭취하는 것이다.

인드라바르만 1세는 '백성을 위하여 저수지와 수로를 건설하라'는 유언을 남겼다. 앙코르인들은 물을 저장하는 바라이를 만들고, 바라이 한가운데 수상사원을 건립하여 물을 숭배하였다. 바라이 ^{Baray}는 크메르 언어로 '저수지'라는 뜻으로 우기에 물을 저장하여 건기에 필요한 물을 공급하였다. 주업이 농업이었던 앙코르 왕국은 물이 곧 생산력이며, 생명이었다.

앙코르 최초의 물의 사원 | 롤레이는 앙코르 왕국 최초의 수상사원이다. 프놈 쿨렌에서 하리하랄라야로 왕도를 옮겨온 인드라바르만 1세는 도읍지의 식수 공급과 논밭에 농업용수를 공급할 목적으로 최초의 인공 저수지 인드라타타카 ^{Indratataka Baray}를 축조하였다. 그의 아들인 야소바르만 1세는 저수지 한가운

데에 수상사원을 지어 시바신에게 봉헌하였다. 롤레이의 수상사원 전통은 훗날 건립된 동 메본과 서 메본 등으로 계승되었다.

롤레이는 인공섬에 건립된 물의 사원이다. 저수지 인드라타타카 한 가운데 90×80m 규모의 작은 섬을 만들고 그 위에 롤레이를 건립하였다. 원래 섬 주위에 벽돌로 된 담을 쌓고 사방에 탑문이 있는 출입문을 만들었다. 그리고 각 문의 입구는 배가 정박할 수 있도록 선착장을 만들었다. 따라서 사원으로 들어가기 위해서는 배를 타야만 했다. 그러나 현재 인드라타타카 저수지는 물이 말라 논으로 변했다. 담장은 무너지고 사방에 있

불교사원

던 탑문도 허물어져 흔적을 찾을 수 없다. 선착장의 흔적만이 일부 남아 있을 뿐이다.

배가 다니던 뱃길은 자동차가 다니는 둑방길로 바뀌었다. 우기가 되면 물이 차오르기 때문에 자동차가 다닐 수 있도록 둑을 쌓듯이 둑방길을 만들었다. 저수지의 모습은 볼 수 없지만 우기가 되면 다른 지역보다 상대적으로 낮은 이곳에 물이 고여 자동차들이 다니기 불편하기 때문이다. 이 둑방길이 옛날 이곳이 저수지였음을 알려주는 유일한 증표이다. 건기에는 그 물마저 말라 소들이 한가로이 들판의 풀을 뜯는 풍경이 연출된다.

롤레이는 붉은 라테라이트 담벽으로 둘러져 있다. 그리고 담벽의 네 방향으로 난 문은 각각 선착장과 연결되어 있다. 선착장은 2단 구조이며 선착장에서 사원으로 통하는 계단에는 사자상이 서 있다. 롤레이 내부에는 벽돌로 쌓은 네 개의 탑들이 있다. 그러나 선착장이 매우 높아서 선착장 아래에서는 탑이 보이지 않는다. 섬을 높게 만들어 섬 자체가 곧 하나의 사원이었기 때문이다.

 롤레이의 구조는 정확하게 알 수 없다. 현재 보존 상
태가 좋지 않을 뿐만 아니라 기록도 남아 있지 않기
때문이다. 앙코르 사원들의 신전 탑들은 대칭형 또는 균등한 배치도를 보이지만 롤레이
의 경우 현재 남은 것만으로 보면, 네 개의 탑들이 듬성듬성 불규칙적으로 배치되어 있
다. 이런 불규칙적인 배치는 프레아 코 사원에서도 볼 수 있다. 원래 그 사이 사이에 다
른 탑들이 더 있었는지 알 수가 없다.

　롤레이는 네 개의 탑이 정사각형을 유지하면서 배치되어 있다. 선착장의 계단을 올라
서면 마당이 나오고 서쪽에 네 개의 탑이 일정한 간격으로 자리하고 있다. 북쪽의 두 탑
은 비교적 형태를 유지하고 있으나 남쪽의 두 탑은 거의 무너져 형태를 알아보기 힘들다.
네 개의 탑 사이에는 사암으로 만든 십자형의 홈통이 있고 정중앙에는 시바신을 상징하
는 링가가 있다. 링가 위에 물이 떨어지면 그 물이 홈통을 타고 동서남북으로 흘러내리도
록 하였다. 흘러내린 물은 성수이다. 이 성스러운 물이 저수지로 흘러들게 하였다. 인드

라타타카 저수지는 성수로 가득차게 되는 것이다. 결국 인드라타타카에 가득한 물은 물이 아니라 시바신이 베푼 인간에 대한 숭고한 사랑이며 축복인 것이다.

롤레이의 탑은 벽돌탑이다. 붉은 벽돌로 만든 탑은 아침의 여명과 저녁의 노을 빛을 받으면 더욱 붉은 홍조를 띠게 된다. 부조는 사암으로 만들어져 있다. 따라서 벽돌로 된 탑은 무너지고 허물어졌지만 사암에 새겨진 부조는 그 아름다운 모습을 여전히 간직하고 있다. 부조는 문과 상인방, 그리고 문을 지키는 수호신이다. 탑에는 4개의 문이 있다. 그러나 실제 탑 내부로 출입할 수 있는 문은 동쪽 뿐이며, 나머지 문은 가짜문이다. 가운데 연꽃 문양을 넣은 문틀을 만들고 양쪽에 산 위에 올라 서 있는 신의 모습을 연속적으로 부조하였다. 그 문양의 정교함과 균형 잡힌 구도는 앙코르 예술의 상징이라 할 만하다.

문 위의 상인방의 부조에는 힌두교의 이야기가 살아 움직인다. 4개의 탑 가운데 가장 형태를 잘 보존하고 있는 탑은 북동쪽에 있는 탑이다. 이 탑의 동쪽 문 상인방에는 코끼리를 타고 있는 인드라가 조각되어 있다. 양쪽에 나가의 호위를 받으며 코끼리 아이라바타가 중앙에 자리하고, 그 위에 하늘의 신 인드라가 코끼리를 타고 있다. 서쪽 문 상인방에는 마카라의 입에서 나가가 나타나는 장면이 조각되어 있다. 마카라^{Makara}는 물고기의 왕이다. 머리와 앞다리는 영양이며, 몸과 꼬리는 물고기를 닮은 거대한 괴어怪魚이다. 불경에서 마카라는 길이가 200km 이상의 거대한 바다괴 물로, 용과 물고기가 섞인 모습을 하고 있다. 그리고 남쪽과 북쪽 문의 상인방에는 문을 지키는 신인 칼라^{Kala}가 조각되어 있다.

탑의 문 양쪽에는 문을 지키는 수호신이 조각되어 있다. 붉은 벽돌탑 사이에 사암으로 벽감을 만들고 그 안에 수호신을 조각하였다. 동쪽에 있는 두 탑은 남신인 드바라팔라^{Dvarapara}가 지키고 있고, 서쪽에 있는 두 탑은 여신인 데바타가 지키고 있다. 이 같은 형식

남신 드바라팔라

은 프레아 코에서도 그대로 나타난다. 즉 남성을 모신 곳에는 남신을 배치하고 여성을 모신 곳에는 여신을 배치하였다. 롤레이는 야소바르만 1세가 아버지에게 봉헌한 사원이다. 따라서 네 탑 가운데 앞쪽 두 개의 탑에는 야소바르만의 아버지와 할아버지를 모시고 뒤쪽 두 개의 탑에는 어머니와 할머니를 모셨던 것으로 추정해 볼 수 있다. 동쪽 탑의 벽감에도 삼지창을 든 수문장 드바라팔라가 조각되어 있다. 드바라팔라는 온화한 웃음을 짓고 있어서 전체적으로 부드럽고 여유로움을 느끼게 한다. 서쪽 탑에는 꽃을 든 여신상 데바타가 서 있다. 풍만한 가슴과 부드러운 허리를 요염하게 드러내 놓고 역시 미소를 짓고 있는 여유로운 모습이다. 롤레이 사원의 조각들은 당시 풍요로웠던 주민들의 삶이 반영되어 있다.

남신 드바라팔라

여신 데바타

살아 있는 사원 | 롤레이는 롤루오스 지역의 마지막 사원이다. 롤레이 사원의 건립을 끝으로 하리하랄라야 시대는 막을 내리고 왕도는 프놈 바켕으로 옮겨 갔다. 그러나 롤레이는 이곳에서 머물러 있지 않고 도읍지를 옮겨 갈 때마다 함께 했다. 새로운 도읍지에 새로운 사원이 건립될 때마다 롤레이는 보다 발전된 모습으로 자신의 자리를 차지하고 있다. 권력과 그 권력을 가진 인간은 유한하지만 인간이 만든 예술은 영원한 것이다.

롤레이는 과거를 살았던 사원이 아니라 현재의 살아 있는 사원이다. 현재 롤레이는 불교 사원이다. 탑의 남쪽에 최근에 지어진 불교 사원은 그 규모가 크다. 롤레이에 남아 있는 탑들이 현재 불교 사원 경내의 불탑처럼 느껴질 정도이다. 많은 스님들의 활동적인 모습에서 롤레이는 항상 생동감을 느끼게 한다.

롤레이의 뒤쪽에는 학교가 있다. 불교 사원이 운영하는 마을 어린이들을 위한 학교이다. 법당 옆에 긴 나무 의자 몇 개와 칠판 하나가 교실의 전부이다. 그러나 교실에서 공부하는 학생들과 이들을 가르치는 스님 선생님의 모습은 매우 진지하다. 그리고 아이들의 모습이 매우 밝고 맑다. 캄보디아의 미래를 본다. 앙코르의 위대한 문명이 시작된 이곳 롤루오스에서 캄보디아의 재도약을 위한 위대한 출발이 이루어지고 있다.

산의 사원

인간은 산山을 숭배하였다. 산은 성스럽고 신령스러운 존재였기 때문이다. 인간이 산을 숭배하는 것은 세계 어느 곳에서나 볼 수 있는 보편적인 현상이다. 캄보디아 앙코르인들도 산을 숭배하였다. 특히 힌두교에서는 산은 신이 살고 있는 곳이라 생각했다. 따라서 산 숭배를 통해서 신을 숭배하였다.

인류가 산을 숭배하게 된 것은 네 가지 이유 때문이다. 첫째, 신은 하늘에 살고 있다. 산은 하늘과 가장 가까운 곳이기 때문에 산은 곧 신이 살고 있는 하늘이라고 인식하였다.

둘째, 산은 자연 가운데 가장 거대한 존재였다. 인류의 원시신앙 가운데 애니미즘Animism은 자연물을 숭배하는 것이다. 모든 자연물에 영혼이 있다고 믿었다. 산은 가장 거대한 자연물 가운데 하나이다. 그리하여 산에는 산의 영혼이 있다고 믿었다. 그것은 바로 산신이다. 산이 곧 신인 것이다. 특히 앙코르인들은 힌두교가 들어오기 전에 원시신앙으로 자연물을 숭배하는 애니미즘이 유행하였다.

셋째, 산은 가장 먼 곳까지 볼 수 있는 곳이다. 산위에 오르면 자신이 평상시에 볼 수 있는 세계와는 다른 넓은 세계를 볼 수 있다. 특히 평원에 솟아 있는 높은 산은 적의 침입을 감시할 수 있는 망루의 역할을 하였다.

넷째, 산은 인간이 모여 사는 도시의 중심축이었다. 중세 고딕성당이 유럽 도시의 중심축 역할을 하고, 높은 불교 전탑이 중국 도시의 중심축 역할을 하였듯이 앙코르의 산 역시 앙코르 도시의 중심축 역할을 하였다.

앙코르에는 세 개의 산이 있다. 67m의 프놈 바껭, 238m의 프놈 복, 137m의 프놈 끄롬이 그것이다. 프놈이라는 말은 크메르어로 '산'이라는 의미이다. 이들 산의 높이는 아주 낮다. 산이 많은 우리나라에서는 언덕으로 대접받기 조차 힘들다. 그러나 산이라고 찾아보기 힘든 평원인 앙코르에서 작은 언덕은 우리나라의 백두산이나 한라산과 같은 의미를 가진다. 따라서 이들 산 위에는 예외없이 사원이 있다.

프놈 바껭 Phnom Bakheng

동서양을 막론하고 도시의 한가운데는 중심이 되는 건축물이 있다. 서양의 중세 도시에는 성당이 있다. 하늘을 향해 높이 솟은 고딕 성당이 그것이다. 중국에서는 도시의 한가운데 전탑塼塔을 만들었다. 벽돌로 만들어진 전탑은 불교사원의 중심일 뿐만 아니라 도시의 중심이었다. 앙코르에는 프놈 바껭이 있다. 산의 정상에 건립된 사원 프놈바껭 은 왕국의 수도인 앙코르의 중심이었다.

프랑스의 고딕 성당은 기독교 사원, 중국의 전탑은 불교 사원, 앙코르에 있는 산의 사원은 힌두교 사원이다. 각각 모시고 있는 신은 다르지만 그 기능은 동일하다. 어느 종교의 어떤 신이든 그 신이 존재하는 곳은 하늘이다. 그래서 신을 모시는 건축물은 하늘을 향해 높이 솟아 있다.

서양의 고딕성당, 중국의 전탑 그리고 앙코르의 산의 사원 이들 모두 인간이 올라갈 수 있는 구조로 되어 있다. 이는 건축물에 올라 도시 전체를 관망하기 위한 것이다. 도시 한가운데 건립된 사원은 종교적으로 신의 사랑이 세상 모든 곳에 골고루 전달되게 하기 위한 것이다. 정치·군사적으로는 적의 침입을 감시할 수 있는 초소의 역할을 하였다. 건축적으로는 도시의 중심축 역할을 하였다.

앙코르 지역 최초의 사원 | 프놈 바껭은 앙코르 지역에 세워진 최초의 사원이다. 야소바르만 1세는 그의 아버지인 인드라바르

만 1세로부터 인도의 큰 도성都城과 자바의 보로부두르 Borobudur 사원 같은 중앙사원을 건설하고자 하는 꿈을 이어받았다. 그리고 그의 영적인 지도자 무니 바마시바로부터 인도나 자바, 심지어 로마의 이야기까지 들었다. 그는 '유유히 흐르는 갠지스 강과 성스러운 산, 그리고 중앙 대사원이 하늘 높이 솟아 있고, 그 위에 오르면 바다가 한눈에 보이는 곳'을 이상향으로 생각하고 있었다. 야소바르만 1세는 이상향을 실천하였다. 앙코르 평원의 한가운데 자리한 프놈 바껭을 중심으로 4×4km의 도성 야소다라푸르를 건설하였다.

야소바르만 1세는 도시의 중심에 있는 산, 프놈 바껭에 사원을 건설하였다. 프놈 바껭은 높이가 67m에 불과한 낮은 산이다. 그러나 정상에서 앙코르의 대평원이 보이고, 멀리 바다같은 톤레삽 호수가 하늘과 맞닿아 있는 장관을 볼 수 있다. 야소바르만 1세는 프놈 바껭 자체를 하나의 신전으로 인식하였다. 산 둘레에 650×440m의 사각형의 깊은 호를 파서 해자를 만들었다. 그리고 동서남북 사방에 들어가는 입구문인 고푸라를 세웠다. 현재 고푸라는 남아 있지 않고 네 방향에 사자들만 외로이 입구를 지키고 있다.

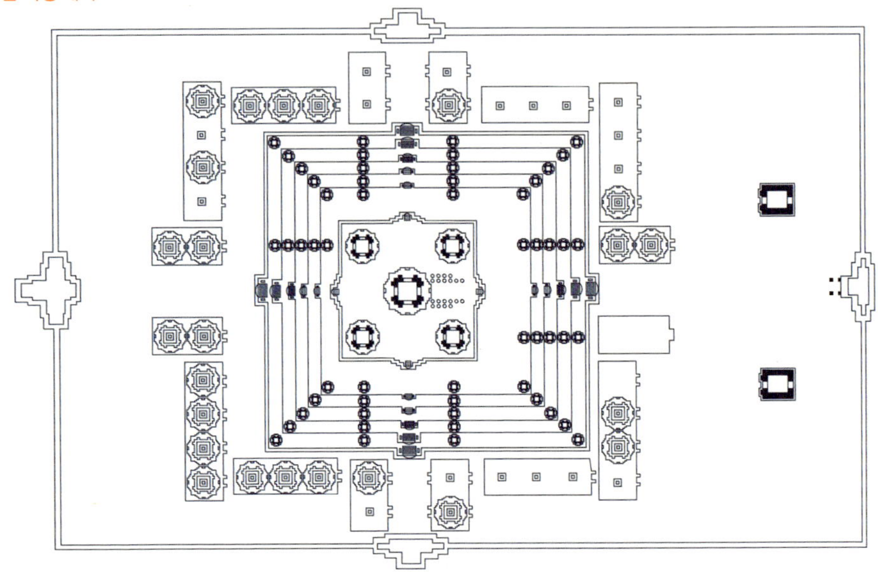

중국 원나라 사신 주달관이 지은 『진랍풍토기』에는 '석탑이 있는 산이 앙코르 톰 남문 밖을 나서면 반 여리 되는 곳에 있는데, 노반魯般이 하룻밤에 조성한 것으로 전해진다' 고 기록되어 있다. 노반은 중국 목수의 신을 말한다. 인도 문명권에서는 목수의 신이 비 슈바까르만Visvakaman이다. 야소바르만 1세는 국가 신전인 프놈 바껭이 인간이 아닌 신에 의해서 조성되었다는 것을 민간 설화의 형태로 유포시킴으로써 프놈 바껭을 더욱 신성 시하고 자신이 신왕임을 강조하고자 하였다.

산 정상으로 올라가는 동서남북의 옛길은 직선이다. 그리고 급경사이다. 신에게 겸손 하기 위해서 그 경사를 매우 급하게 만들었다. 산의 사원은 산 그 자체가 바로 사원이기 때문이다. 그러나 지금 이 길은 모두 출입을 통제하고 있다.

산으로 올라가는 주 출입구는 동쪽이다. 동쪽에서 사원이 있는 산 정상으로 가는 길 은 세 갈래 길이다. 중앙에 있는 급경사의 직선 길이 원래의 길이지만 지금은 관광객의 출입을 통제하고 있다. 사람들이 오르내리면서 나무뿌리가 드러나고 많은 부분이 훼손 되었기 때문이다. 그리고 왼쪽의 길은 코끼리의 길이고, 오른쪽의 길은 일반인을 위한 길이다. 산을 빙글빙글 돌아가는 완만한 길 입구에는 앙코르 유적 어디에서나 흔히 볼 수 있는 악단을 만난다. 킬링필드의 희생자들로 구성된 악단이 연주하는 음악이지만 슬픔은 없다. 맑고 밝은 캄보디아인의 낙천적인 성격을 그대로 보여 준다. 코끼리를 타든 걸어서 가든, 산을 돌아 올라가면 시바신이 타고 다니던 소 난디상을 만난다. 이곳이 산상 사원의 남쪽 입구이다. 그러나 사원의 정문은 동쪽이다.

사원은 산 정상에 있다. 정상에 오르면 동서로 길게 펼쳐진 넓은 광장이 나타난다. 190×120m의 광장은 붉은 흙으로 쌓은 담장의 흔적이 남아 있고, 동서남북에는 입구문인 고푸라가 있었던 자리가 있다. 동쪽 입구에 서면 양쪽에 있는 도서관이 흔적으로 남아 있고, 서쪽으로 약간 물러나 앉은 피라밋 형태의 사원이 자리하고 있다. 프놈 바껭 산에 있는 사암을 잘라서 만든 석조사원이다. 76×76m의 둘레에 13m 높이의 장방형의 사원은 심하게 훼손되어 원형의 화려하고 웅장함은 사라졌다. 그러나 돌이 주는 무게감과 세월이 만든 고색창연함은 사원의 장엄함을 느끼게 한다.

힌두교 세계를 상징 |

프놈 바껭 사원은 힌두교의 세계를 상징한다. 총 7단으로 맨 아래의 지면 1단과 테라스형으로 된 5단, 그리고

프놈 바껭으로 올라오는 길

최상층 1단으로 구성되어 있다. 7단은 힌두신화에 나오는 인드라^{Indra}의 7개 하늘을 표현한 것이다. 그리고 바닥에서 최상층까지 7개 단을 점점 좁혀 솟구쳐 오른 형상으로 만든 것은 힌두교에서 우주의 중심에 있는 메루산^{Mount Meru}을 상징한다. 따라서 최상층에 있는 신전 자체는 하늘의 제왕인 인드라^{Indra}가 천상천하 최고의 왕궁을 메루산에 지었다는 힌두교 신화의 내용을 형상화한 것이다.

최상층 정중앙에 있는 신전은 108개의 탑들이 호위하듯 둘러싸고 있다. 대부분의 탑들은 무너지고 훼손되어 원형을 잃었지만 탑이 가지는 위엄은 아직도 살아 있다. 하단에 총 44개의 석탑이 자리하고 있는데 동쪽과 서쪽에는 12개씩의 탑들이 있으며, 남쪽과 북쪽에는 10개씩의 탑들이 있다. 1단에서 5단까지에는 각 단마다 12개의 탑들이 일정한 간격으로 배치되어 전체적으로 총 60개의 작은 석탑이 있다. 그리고 최상층에는 동서남북 총 4개의 석탑이 중앙탑을 호위하고 있다.

사원에 나타난 숫자는 태음력과 힌두교를 상징한다. 농업이 주업인 캄보디아에서는 태음력이 널리 사용되었으며, 힌두교를 국교처럼 믿고 있었기 때문이다. 1단에서 5단까지 각 단에 12개씩의 탑 배열은 12궁도를 의미한다. 12궁도는 서양의 별자리로 1세기경에 그리스에서 인도로 유입되어 동남아를 거쳐 중국에까지 전해졌다. 12궁도는 양자리^{Aries}(백양궁)·황소자리^{Taurus}(금우궁)·쌍둥이자리^{Gemini}(쌍자궁)·게자리^{Cancer}(거해궁)·사자자리^{Lion}(사자궁)·처녀자리^{Virgo}(처녀궁)·천칭자리^{Libra}(천칭궁)·전갈자리^{Scorpio}(전갈궁)·사수자리^{Sagittarius}(인마궁)·염소자리^{Capricorn}(마갈궁)·물병자리^{Aquarius}(보병궁)·물고기자리^{Pisces}(쌍어궁)를 말한다. 그리고 한 방향에 4열로 배열한 것은 달의 4번의 변화(초생달·그믐달·보름달·반달)를 의미하며, 108개의 탑수는 그 변화에 음력 27일 주기를 곱한 것이다. 동서남북 각 방향에서 33개의 탑들만 보이게 배열한 것은 힌두 신화에 등장하는 33명의 신을 의미하는 것이다.

5탑형의 사원 구조 | 사원으로 올라가는 돌계단은 가파르다. 1단에서 5단까지 오르는 계단은 보폭이 좁고 경사가 70도에 이른다. 산을

오르는 길도 급경사였다. 신에게 다가가는 인간은 겸손해지지 않으면 안된다. 신 앞에서 인간은 언제나 나약한 존재이다. 가파른 계단을 기다시피 올라가면 스스로 오만함을 떨쳐버리고 겸손해진다. 자신이 연약해질수록 신에게 의지하는 마음은 더욱 강해질 수밖에 없다. 가파른 계단을 숱하게 많은 사람들이 오르내리지만 사고는 거의 없다. 그것은 계단을 오르내리는 동안 자신을 낮추고 겸허한 자세로 신에게 다가가기 때문이다. 그리고 계단 좌우에서 늠름한 모습으로 지켜주는 사자상이 또한 한 몫을 한다.

프놈 바껭 사원은 5탑형 사원이다. 최정상에 올라서면 중앙에 가장 큰 탑이 있고, 사방에 네 개의 탑이 호위하는 형태를 취하고 있다. 전형적인 5탑형인데 그것은 메루산 다섯 봉오리를 상징한다. 앙코르 사원은 1탑형·3탑형·5탑형 그리고 6탑형이 있다. 초기 롤루오스 지역의 바꽁 사원은 1탑형이었다. 프놈 바껭은 최초의 5탑형이다. 이같은 전통은 앙코르 최고 걸작인 앙코르 와트로 이어졌다. 앙코르 와트는 프놈 바껭에서 이미 시작되고 있었던 것이다.

중앙탑에는 링가가 모셔져 있다. 링가는 시바신의 상징이며, 프놈 바껭은 시바에게 봉헌된 사원이다. 그래서 남쪽 입구에 시바가 타고 다니는 성스러운 소 난디상이 있다. 한편 중앙탑에는 사방으로 문이 나 있다. 다른 사원의 경우 사방으로

압사라

문을 만들었지만 동쪽을 제외한 나머지 문은 장식용 가짜문이다. 그런데 프놈 바껭의 중앙탑의 문은 모두 열려 있는 실제 문이다. 이곳이 바로 나라의 중심이라는 의식에서 비롯된 것이다. 프놈 바껭은 왕도와 나라, 나아가 세계의 중심이라는 생각을 하였다. 따라서 모든 방향으로 문을 열어 두었던 것이다. 이 같은 전통은 앙코르 와트에 그대로 계승되었다. 프놈 바껭이 중심이듯 앙코르 와트 역시 중심이라고 인식하였기 때문이다.

프놈 바껭에 올라서면 이곳이 세상의 중심이며, 세계에서 가장 높은 곳이라는 착각에 빠져든다. 사방을 둘러보면 모든 땅이 일직선으로 그어진 지평선의 모습으로 하늘과 만나고 있다. 내가 세계의 중심에 서 있다는 느낌을 받는다. 끝없이 펼쳐진 광활한 밀림이 모두 발 아래 있다.

남동쪽으로 바라보면 앙코르 와트가 보인다. 푸른 숲 사이로 5개 봉오리의 탑이 연꽃처럼 솟아올라 있다. 이곳이 앙코르 지역에서 앙코르 와트를 내려다 볼 수 있는 유일한 장소이다. 북쪽 발 아래에는 앙코르 톰이 보이고 멀리 지평선 가까이에는 쿨렌산과 프놈 복이 보인다. 앙코르 왕국이 탄생한 곳인 쿨렌산은 하늘과 땅 사이에 길게 누워 있다. 그리고 이를 배경으로 뾰족하게 솟아 있는 산이 프놈 복이다. 동쪽으로 시선을 돌리면 황토빛의 톤레삽 호수가 하늘과 밀림의 틈새에 가느다란 선으로 자리하고 그 입구에 프놈 끄롬이 보인다. 서쪽으로는 서바라이 호수가 보인다. 해가 떨어지는 곳이라 일몰 때에 모든 시선은 서바라이로 향한다.

톤레삽 호수에서 떠오른 해는 서바라이 호수 속으로 들어간다. 메콩강이 만든 톤레삽 호수에서 맑은 얼굴로 솟아오른 해는 앙코르 유적의 머리 위에서 뜨거운 하루를 보내고, 인간이 만든 호수 서 바라이로 들어가 몸을 식힌다. 일몰의 장관을 보기 위해 많은 사람들이 모여 들었다. 세계 각국의 다양한 인종들이 자신의 모습으로 프놈 바껭 정상에 모였다. 이로써 프놈 바껭은 세계의 중심이 되었다. 세계의 중심이 되고자 했던 야소바르만 1세의 소망은 1,000여 년이 지난 지금에 와서 이루어진 것이다. 다양한 나라의 다양한 종족들이 모였지만 그들의 마음은 하나다. 가파르고 힘든 길을 올라오면서 일상의 번뇌를 떨쳐버리고 모두가 해탈한 신의 모습이 되어 있다.

서바라이 일몰

일몰을 감상하는 사람들

프놈 복Phnom Bok

신이 하늘에 사는 것은 그곳이 가장 높기 때문이다. 가장 높은 곳은 가장 넓은 곳을 볼 수 있다. 신은 하늘에 살면서 인간 세상의 구석구석에서 일어나는 일들을 통해 인간의 마음을 읽고, 인간의 소리를 듣고, 인간의 행동을 보면서 그들을 보살핀다. 산에 사원을 건립하는 것은 신이 사는 하늘과 가장 가까운 곳이기 때문이다.

인간은 넓은 시야를 확보하기 위해 산에 올랐다. 산위에 오르면 산 아래에서 일어나는 모든 일들을 감시할 수 있다. 특히 전쟁이 일어나면 산은 최고의 군사기지이다. 모든 방향으로 시야를 확보할 수 있는 고지는 전쟁에서 승리의 견인차 역할을 한다. 그리고 산은 통신기지이기도 하다. 전파가 아무런 방해 없이 산 아래 모든 지역과 통할 수 있기 때문이다.

프놈 복에는 신과 인간이 공존한다. 신은 인간에게 군림하기 위해서 높은 곳에 자리한 것이 아니다. 세상 곳곳을 내려다보고 모든 인간에게 사랑을 전하기 위해 산 위에 자리한다. 그런데 인간은 자신의 욕망을 위해 산에 존재한다. 세상을 모두 지배하겠다는 욕심으로 산에 자리한다. 적을 제압하기 위해, 자신의 승리를 위해 산 아래에 살고 있는 인간을 향해 산 위에 대포를 설치하였다. 그리고 산 아래에는 산을 빼앗기 위해 산을 향해 대포를 겨누었다. 결국 프놈 복에는 가장 선한 신과 가장 악한 인간이 공존하고 있다.

앙코르에서 가장 높은 사원 |

야소바르만 1세는 앙코르 지역에 있는 세 개의 산 정상에 사원을 건설하였다. 앙코르 지역에 새로운 왕도를 건설하면서 세 개의 산 모두 후보지가 되었다. 세 개의 후보지 중 프놈 복은 너무 높아서 접근이 쉽지 않을 뿐만 아니라 서북쪽에 치우쳐 있어서 도시의 중앙을 상징하는 장소로는 적합하지 않았다. 또 하나의 후보지 프놈 끄롬은 톤레삽 호수 입구에 자리하고 있어서 왕도로서 부적당하였다. 야소바르만 1세는 프놈 바껭으로 왕도를 정하고 나머지 두 곳에 힌두교의 3신을 숭배하는 3탑형의 사원을 건립하였다.

프놈 복은 앙코르 지역 세 개의 산 가운데 가장 높은 산이다. 프놈 복은 해발 235m에 불과하지만 산을 오르는 길은 가파르다. 더욱이 열대지방의 더운 열기는 산을 오르는 것을 더욱 더디게 한다. 최근에 만들어진 632개의 시멘트 계단은 하늘로 가는 천국의 계단과 같다. 계단의 입구에 서면 산의 정상은 보이지 않고 계단의 끝은 하늘과 맞닿아 있다. 산에 오르는 것이 아니라 하늘로 올라가는 느낌이다. 올라가다 잠시 뒤돌아서서 산 아래를 내려다보면 산행의 피로는 그 광활함으로 금방 사라진다. 계단을 오르다 보면 하늘로 가는 길이 얼마나 험난하고 힘든 길인가를 실감하지만 산 위에 오르면 천국이 얼마나 좋은 곳인가도 함께 느낄 수 있다.

산 위에는 무너진 힌두교 사원과 새롭게 지어진 불교 사원이 나란히 있다. 두 사원의 모습을 통해 권력의 허무함과 종교의 무상함을 느낄 수 있다. 힌두교 사원은 앙코르 왕국 당시 국왕의 전폭적인 지원을 바탕으로 화려하게 건립되었다. 그러나 현재의 힌두교 사원은 그 영광을 과거에 묻어둔 채 무너진 모습으로 방치되어 있다. 반면 최근에 건립된 불교사원은 힌두교 사원의 일부 석재를 이용하여 기초를 만들고 그 위에 화려한 모습으로 지어졌다. 힌두교 사원이 텅 비어 있는 것과는 대조적으로 화려한 깃발로 장식된 불교 법당 안에는 부처님이 살아 있는 모습으로 오는 사람들을 맞이하고 있다. 과거를 상징하는 힌두교 사원을 뒤로 하고 현재를 상징하는 살아 있는 불교 사원이 우리를 먼저 맞이한다. 그러나 우리는 현재를 돌아서 과거를 만나러 산 위에 올랐다.

3탑형의 사원 구조 | 나즈막한 담으로 둘러싸인 사원에는 문이 남아 있지 않다. 앙코르 지역 사원에서 볼 수 있는 고푸라 탑문은 아직 만들어지지 않았던 시기였지만 분명 어떤 형태의 문은 있었을 것이다. 그러나 현재 그 흔적조차 찾을 수 없다. 오히려 양쪽에 대칭으로 자리한 장서각이 탑문의 역할을 한다.

탑문처럼 양쪽에 대칭으로 버티고 선 장서각 위에는 럼 쯤빠이 나무가 자라고 있다. 건기철인 겨울이라 잎은 떨어지고 꽃들만이 나무의 가지 끝에 매달려 있다. 목련보다는 크기가 약간 작으면서 한가운데 노란 색깔이 참으로 곱고 아름답다. 압사라 춤을 추는 무희들이 머리에 꽂았던 바로 그 꽃이다. 양쪽 장서각의 크기가 꼭 같듯이 그 위에서 자

연꽃 좌대

산 위에서 산 아래를 향해 있는 대포

산 아래에서 산 위를 향해 있는 대포

장서각 위의 럼 쩜빠이 나무

라는 나무의 모습과 크기도 꼭 같다. 인간이 장서각을 만들고 자연이 그 위에 럼 쩜빠이 나무로 화관을 만들어 씌웠다. 앙코르에서 만난 최고의 탑문이 아닌 탑문이다.

장방형의 장서각 안은 텅 비어 있다. 장서각의 문은 북쪽으로 나 있다. 힌두교의 신을 모시는 신전 방향이다. 문 안으로 들어서면 그곳에 있었던 많은 경전들은 과거 속으로 사라지고 안은 비어 있다. 허물어진 모습이지만 방안의 형태는 그대로 유지하고 있다. 다만 지붕 위에서 자라는 럼 쩜빠이 나무의 뿌리가 틈새를 비집고 내려와 빈 방을 수문장처럼 지키고 있다.

프놈 복 사원은 3탑형이다. 프놈 끄롬과 동일한 양식이다. 야소바르만 1세는 프놈 바껭에 왕도王都를 정하고, 산 정상에는 시바에게 봉헌하는 5탑형의 사원을 건립하였다. 그리고 왕도의 후보지에서 탈락한 프놈 복과 프놈 끄롬에는 3탑형의 사원을 건립하여 힌두교의 대표 신들을 모셨다. 중앙에는 시바신을 모시고 오른쪽에는 비슈누, 왼쪽에는 브라흐마를 모셨다. 시바신을 모셨던 중앙탑은 지붕 부분이 완전히 없어지고 반만 남았다. 그리고 비슈누와 브라흐마를 모셨던 양쪽 날개에 자리한 두 개의 탑은 지붕의 일부가 훼손되어 앞에서 보면 두 손을 들고 서 있는 모습이다. 세 개의 탑이 모두 세월에 무너져 내렸지만 그 모습은 묘하게도 좌우 대칭을 유지하고 있다.

사원의 화려했던 과거는 탑에 새겨진 부조에서 확인할 수 있다. 탑의 출입문은 팔각기둥이 양쪽을 지탱하고 그 위에 상인방이 올려진 형태이다. 중앙탑의 상인방은 떨어져 훼손되었지만 양쪽 탑의 상인방은 화려한 문지방 신의 조각을 안은 채 그 자리를 지키고 있다. 문의 양쪽에는 육감적인 상체에 화려한 치마를 입은 여신상들이 과거에 그랬던 것처럼 변함없이 자신의 의무를 다하고 있다. 일부 이그러지고 깎였지만 아름다운 자태는 변함이 없다. 특히 무너진 돌 틈에서 자란 풀잎들이 이들 여신상의 머리 위에서 내려와 따가운 열대의 햇살을 막아 주고 있다. 자연과 인공의 묘한 조화가 매우 인상적이다.

신상들은 산을 내려가고 |

탑 안에는 신상 대신 무너진 돌무더기가 가득하다. 허물어진 모습이 옛날의 장엄함보다는 세월의 무게를 느끼게 한다. 신상을 모셨던 좌대로 추정되는 석물은 탑 뒤에 있는 공터에 방치되어 있다. 앙련仰蓮과 복련伏蓮이 적절하게 배치된 연꽃 좌대이다. 가운데가 갈라져 아무런 관심도 받지 못하지만 그 아름다움은 변함이 없다.

그런데 앙코르 조각의 아름다움을 전해 주는 세 개의 탑 속에 모셨던 신상은 프랑스에 있다. 세 개의 사원에 모셔져 있던 시바와 비슈누, 브라흐마의 신상은 1873년 데라포트 L.Delaporte라는 프랑스인에 의해 반출되었다. 데라포트는 프랑스 메콩강 탐험대의 일원으로 1866년 앙코르 지역을 방문하였다. 그리고 1873년에는 앙코르 지역에서 많은 문화재를 프랑스로 가지고 갔다. 돌아가서는 크메르 박물관을 만드는 책임자로 일하였으며, 박물관이 만들어진 다음에는 크메르 미술을 담당하는 큐레이터로 활동하였다.

프놈 복 사원에 모셔져 있던 시바와 비슈누, 브라흐마의 신상은 현재 머리 부분만 남

아 있다. 이들 신상은 프랑스 파리에 있는 루브르 박물관의 동양관인 기메^{Guimet} 박물관에 소장되어 있다. 소위 바껭^{Bakhen} 스타일로 사암으로 만들어진 석조 조각 작품이다. 시바상의 경우 머리만 남아 있는 데도 높이가 46cm에 이른다. 입상이었음을 가정할 때 실제 사람크기보다 더 컸을 것으로 추정된다.

시바신은 중앙의 신전에 모셔져 있었다. 신성한 소 난디를 타고 다니는 시바신은 이마에 제3의 눈이 새겨져 있는 것이 특징이다. 그리고 상투에 새겨진 초승달 또한 시바를 상징하는 것이다. 약간은 부자연스럽고 도식적인 얼굴 형태를 하고 있다. 명확하고 단정하게 정리된 머리형, 정형화된 수염과 일자 눈썹 등은 근엄하고 단정한 느낌을 준다. 그러나 두툼한 입술 사이로 번져 나오는 은은한 미소는 친근미를 느끼게 한다. 전형적인 앙코르인의 모습이다. 인도에서 유입된 조각술을 완벽하게 소화한 후에 자신들의 문화로 재창조한 앙코르인의 예술혼을 충분히 반영하고 있다.

왼쪽 신전에 모셔진 브라흐마는 신성한 거위를 타고 있다. 창조의 신으로 네 개의 얼굴을 가지고 있는 것이 특징이다. 네 개의 얼굴은 우주의 사방을 관장하고 있음을 뜻한다. 얼굴의 형태는 시바신과 거의 같다. 다만 머리가 네 개로 구성되어 있다는 것과 상투 장식이 약간 다를 뿐이다.

오른쪽 신전에는 유지의 신인 비슈누가 모셔져 있다. 검은 색 얼굴에 네 개의 팔을 가지고 있다. 각각의 손에는 곤봉·소라고동·연꽃 그리고 적을 물리칠 때 사용하는 무기인 원반을 들고 있다. 그는 노란색 가사를 걸치고 언제나 가루다라는 새를 타고 다닌다. 그러나 본 조각상은 머리 부분만 남아 있기 때문에 비슈누가 가지는 특징인 네 개의 팔과 손에 들고 있는 지물은 확인할 수가 없다. 모습은 시바나 브라흐마와 같다. 3단의 탑 모양을 하고 있는 상투가 특징이다.

시바·브라흐마·비슈누의 3신을 모셨던 신전은 허물어지고, 그 안에 모셔져 있던 신상도 산을 내려갔다. 텅빈 공간만이 세월의 흐름과 자연의 순리를 느끼게 한다. 시바 신의 파괴는 새로운 것을 창조하기 위해서이다. 무너지고 잊혀졌지만 그것은 끝이 아니라 새로운 시작인 것이다. 앙코르에서 가장 높은 산을 내려와 먼 이국 낯선 땅에 있지만 파괴의 신 시바, 창조의 신 브라흐마, 유지의 신 비슈누의 눈빛은 영원한 하늘도시 앙코르를 향하고 있다.

　사원을 돌아서 뒷길을 따라가면 시바를 상징하는 거대한 링가가 있다. 사원의 뒤쪽으로 50m 정도의 오솔길이 있다. 끝에 작은 양철지붕 집이 있고 그 속에 링가가 있다. 일반인들이 흔히 지나치는지 프놈 복 산을 오를 때 입구 마을에 사는 동네주민들이 일부러 우리를 불러서 링가가 있는 곳을 가리키며 꼭 보라고 한다. 앙코르에서 가장 큰 링가라고 귀띔까지 해 주었다. 별도의 건축물을 만들어 링가를 모셨던 것으로 추정된다. 거대한 링가는 설 자리를 잃어버리고 훼손된 채 옆으로 누워 있다. 그러나 장엄한 품위는 그대로 유지하고 있다.

왼쪽부터 브라흐마, 비슈누, 시바
900년, 프랑스 기메박물관

　프놈 복은 가장 높은 산 답게 전망이 참 좋다. 서쪽을 바라보면 논으로 변한 동 바라이를 확인할 수 있다. 그 너머로 앙코르의 중심 산인 프놈 바껭이 보인다. 동쪽에는 프놈 쿨렌 산이 북쪽을 향해 길게 누워 있다. 남쪽에는 아련하게 톤레삽 호수가 보이고 그 앞에 마치 점을 찍어 놓은 듯한 프놈 끄롬 산이 보인다. 앙코르에서 가장 높은 만큼 지역이 시야에 들어온다. 이들 프놈 복 산에서 둘러보는 이 너른 지역이 인간이 점령하고자 하는 욕망의 땅이 아니라 신의 은총이 가득한 사랑의 땅이 되었으면 하는 바람으로 산을 내려왔다.

프놈 끄롬 Phnom Krom

산의 높이와 지형이 각각 다르듯이 산을 올라가는 방법도 다르다. 걸어서 올라가는 것이 일반적이지만 프놈 바껭에는 코끼리를 타고 올라가는 길이 따로 있다. 산이 별로 높지 않고, 관광객들이 많이 모이는 곳이기 때문에 이들을 위해 코끼리를 타고 올라갈 수 있는 길이 생겨난 것이다. 그러나 프놈 복은 앙코르의 외곽에 자리하고 있어서 걸어서 올라가는 방법 이외에 다른 방법은 없다. 오직 길게 하늘을 향해 있는 긴 계단을 묵묵히 올라가야만 한다. 프놈 끄롬에는 프놈 바껭이나 프놈 복과는 달리 자동차 길이 있다. 완만한 경사를 이루고 있어서 자동차 길을 만드는 것이 가능하였던 것이다. 특히 산 정상에는 많은 신도들의 왕래가 잦은 큰 불교사원이 자리하고 있어서 편안하게 오르내리기 위한 자동차 길이 만들어졌다.

산 정상에서 내려다보는 경치는 세 개의 산이 모두 다르다. 프놈 바껭은 앙코르의 중심에 자리하고 있기 때문에 앙코르의 유적을 내려다 볼 수 있다. 서쪽으로는 서 바라이가 보이고 남동쪽으로는 앙코르 와트가 보인다. 도읍지의 중심 산이었음을 실감하게 한다. 프놈 복에 오르면 광활한 앙코르의 대평원이 보인다. 앙코르를 중심으로 광활하게 펼쳐진 평원은 다른 지역에서는 볼 수 없는 탁 트인 광경이다. 프놈 끄롬에 오르면 톤레삽 호수를 볼 수 있다. 드넓게 펼쳐진 황토빛 호수가 마치 바다와 같다. 우기에 물이 차면 바로 산 아래까지 호수의 물이 넘실대지만 건기가 되면 물은 산 아래로부터 멀리 달아나 호수의 면적이 작아져 있다. 대신 물이 차 있던 곳은 푸른 초원으로 바뀐다.

산의 모습에 따라 산을 오르는 방법이 다르고, 산이 자리한 주변 지형에 따라 산에서

바라보는 경치는 다르다. 그러나 산을 오르는 마음은 하나다. 스스로 힘겹게 산을 오르는 것은 신을 가까이 하기 위함이고, 신을 가까이 하려는 것은 지금까지 살아 온 자신을 돌아보고 앞으로 보다 나은 모습으로 살아갈 자신을 만들기 위한 것이다. 산에 오르면서 자신을 반성하고, 땀을 흘리면서 정직을 배우고, 한 걸음 한 걸음 신을 향해 발걸음을 내딛으면서 겸손을 배운다. 그래서 산을 내려올 때는 올라갈 때와는 전혀 다른 나 자신을 발견한다.

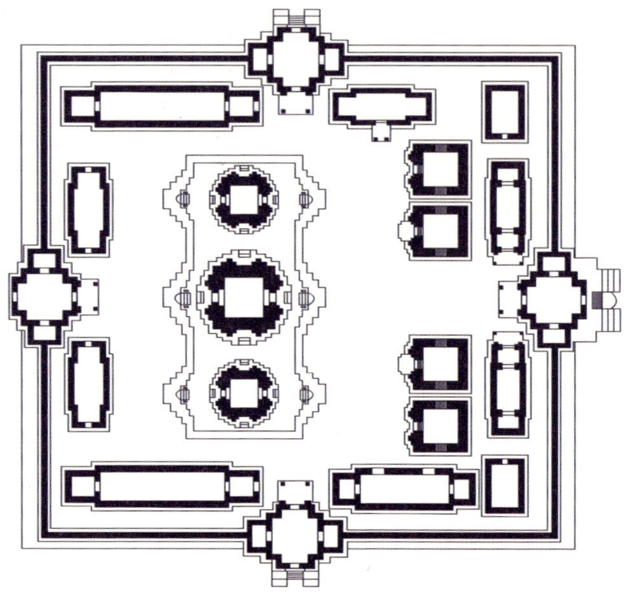

 프놈 끄롬은 톤레삽 호수 입구에 있다. 왕도가 있었던 시엠립으로 부터 11km 떨어진 곳에서 톤레삽 호수를 지키고 서 있다. 호수로 가는 길은 강둑길이다. 강둑을 따라 가다보면 마을이 나오고 마을 한가운데 삼거리가 있다. 왼쪽으로 가면 호수이고, 오른쪽으로 가면 프놈 끄롬으로 가는 길이다.

삼거리 입구에서 사원으로 향한 길은 시멘트 계단으로 되어 있다. 한 계단 한 계단 올라가는 발길이 만만치 않다. 열대 기후의 열기는 숨을 막히게 한다. 산의 높이가 137m로 우리나라에서라면 언덕에 불과하지만 거의 해발 제로에서 올라가는 것이기 때문에 쉬운 길이 아니다. 계단 끝이 나오면 바로 차 한 대 겨우 다닐 수 있는 자동차 길이 나온다. 돌부리가 그대로 남아 있는 산길이어서 승용차가 올라오기도 힘든 길이다.

프놈 끄롬으로 올라가는 길은 완만하다. 가끔씩 지나가는 자동차가 만들어내는 흙먼지를 피하려고 옆으로 비껴 선다. 자동차를 타고 다니면서 걸어다니는 다른 사람에게 얼마나 많은 피해를 주었는가를 이곳에서 실감한다. 자신만을 생각했던 이기적인 마음

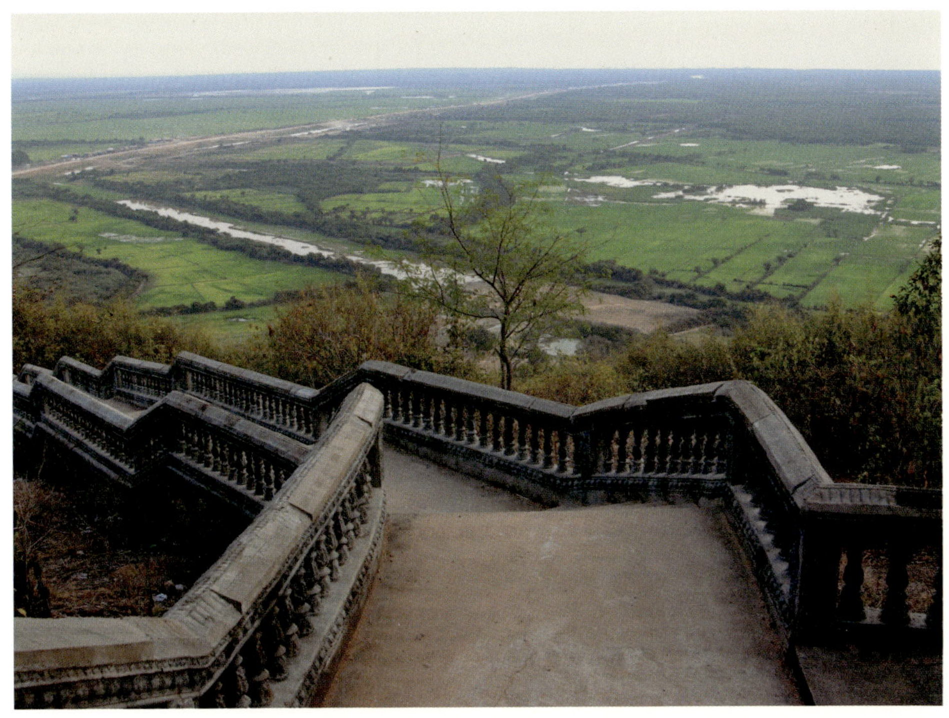

을 반성하게 한다. 나 자신이 아니라 상대를 배려하는 여유와 포용력을 갖고 살아야 함을 느끼게 하는 순간이다.

산 정상 부근에서 다시 계단으로 된 길을 만난다. 계단 길을 따라 오르면 불교 사원이 있다. 하얀 벽에 빨간 지붕을 한 전형적인 불교 사원이다. 사람들이 북적대는 것으로 보아 많은 신도를 거느린 큰 절이라는 느낌이 든다. 럼 쩜빠이 나무가 있는 뜰을 지나 넓은 마당에 들어서면 서쪽으로 최근에 만들어진 약간은 조잡한 나가가 양쪽을 지키는 계단을 만난다. 그 계단 위에 우리가 찾던 프놈 끄롬이 있다.

전형적인 산의 사원 구조 |

프놈 끄롬의 구조는 프놈 복과 같다. 산 정상에 50×50m 기반 위에 정방형의 담장이 둘러져 있고, 사방에 입구문인 고푸라가 있었다. 그리고 라테라이트로 벽을 만든 방 10개가 담장을 따라 자리하고 있다. 일종의 회랑이다. 그러나 지금 나지막한 담장만 남아 있을 뿐 고푸라는 흔적조차 없다. 회랑은 무너져 내렸고 그 위에는 이름 모를 꽃들이 피어 있다. 언뜻 보면 화단으로 착각할 정도이다. 동쪽 입구에는 목 없는 신상 위에 전혀 맞지 않는 두상을 얹어 둔 조각상이 담장에 기대어 오가는 이를 맞이하고 있다. 비록 얼굴과 몸은 전혀 맞지 않고 스스로 몸조차 가누지 못하지만 입가에 머금은 미소는 참으로 따사롭고 정겹다.

동문을 들어서면 장서각이 있다. 양쪽에 각각 두 개씩 네 개의 장서각이 있는 것이 특이하다. 양쪽 장서각은 만든 재료가 다르다. 바깥쪽의 장서각을 벽돌로 만든 것과는 대

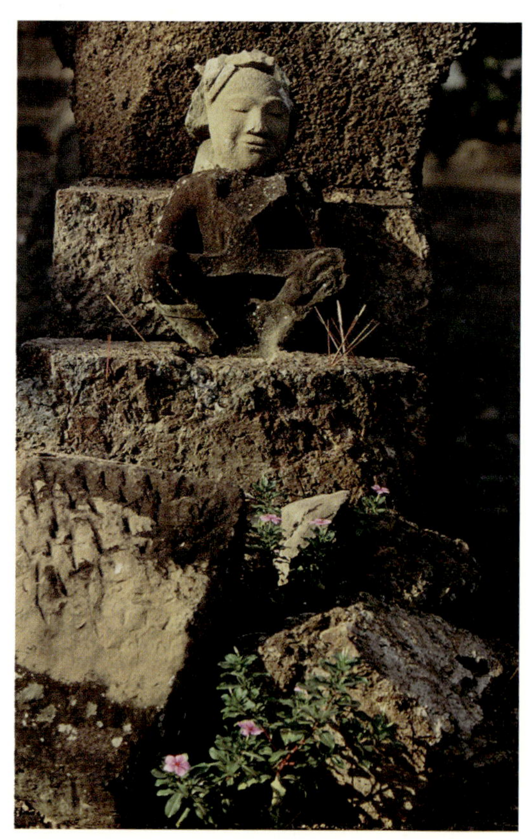

동쪽 입구의 신상

조적으로 안쪽의 장서각은 사암으로 만들었다. 벽돌 장서각이 먼저 만들어졌고 사암으로 만들어진 장서각이 후일 추가 건립된 것으로 추정된다. 장서각의 문은 모두 중앙탑이 있는 서쪽으로 나 있다.

각각 두 마리씩의 사자가 지키는 기단 위에 자리한 세 개의 탑은 남북으로 나란히 서 있는데 힌두교의 주요 3신을 모시고 있다. 중앙에 높은 탑은 시바신을, 남쪽에는 브라흐마, 북쪽에는 비슈누 신을 모시고 있었다. 탑의 상부는 허물어지고 몸체조차도 버팀목에 의지하여 형체를 유지하고 있다. 상태가 상대적으로 좋은 남쪽 탑은 탑 내부에 남아 있는 좌대에는 브라흐마 신이 타고 다니는 신성한 거위가 조각되어 있다. 그리고 비슈누 신을 모시고 있었던 북쪽 탑 내부의 좌대에는 비슈누 신이 타고 다니던 가루다가 조각되어 있

좌대에 새겨진 거위함사(위), 좌대 앞의 촛불(아래)

다. 중앙에 있는 시바신을 모시고 있었던 좌대에는 연꽃같은 화려한 조각이 새겨져 있다.

 프놈 끄롬은 심하게 파괴되었다. 탑의 상층부가 훼손되어 사라졌을 뿐만 아니라 남아 있는 부분도 버팀목에 의지하여 겨우 몸을 지탱하고 있는 실정이다. 특히 탑 외부의 조각들은 그 형체를 알아볼 수 있는 것이 거의 없다. 앙코르 지역에 현존하는 유적 가운데 훼손의 정도가 가장 심하다. 이처럼 심하게 훼손된 것은 비바람의 영향이라고 보기는 어렵다. 힌두교와 불교가 교체되면서 앙코르의 사원들이 파괴되었지만 이처럼 심하지는 않았다. 따라서 프놈 끄롬은 이민족에 의해 파괴되었을 것으로 추정된다. 참파국을 비롯한 이민족들은 톤레삽 호수를 통하여 앙코르 왕국을 여러 차례 침입하였다. 따라서 톤레삽 호수의 입구에 있는 프놈 끄롬이 이민족에 의해서 파괴되었을 가능성이 가장 높다. 그나마 점점이 남아 있는 조각들이 화려했던 옛 시절을 짐작케 해준다.

프놈 끄롬에서 바라보는 전경은 프놈 바껭이나 프놈 복과는 다르다. 프놈 바껭이나 프놈 복에서 내려다보는 전경은 끝없이 펼쳐진 밀림의 숲이다. 그러나 프놈 끄롬에서 바라보는 전경은 두 가지이다. 북쪽으로는 푸른 밀림의 앙코르 대평원이 펼쳐져 있다. 도로를 따라 집들이 줄지어 들어서 있고 그 길을 따라 시선을 북쪽으로 옮기면 시엠립 시가지가 보인다. 그 너머에 프놈 바껭을 중심으로 앙코르의 유적들이 뿌연 안개 속에 자리하고 있다. 남쪽으로 고개를 돌리면 황토빛 세상 톤레삽 호수가 펼쳐져 있다. 누런 황토빛 바다와 흰구름이 떠 있는 푸른 하늘이 수평선에서 만나고 있다. 북쪽에서 밀림의 대평원이 만든 지평선을 보았다면, 남쪽에서는 황토빛 톤레삽 호수가 만든 수평선을 볼 수 있다.

프놈 끄롬은 앙코르인에게 등대이다. 톤레삽 호수를 다니는 배들에게 있어서 프놈 끄롬은 등대불이다. 톤레삽 호수의 물이 최고에 달하는 만수 때가 되면 바로 프놈 끄롬 산 아래는 포구가 된다. 숱하게 많은 배들이 산 아래로 모여든다. 프놈 끄롬 산위의 사원은 비록 허물어졌지만 프롬 끄롬은 오늘도 앙코르인들의 등대 역할을 하고 있다.

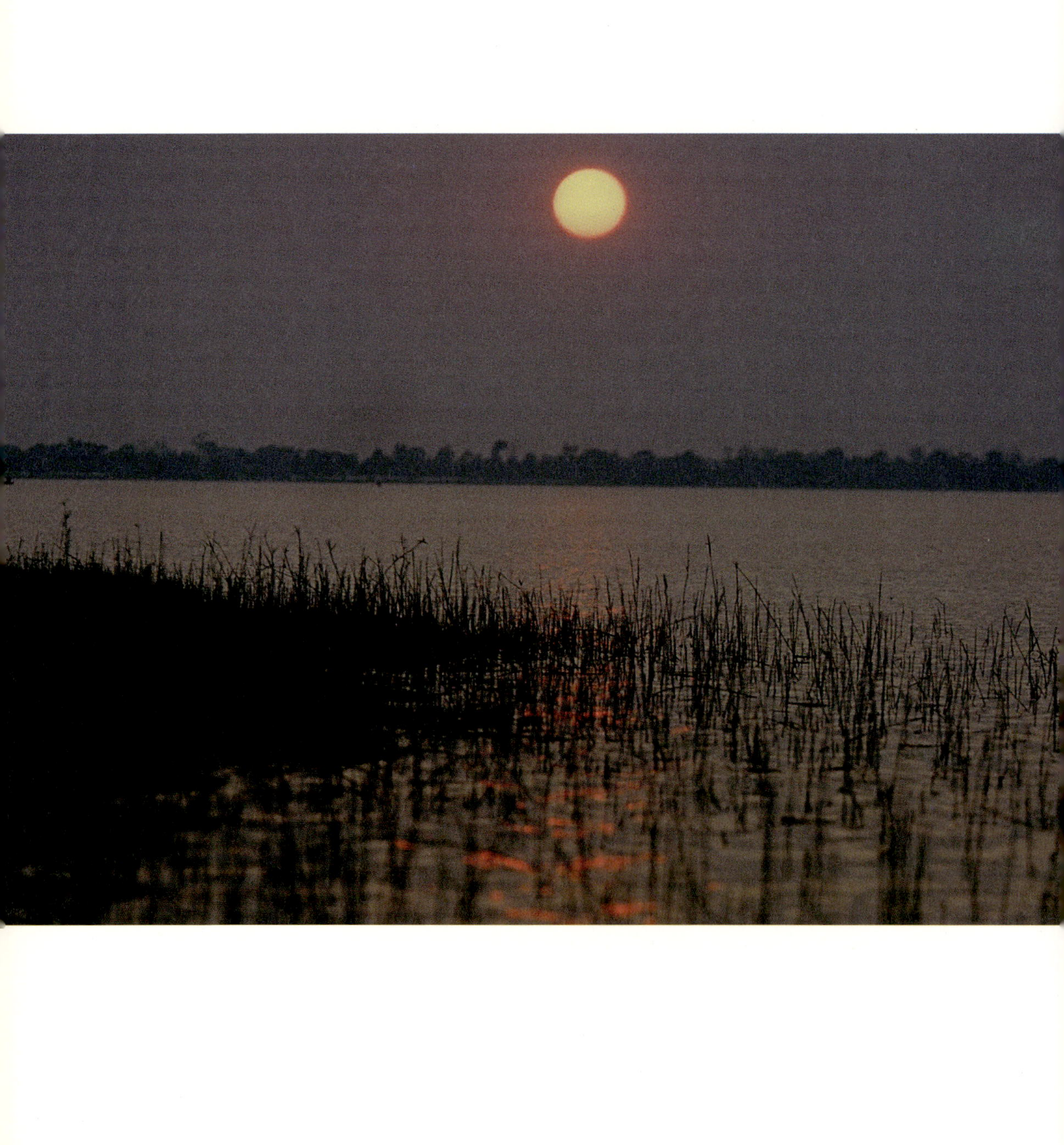

물의 사원

　물은 생명의 근원이다. 산이 남성적이라면 물은 여성적인 생산력을 상징한다. 물은 여성적 생명력을 지님으로써 임신과 출산의 힘이 된다고 믿었다. 실제 앙코르인에게 물은 생명이다. 농업국가였던 앙코르에서 물을 다스리는 치수는 국왕의 가장 중요한 덕목이었다. 인드라바르만 1세는 아들 야소바르만 1세에게 '백성을 위하여 저수지와 수로를 건설하라'는 유언을 남겼다. 이같은 유언은 후대의 모든 왕들이 지켜야 할 강령이 되었다. 야소바르만 1세는 부왕의 뜻을 받들어 거대한 저수지, 동 바라이를 건설하였다. 그리고 수리야바르만 1세는 앙코르에서 가장 거대한 인공호수로 현재까지 사용하고 있는 서 바라이를 만들었다.

　물은 정화력을 가지고 있다. 물 자체가 지닌 맑음은 부정이나 액운을 물리치는 힘이 있다. 그래서 정화수를 떠놓고 빌거나 부정한 것을 향하여 물을 뿌려 부정과 액운이 사라지게 하였다. 캄보디아에서도 매년 우기가 끝나고 건기가 시작되는 11월 초에 3일간 캄보디아 최고의 명절인 물 축제가 열린다. 건기가 있는 캄보디아에서는 풍년을 위해 물만큼 중요한 것이 없다. 물 축제에는 캄보디아의 전통 배 경주가 열리고 서로에게 물을 뿌려 액운을 없애고 축복을 기원한다.

　물은 재생의 능력을 가지고 있다. 물은 생명의 약수로서 병을 치료하는 것은 물론 죽은 자도 다시 살려낼 수 있는 재생의 힘을 가지고 있다고 믿었다. 병은 사악함과 부정이 모여 생성된 것이기 때문에 물을 통해서 부정과 사악함을 물리치면 병은 저절로 치료된다고 믿었다. 이처럼 물은 재생력과 조화력을 가지고 있다고 믿었다. 앙코르인들은 물을 저장하는 바라이^{Baray}를 만들었다. 바라이는 크메르어로 '저수지'라는 뜻이다. 주업이 농업이었던 앙코르 왕국은 물이 곧 생산력이며, 생명이었다. 지평선으로 둘러싸인 광활한 평원에 물을 공급하기 위해서 왕들은 도읍지를 정할 때마다 거대한 저수지를 만들었다. 앙코르인들은 바라이 한가운데 수상사원을 건립하여 물을 숭배하였다.

동 메본 East Mebon

세월은 앙코르의 호수를 논으로 만들었다. 푸른 물이 넘실대던 곳이 누런 황금들판으로 바뀌었다. 배를 타고 다니던 뱃길이 자동차가 다니는 흙길로 바뀌었다. 물고기가 헤엄치며 놀던 곳이 나무들이 하늘을 향해 자라는 밀림으로 바뀌었다. 배가 다니던 선착장이 자동차가 오가는 정류장이 되었다.

그러나 호수 속에 있던 사원은 변함없이 그 자리에 있다. 인간의 가슴 속에 자리하고 있는 신의 모습이 변함없듯이 신들이 살고 있는 사원은 호수가 변해 들판이 되어도 그 자리를 지키고 있다. 인간의 마음 속에 신이 존재하는 한 사원은 그 자리를 떠나지 않을 것이다.

국왕의 뜻에 따라 힌두교에서 불교로, 불교에서 다시 힌두교로 여러 차례 종교가 변화를 거듭하였지만 신에 대한 인간의 믿음은 변함이 없다. 오늘도 힌두교 사원에 모셔진 부처님에게 많은 신도들이 기도를 올린다.

어머니를 기리는 어머니같은 사원 | 동 메본은 라젠드라바르만에 의해 건설되었다. 라젠드라바르만은 왕도를 코케르에서 앙코르 지역에 있는 옛 왕도인 야소다라푸라로 다시 이전하였다. 왕도를 앙코르 지역에서 95km 떨어진 코케르 지역으로 옮겨간 것은 자야바르만 4세였다. 그는 이샤나바르만 2세로부터 왕권을 찬탈한 후에 왕도를 앙코르에서 코케르로 옮겼다. 그러나 라

동 메본 전경

젠드라바르만이 왕권을 회복한 뒤 다시 앙코르로 돌아왔다. 앙코르를 떠난 지 16년만의 일이다.

　라젠드라바르만은 앙코르 최초의 왕도인 야소다라푸라를 건설한 야소바르만 1세의 조카였다. 라젠드라바르만의 어머니는 야소바르만 1세의 여동생이다. 라젠드라바르만은 외숙의 업적을 존경하여 왕도를 앙코르 지역의 야소다라푸라로 이전하고 데바라자도 다시 옮겨와 앙코르의 전통을 재현하는데 전념하였다. 라젠드라바르만은 952년에 야소바르만 1세가 건설한 동 바라이의 한 가운데에 동 메본^{Mebon} 사원을 건립하였다.

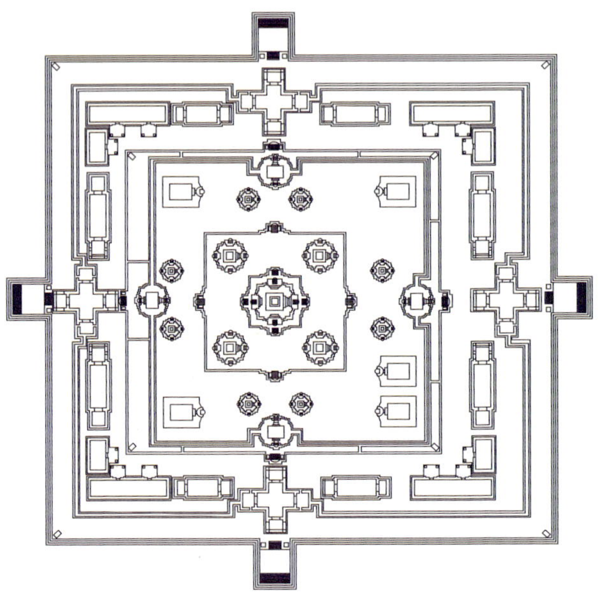

메본은 '은총이 넘치는 어머니'라는 뜻이다. 동 메본은 라젠드라바르만이 어머니와 조상을 기리기 위하여 건립한 것이다. 물은 음을 상징하고 여성을 상징한다. 따라서 동 바라이 한가운데 어머니를 기리는 사원을 건립한 것이다. 동 메본은 5탑형 사원이다. 각 탑 안에는 비슈누·브라흐마·시바 그리고 시바의 부인 우마 형상의 부모상을 안치하고 그 중앙탑에 링가를 세웠다. 동 바라이 네 귀퉁이에는 '신성한 갠지스강의 여신 강가에 의해 보호를 받는다'라고 새겨진 비문이 있다. 라젠드라바르만은 어머니를 갠지스강의 여신 강가에 비유하며 조상숭배를 통해 왕위의 정통성을 확보하고, 아울러 강력한 왕권을 과시하기 위한 의도로 동 메본을 건설하였다.

동 메본은 동 바라이의 한가운데 자리한 수상사원이다. 사방에는 테라스형의 선착장이 있다. 지금은 동 바라이의 물이 말라 육지로 변했지만 배를 타고 출입할 수 있는 선착장은 동서남북에 그대로 남아 있다. 그리고 동 메본은 물 위에 떠 있던 수상사원이기 때문에 외벽이 없다. 1층 기단을 높게 쌓아 방조제 겸 벽의 역할을 하도록 하였다. 자동차에서 내려 메본으로 걸어 들어가면서 옛 모습을 상상해 보니 가슴이 벅차오른다. 우주의 바다 한가운데 하늘로 솟아 있는 메루산 그리고 똑같은 형태로 물 속에 비친 모습은 신비로움 그 자체였을 것이다. 그러나 천년의 긴 세월은 사원의 아름다운 모습을 현실에서 상상 속으로 옮겨 놓았다.

피라미드형 3층 구조 | 동 메본은 피라미드형 3층 구조이다. 세 겹의 두터운 장벽에 에워싸인 동 메본은 메루산을 형상화한 3단의 피라미드 형태로 되어 있다. 붉은색 라테라이트, 흰색 사암 그리고 석회 등 다양한 건축 자재를 사용하여 색 조화가 아름답다. 수상사원답게 사원의 네 면에는 각각 테라스형 선착장이 마련되어 있고, 늠름한 사자 한 쌍이 배를 타고 들어오는 순례자를 맞이한다.

사원으로 들어가는 고푸라 탑문은 선착장과 연결되어 있다. 사원의 외벽은 담이 아닌 방조제 역할과 선착장용으로 높게 지어져 있다. 그리고 사원의 네 방향으로 난 선착장은 각각 십자가형 고푸라 탑문을 통해 내부로 연결된다. 주 출입구는 동쪽 문이다. 라테

라이트와 사암으로 만들어진 동쪽 문은 지붕이 허물어졌다. 그러나 허물어진 문틀 사이로 당당한 모습의 중앙탑이 시야에 들어온다. 이곳 동쪽 문 우측에는 동 메본에 대한 기록이 새겨진 비석이 있다. 지금은 박물관으로 옮겨져 보관되고 있는데 비석에는 동 메본의 건립은 왕도를 코케르에서 앙코르로 옮긴 앙코르 왕국의 무한한 힘과 무궁한 영광을 기원하기 위한 것이라고 기록되어 있다.

1층 탑문을 지나 안으로 들어서면 담벽을 따라 긴 회랑이 있다. 순례자들에게 쉼터를 제공하고 있다. 그 앞쪽으로 붉은 라테라이트로 지은 갤러리형 작은 건물 16개가 내벽을 따라 빙 둘러 신전을 에워쌌다. 이들 건물들의 지붕은 나무였다. 긴 세월이 흘러 나무지붕은 흔적없이 사라지고 석조 구조물만 남아 있다. 왼쪽의 회랑은 라테라이트로 만든 벽체와 장식 창문들이 그대로 남아 있다. 반면 오른쪽의 회랑은 벽마저 무너지고 외로이 돌기둥 몇 개만이 비석처럼 남아 이곳이 회랑이 있었던 곳임을 표시해 주고 있다.

사원의 각 방면 중앙에는 신전으로 오르는 계단이 있다. 계단 양쪽으로 한 쌍의 늠름

입구의 탑 문과 중앙탑

한 사자상이 신전을 호위하고 있다. 사자의 모습은 키가 크지 않고 살이 쪘지만 당당함을 잃지 않고 있다. 몸체가 하늘을 향해 길게 늘어지는 후기 양식과는 달리 전형적인 초기 양식이다. 그리고 외벽 및 내벽의 4면 코너에는 사암으로 만든 2m 크기의 코끼리 상이 바깥쪽을 향하고 있다. 코끼리상은 1층과 2층에 걸쳐 8마리가 있다. 이들 가운데 1층 남서쪽 모서리를 지키고 있는 코끼리상만이 가장 온전한 모습을 유지하고 있다. 하나의 돌을 깎아서 만든 코끼리는 몸에 끈 모양의 장식을 달고 목에는 긴 목걸이를 걸었다. 그 모습이 앙코르인처럼 정겹고 친숙하다.

2층 탑문을 지나면 좌우에 벽돌탑이 있다. 탑문을 들어서면 라테라이트를 깔아서 만든 넓은 단이 나온다. 그 단 위에 동서남북 각각 두 개씩 벽돌탑이 있다. 여덟 개의 벽돌탑은 3층에 자리한 중앙탑들을 수호하는 형상이다. 이 같은 양식은 앙코르 왕국 초기 사원인 바꽁 사원의 그것과 동일하다.

2층 각 담벽 모서리에는 중앙을 향해 문이 나 있는 4각형 건물들이 있다. 그런데 남동쪽의 모서리에는 다른 방향과는 달리 두 개의 건물이 있다. 좌우 대칭의 균형을 깨면서 다섯 개의 건물이 자리한 것은 중앙에 있는 다섯 개의 탑과 연결되었던 것으로 추정된다. 건물의 용도는 동남쪽에 나란히 선 두 개의 건물에 수도생활에 대한 일곱 가지 내용이 새겨져 있는 것으로 미루어 수도원이나 장서각이었을 것으로 추정된다.

조각으로 살아 있는 힌두교 신들 | 건물과 고푸라의 상인방에는 다양한 조각이 부조되어 있다. 탑은 벽돌로 만들었으며 장서각은 라테라이트로 만들었다. 그러나 탑과 장서각의 출입문 상인방은 사암으로 만들었다. 그리고 사암 상인방에는 화려한 장식을 조각하였다. 서쪽 고푸라의 동쪽 상인방에는 비슈누 신의 네 번째 화신인 나라싱하Narashingha가 새겨져 있다. 반은 인간 반은 사자의 형태인 나라싱하는 문지방의 신으로서 사원의 입구를 지키는 수호신 역할을 한다. 나라싱하가 문지방의 신이 된 것은 악마 히란냐야카시푸를 살해한 힌두교 설화 때문이다. 악마 히란냐야카시푸는 브라흐마 신의 총애를 받아 '신이나 인간·동물, 그 어

떤 존재도 그를 죽이지 못하며, 밤이나 낮에도 죽이지 못하며, 집안에서든 집밖에서든 죽이지 못하리라'라는 영생의 권능을 부여받았다. 때문에 교만해진 히란냐야카시푸는 아들이 비슈누 신을 섬긴다하여 아들마저 죽이고 불의를 거듭하였다. 비슈누는 브라흐마의 예언을 피해 그를 없애기 위해 '신도 인간도 동물도 아닌 반인 반사자가, 밤도 낮도 아닌 황혼녘에 집 안도 집 밖도 아닌 문지방에서' 악마 히란냐야카시푸를 살해하여 다르마의 본질을 영위케 하였다. 이후 비슈누의 화신인 나라싱하는 문지방의 신으로서 사원의 입구를 지키는 수호신 역할을 하게 되었다.

그리고 북동쪽 모서리에 있는 건물의 동쪽 상인방에는 락슈미가 조각되어 있다. 락슈미는 비슈누 신의 아내이자 행운의 여신으로 두 마리의 코끼리가 그녀에게 물을 뿌려주는 모습으로 새겨져 있다. 라젠드라바르만은 사원을 비슈누 신 부부를 비유하여 자신의 부모에게 바쳤다. 비슈누 신과 락슈미 여신은 금슬이 좋기로 유명하다. 세상의 질서 유지를 위해 남편이 화신으로 변해 활약을 할 때마다 그녀 역시 남편을 따라 한몫을 담당하였다. 락슈미는 남편과 생사고락을 함께 하는 헌신적인 아내의 표상이며, 그로 인해 번영과 행복을 가져다주는 여신으로 사랑받았다. 비록 왕좌에 올랐던 부모는 아니지만 아들로 인해 이렇게 최대의 찬사를 받을 수 있었던 것이다.

가짜문과 상인방

　3층은 라테라이트로 만든 1, 2층과는 달리 사암으로 만들었다. 사원의 재료가 벽돌이나 라테라이트에서 사암으로 변해가고 있는 과도기적인 모습이다. 각 방향으로 계단이 있으며, 계단의 좌우에는 한 쌍의 사자가 호위를 하고 있다. 3층 정상에는 다섯 개의 탑이 있다. 힌두교에서 이야기 하는 네 개의 대륙과 메루산을 형상화한 것이다. 탑은 사암으로 기초를 하고 라테라이트 벽돌로 본체를 쌓았다.

　3층에 있는 탑들의 문은 모두 동쪽으로 열려 있으며 나머지 세 방향의 문은 모두 가짜 문이다. 가짜 문 또한 문기둥이나 상인방처럼 사암으로 만들었으며 문의 표면에는 화려한 장식을 조각하였다. 문의 양쪽 벽면에는 벽돌 위에 문을 지키는 신상이 조각되어 있다. 그런데 동쪽의 두 개의 탑과 중앙탑은 문의 양쪽에 남신상이 지키고 있으며, 서쪽의 두 개의 탑과 2층의 탑은 여신상이 문의 양쪽을 지키고 있다. 탑의 격을 보여주는 것이다. 남신이 지키고 있는 3층의 중앙탑을 비롯한 동쪽탑 세 개가 비슈누 신, 브라흐마 신, 시바 신의 힌두교 3신을 모시고, 서쪽 두 개의 탑에 우마신 형상의 부모상을 안치한 것으로 추정해 볼 수 있다. 그러나 현재 중앙탑 안에는 나가 위에 올라 앉아 있는 불상이 링가를 대신해서

중앙탑에 모셔진 불상

난디를 타고 있는 시바

비슈누의 화신 나라싱하

거위 함사를 타고 있는 브라흐마

코끼리를 타고 있는 인드라

문을 지키는 칼라

니가 위에 앉아 있는 인드라

자리하고 있다.

중앙탑의 상인방에는 역시 힌두교의 신들이 자신들의 상징을 타고 있는 모습이 새겨져 있다. 동쪽면에는 하늘의 신 인드라 Indra 가 마부가 끄는 머리 셋 달린 코끼리 아이라바타를 타고 있다. 서쪽면에는 시바 신의 아들인 전쟁의 신 스칸다 Skanda 가 공작새를 타고 있으며, 남쪽면에는 시바 신이 황소 난디를 타고 있다. 그리고 나머지 4개의 탑 상인방에도 다양한 힌두교 신들의 모습이 부조되어 있다.

라젠드라바르만은 초기 사원인 바꽁을 본 떠서 동 메본을 건설하였다. 그리고 9년 뒤에 프레아 코를 본 떠서 프레아 룹을 건설하였다. 따라서 동 메본과 프레아 룹은 구조나 디자인, 인테리어 등이 매우 흡사하다. 이처럼 라젠드라바르만은 절대적인 데바르자로 군림하면서 사원을 건립하여 신들에게 바쳤다. 예술적 재능이 뛰어나 오늘날까지 앙코르 예술의 창시자라 불리울 정도로 아름다운 사원들을 많이 남겼다. 그의 치세에 확립된 앙코르 건축의 사상과 조각상에 대한 기본적인 구도는 앙코르 왕국이 멸망할 때까지 이어졌을 정도로 정점에 달한 예술혼을 보여주었다.

서 메본 West Mebon

　호수 한가운데 떠 있는 섬은 외롭다. 물로 외부와 격리된 곳이기 때문이다. 그러나 신은 외로운 곳이라고 해서 포기하지 않는다. 인간은 모두 떠날지라도 신은 떠나지 않는다. 해가 지면 그곳에 있던 사람들은 배를 타고 떠난다. 호수 한가운데 작은 섬에 달빛만 남겨두고 모두 떠난다.

　고향을 떠나올 때 자식을 탓하지 않는 부모님처럼 섬에 남아 있는 신은 떠나는 인간을 원망하지 않는다. 오히려 떠나는 자들의 안전을 걱정한다. 미련없이 떠나가는 야박한 인간을 원망하는 것은 신이 아니라 인간이다. 신이 거처하던 사원을 파괴한 것도 신이 아니라 인간이다. 인간은 신을 위한 사원을 건설하고 그것을 파괴하였다.

　사원은 무너졌어도 신은 그곳에 있었다. 신은 어린아이들의 순수함으로, 부모님의 헌신적인 희생으로, 자연의 무한한 사랑으로 그곳에 남아 가끔씩 찾아주는 인간을 반기며 그곳에 머물고 있었다. 자신이 건설하고 자신이 파괴하는 모순 덩어리인 인간을 위해 오늘도 신은 외로운 섬 서 메본에서 자신의 자리를 지키고 있다.

섬 안에서 물을 지키다 | 　서 바라이는 수리야바르만 1세가 건설하였다. 서 바라이는 가로 8km, 세로 2.2km의 직사각형 모양이다. 앙코르에 조성된 저수지 가운데 가장 규모가 클 뿐만 아니라 현재까지도 그 기능을 다하고 있다. 평균 깊이가 7m에 넓이가 1,760헥타르로 담수량이 1.23억 리터에 이른

다. 주변에 있는 넓은 농토에 생명같은 농업용수를 1,000년이 넘는 세월 동안 변함없이 공급해 주고 있다.

커다란 수문이 있고, 그 수문으로 농업용수가 공급된다. 영양이 풍부하고 건강한 황토색의 물이 바로 아래에 펼쳐진 넓은 들판으로 흘러들어가고 있다. 실핏줄처럼 생긴 수로를 통해 물이 공급된다. 뿐만 아니라 서 바라이는 시엠립 지역에 수돗물을 공급하는 상수원의 역할도 함께 하고 있다.

서 바라이는 왕실의 휴양지였다. 당시의 왕실 사람들이 어떠한 형태의 물놀이를 즐겼

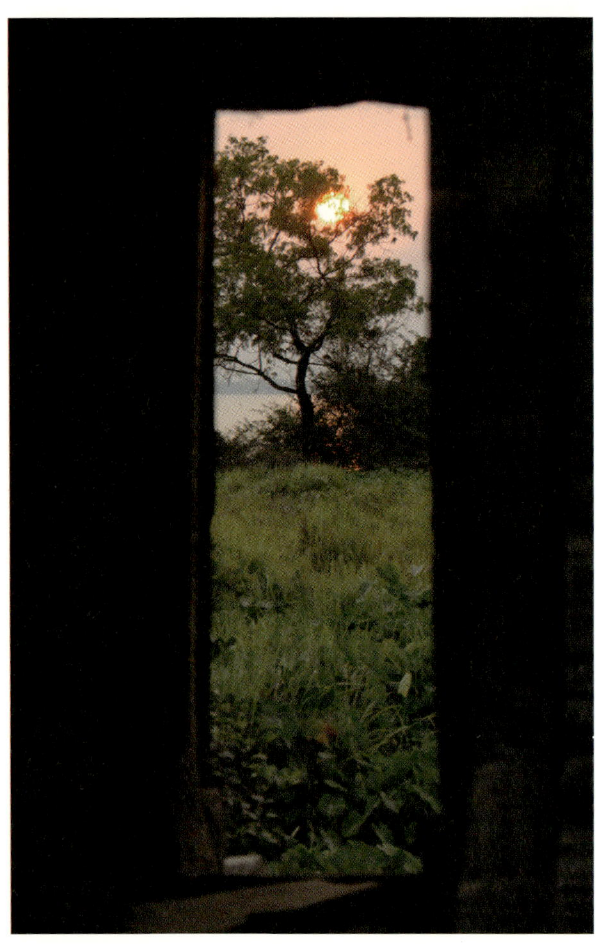

서 메본의 일몰

는지는 알 수 없지만 스라스랑이 왕실의 목욕탕이라면 서 바라이는 물놀이 공간이었을 것으로 짐작된다. 당시 수도 바켕에서부터 서 바라이 동편 둑까지 도로가 연결되고, 왕실 전용 선착장과 양식장의 흔적까지 남아 있는 것으로 보아 서 바라이는 왕을 비롯한 수도 시민들의 피서지로 애용된 듯하다. 그 전통을 이어받아 현 국왕 시하누크는 1970년 망명하기 전까지 서 바라이를 귀빈들의 휴양지로 사용하였다. 그리고 지금도 시엠립 주민들은 물론 저수지 인근 주민들의 좋은 휴식처가 되고 있다. 서 바라이가 왕실의 휴양지였음은 공주와 관련된 전설에서도 그 단서를 찾을 수 있다. 무너진 남쪽 둑에 관한 전설이 그것이다.

앙코르 왕국의 공주가 저수지에서 놀다가 거대한 악어에게 잡아 먹혔다. 공주를 구하기 위해 악어를 잡으려고 하자 악어가 몸부림을 치면서 흙으로 쌓은 남쪽 제방을 무너뜨렸다. 다행히 악어는 생포되고 그 배를 갈라 아직 소화되지 않은 공주를 무사히 구출해냈다. 지금 서 바라이에는 악어가 없다. 악어의 모습은 톤레삽 호수의 수상마을에서나 볼 수 있다. 그러나 서 바라이의 사방 둑 가운데 남쪽 둑은 지금도 무너져 있다.

서 메본은 서 바라이 한가운데 섬 안에 있다. 서 메본은 우다야디티야바르만Udayadityavarman 2세가 건립하였다. 그는 서 바라이를 건설한 수리야바르만 1세의 아들로 앙코르 왕도의 중앙에 바푸온 사원을 건설하고, 이와 같은 양식의 사원을 서 바라이 한가운데 건립한 것이다. 그는 서 바라이 한가운데 인공 섬을 건설하고 그곳에 비슈누 신을 위한 사원을 건립하였다.

서 메본은 지금도 예전처럼 배를 타고 들어가야 한다. 앙코르에 있는 수상사원 가운데 예전처럼 배를 타고 출입하도록 되어 있는 곳은 서 메본이 유일하다. 앙코르 지역의 저수지 가운데 현재까지도 그 역할을 다하고 있는 것은 서 바라이뿐이기 때문이다. 남쪽 둑에 자리한 선착장에서 배를 타고 10분 정도면 도착할 수 있는 곳이다. 황토빛 톤레삽 호수와는 달리 맑은 물살을 가르며 달리는 뱃길은 시원하고 상쾌하다. 섬에 도착하면 기념품을 파는 아이들이 먼저 반기지만 표정이 밝고 맑아서 오히려 반가운 느낌이 든다. 특히 이들 가운데 소반Sovan이라는 여자 아이는 우리나라 노래 '사랑해'를 잘 불렀다. 선생님이 되겠다는 당찬 꿈을 가진 아이의 눈빛에서 캄보디아의 미래를 본다.

서 바라이 전경

　서 메본은 가로 세로 각각 100m 정도의 정사각형을 이루고 있다. 인공섬은 동서로 약간 긴 직사각형의 형태를 취하고 있지만 동쪽의 일부 선착장 지역을 제외하면 섬 전체가 하나의 사원이다. 사원은 세 겹의 벽으로 둘러싸여 있었다. 외벽은 섬 전체를 둘러싸고 있는 방조제 겸 벽의 역할을 하였다. 그러나 지금은 모두 허물어져 부서진 석재들만이 섬 주위에 무질서하게 흩어져 있다.

　서 메본에 현존하는 유일한 유적은 탑문과 내벽이다. 창살로 장식된 창문이 일정한 간격으로 배치된 외벽은 사암으로 만들어졌다. 외벽에는 화려한 장식이 새겨져 있었으나 세월의 무게를 견디지 못하고 많은 부분이 훼손되었다. 그리고 외벽의 양쪽 끝에 남아 있는 탑문도 피사의 사탑처럼 한쪽으로 기울어진 채 불안한 모습으로 버티고 있다. 담의 중간에 배치된 창문으로 비치는 저녁 햇살은 평온하고 아름다웠다.

서 메본의 연못

 동쪽 탑문을 통해 들어선 사원의 내부는 연을 비롯한 잡초들이 자라는 푸른 밭이다. 탑문을 들어서면 높은 곳으로 올라가는 다른 사원들과는 달리 서 바라이는 오히려 계단을 내려가도록 되어 있다. 현재 사원 내부는 정사각형의 연못으로 되어 있는데 사원을 만들었던 당시도 이와 같은 모습이었는지는 알 수 없다. 연꽃 밭 사이로 라테라이트로 만든 둑길이 사원의 한 가운데와 연결되어 있다. 사원의 중심에는 가로 세로 10m 정도의 정사각형 연못이 있다. 그리고 연못 가운데는 둥근 좌대 모양의 석물이 있다. 이곳에서 1936년 청동으로 만든 비슈누상의 상체가 발견되었다.

프놈펜 국립박물관에 보관되어 있는 비슈누상은 서 메본 사원에 모셔져 있던 본존상으로 전체 길이가 6m에 이르는 거대한 작품이었을 것으로 추정된다. 현재 남아 있는 비슈누 상을 보면 가슴 위의 얼굴 부분은 하나의 주물로 만들어졌으며, 팔꿈치 위쪽과 각 손은 별도의 주물로 만들어졌다. 비슈누상의 각 부분은 얇고 매우 균일하게 주조되어

청동 비슈누상, 11세기, 1.2×2.2m, 프놈펜 국립박물관

있어서 당시 고도로 발달된 기술 수준을 짐작할 수 있다. 전체의 모습은 과장되지 않고 부드러우며 정교한 장신구들이 붙어 있는 전형적인 바푸온 양식이다. 당시에는 눈썹과 콧수염이 별도의 귀금속으로 장식되어 있었으며 두 눈은 각각 옥으로 상감되어 있었다. 따라서 당시 사원의 본존상이었던 비슈누상은 매우 화려하고 장엄하였을 것으로 추정된다.

1296년 앙코르를 방문한 중국인 주달관은 『진랍풍토기』에 '동쪽 호수는 도성의 동쪽 10리 거리에 있고 주위는 100리나 된다. 호수 한 가운데는 석탑과 석실이 있다. 석탑 가운데에는 누워 있는 와불상이 있는데, 와불상의 배꼽에서는 항상 물이 흘러나온다'라고 기록하였다. 아마도 주달관이 서 바라이를 동 바라이로 착각한 것으로 생각된다. 즉 배꼽에서 물이 흘러나오는 청동으로 만든 와불상은 바로 서 메본에서 발견된 비슈누상으로 추정된다. 배꼽에서 앙코르 전체를 적셔주는 성수(聖水)가 흘러나오도록 장치하였을 것으로 생각된다. 서 바라이에서 공급되는 물은 물이 아니다. 그것은 바로 비슈누의 인간에 대한 사랑이다. 서 메본에 모셔진 비슈누 신의 배꼽에서 성수가 흘러 나와 앙코르 인들에게 생명과 같은 사랑의 물을 공급하였다. 비슈누의 사랑은 종교가 힌두교에서 불교로 바뀌고 숱한 세월이 흘렀어도 변함이 없다. 비록 청동으로 만들어진 비슈누상은 훼손되어 일부만이 박물관에 전시되고 있지만, 비슈누의 사랑은 이곳 서 바라이에 그대로 살아 숨쉬고 있다.

닉 뽀안Neak Pean

물은 높은 곳에서 낮은 곳으로 흐른다. 부처님은 높은 곳에 자리하고 있다. 깨달은 자이기 때문이다. 그러나 부처님의 깨달음은 자신을 위한 깨달음이 아니라 깨닫지 못한 자를 위한 깨달음이다. 그래서 부처님의 자비는 높은 곳에 있으면서 언제나 낮은 곳으로 흐른다.

물은 자비다. 자비는 나 자신보다는 나보다 못한 자들을 위하는 마음이다. 부처님의 자비는 물처럼 흐른다. 물은 조금이라도 낮은 곳이 있으면 높이를 맞추기 위해 낮은 곳으로 흐른다. 물은 조금의 틈새라도 있으면 그 틈 사이를 비집고 들어가 비어 있는 곳을 채운다. 이처럼 어느 곳에 어떤 자리에 있더라도 목마른 자에게 물을 주는 그것이 바로 진정한 자비다.

물은 많은 곳에서 적은 곳으로 흐른다. 가진 자들이 갖지 못한 자들에게 베푸는 것은 사랑이다. 사랑이 없으면 많은 것을 얻을 수 없다. 비워야 채울 수 있다. 많은 것이 있다면 이제 더 이상 채울 공간이 없다는 것이다. 항상 베풀어서 자신을 비우는 부처님은 세상에서 가장 부유한 존재다.

자비가 물처럼 흐르는 불교 사원 | 닉 뽀안Neak Pean은 북쪽 저수지 자야타타카 Jayatataka에 있다. 자야타타카는 자야바르만 7세가 백성들이 계절이 관계없이 편히 농사를 지을 수 있도록 앙코르의 북쪽에 축조한

거대한 저수지다. 자야타타카는 '자야바르만의 저수지'라는 뜻이다. 닉 뽀안은 자야타타카의 한 가운데 작은 섬에 건립된 사원으로 원래 힌두교 사원이었으나 후일 복원되면서 불교 사원으로 바뀌었다.

닉 뽀안은 '또아리를 틀고 있는 큰 뱀'이라는 뜻이다. 닉 뽀안과 일직선에 있으면서 서로 연결되어 있는 사원인 프레아 칸에 있는 비문에 이 사원의 원래 이름이 기록되어 있다. 비문에 의하면 사원의 원래 이름은 라자쓰리Rajyasri, 즉 '제국의 번영'이었다. 닉 뽀안이라는 이름은 이곳을 방문한 프랑스인들이 현지인들에게 물어서 사원의 이름을 붙인 것이다. 현지인들은 중앙의 섬 동쪽에 두 마리의 뱀이 또아리를 틀고 있는 것을 보고 이 사원을 닉 뽀안이라고 불렀다.

닉 뽀안도 다른 수상사원과 마찬가지로 저수지 안에 있다. 앙코르에서 물은 농업용수와 식수일 뿐만 아니라 병을 고쳐주는 약이었다. 병은 죄를 지은 자에게 나타나는 현상이기 때문에 물로 몸에 들어 있는 죄를 씻으면 병이 낫는다고 믿었다. 닉 뽀안은 병을 고쳐주는 병원과 같은 역할을 하였던 것이다. 즉 연못의 물은 부처님의 사랑이며, 그것으로 몸을 씻으면 세상의 모든 병은 치료할 수가 있었다.

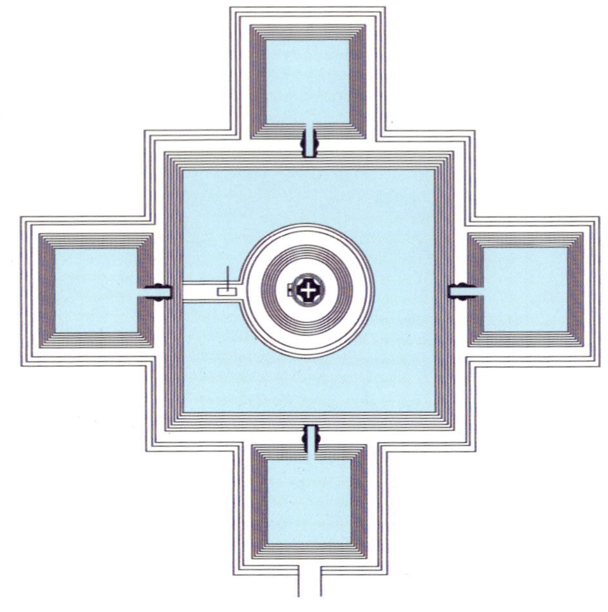

5개의 연못과 연꽃섬 | 닉 뽀안은 다섯 개의 연못으로 구성되어 있다. 중앙에 큰 연못이 있고 주위에 십자형으로 네 개의 연못이 있다. 중앙 연못에는 지름 14m의 원형섬이 있고, 섬 가운데 중앙탑이 있다. 원래는 네 개의 십자형 연못 외에 8개의 연못이 더 있었는데 지금은 말라버렸다. 중앙 연못은 우주의 맨 꼭대기 히말라야산 정상에 위치한 거대한 호수 아나바타프타^{Anavatapta} 호수를 상징한다. 티벳 불교에서 히말라야산은 우주의 가장 높은 곳에 위치하며, 그 산 위에 있는 거대한 호수 아나바타프타는 세상을 향해 흐르는 4대 강의 모태라고 믿었다. 닉 뽀안은 이러한 종교적 의미를 그대로 옮겨왔다. 각각 70m 폭의 정사각형 중앙 연못은 아나바타프타를, 연못 위의 신전은 히말라야를 그리고 중앙 연못의 계단 네 귀퉁이에 마련된 네 개의 연못은 4대 강을 의미한다. 사각의 중앙 연못 한가운데 사원이 있다. 그리고 중앙 연못의 사방으로 다시 작은 연못을 만들었고 중앙 연못의 물은 독특하게 조각된 네 가지 형상의 입을 통해서 흐르도록 되어 있다.

　중앙 연못 한가운데 솟아 있는 섬은 물 위에 핀 한 송이 연꽃이다. 연꽃은 더러운 진흙 속에서 우아한 꽃을 피워낸다. 오욕과 고통으로 가득한 속세에서 위대한 해탈을 이루어 낸 부처님은 분명 우아한 연꽃이다. 중앙 연못의 작은 섬은 붉은 색 라테라이트로 7단의 계단이 있고 그 위에 연꽃 모양의 신전이 있다. 연못에 물이 가득 차오르면 계단은 물에 잠기고, 연꽃 장식이 된 기단 위로 신전이 우뚝 솟아난다. 물 위에 핀 연꽃 형상이다. 그리고 그곳에 가장 고귀한 부처님을 모셨다.

　중앙섬 동쪽에 두 마리의 뱀이 또아리를 틀고 있다. 두 마리 뱀의 머리는 동쪽에 있지만 꼬리는 서쪽에서 서로 합체되어 있다. 즉 뱀이 섬 전체를 감싸고 있는 형상이다. 힌두교에서 나가는 물의 정령으로 수호신의 역할을 한다. 그것을 불교에서 그대로 계승하

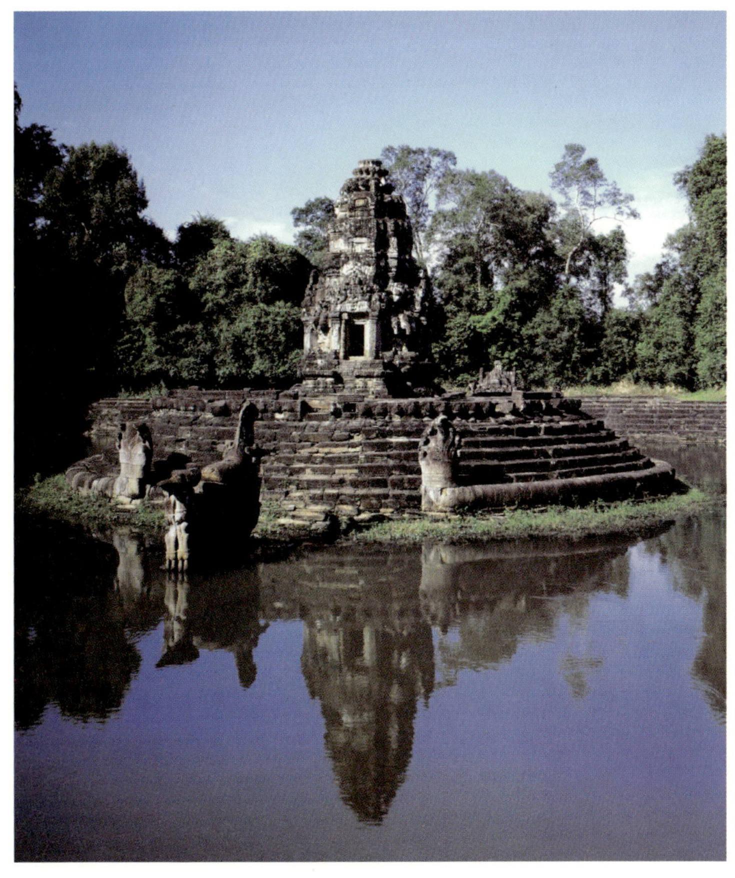

였다. 불교에서 또아리를 튼 뱀이 나타나는 것은 부처님이 득도하신 후 5주째이다. 득도한 석가모니가 7일마다 자리를 옮겨가면서 7주 동안 부다가야에 머물렀는데, 5주째에 7일 동안 계속 비가 내리고 찬바람이 끊임없이 불었다. 그 때 무칠란다 용왕이 부처님의 몸을 일곱겹으로 감고 머리로 부처님을 우산처럼 덮어서 비바람을 막아주었다. 용을 산스크리트어로는 나가라고 하는데 뱀의 모습이다. 특히 인도의 나가는 코브라의 모습이다. 이것이 중국을 거쳐서 우리나라에 오면서 용이 되었다. 동남아시아에서는 머리가 5개 혹은 7개가 달린 나가가 사원의 입구에 자리하고 있다. 또아리를 틀고 있는 두 마리의 뱀은 결국 이곳 사원을 '닉 뽀안'이라고 부르게 하였다.

중앙섬에 있는 신전은 석가모니를 모신 신전으로 추정된다. 연꽃 모양의 좌대는 석가모니의 대좌를 의미한다. 연꽃 모양의 중앙신전의 네 모서리에는 코끼리를 배치하고 사방으로 네 개의 문을 만들었다. 이 문 가운데 동쪽에 있는 문만 실제 문일 뿐 나머지 세 개의 문은 가짜 문이다. 각 방향의 문에는 석가모니의 일생과 관련된 조각이 새겨져 있

중앙탑의 관세음보살상 1

중앙탑의 관세음보살상 2

다. 동쪽 문의 박공면에는 출가를 위해 삭발하는 모습이 새겨져 있으며 북쪽 문 박공면에는 출가하는 모습, 서쪽 문 박공면에는 머리가 여럿 달린 뱀의 보호를 받으며 명상중인 부처님의 모습을 새겼다. 남쪽 문 박공면의 조각은 훼손이 심해서 정확하게 어떤 내용이 새겨져 있는 지 알 수 없다. 다만 세 방향의 문에 각각 출가·삭발·득도의 장면이 있는 것을 보면 아마도 남쪽 문 상인방에는 바라나시에서 초전 법륜을 행한 설법장면이나 구시나가라에서 열반하는 장면이 새겨져 있었을 것으로 추정된다.

중앙탑의 열려 있는 동문을 제외한 세 개의 가짜 문에 새겨진 불상은 관세음보살로 추정된다. 자야바르만 7세 당시의 불교는 현재 캄보디아인들이 숭배하는 소승불교가 아니라 대승불교였다. 소승불교는 태국이 앙코르를 정복하면서 전래된 것이다. 앙코르 톰의 바이욘 사원에 관세음보살상을 새겨 자야바르만 7세 자신과 동일시하였듯이, 이곳 닉뽀안에서도 중앙탑의 각각 문에 관세음보살을 새겨서 자신과 동일시했을 것으로 생각된다.

중앙탑의 관세음보살상 3

관세음보살이 환생한 말 발라하 |

중앙 연못 안에 있는 섬의 동쪽에는 섬을 향해 헤엄쳐 가는 말 조각상이 있다. 관세음보살이 말로 환생한 발라하^{Balaha}이다. 발라하의 조각은 스리랑카의 건국신화와 밀접한 관계를 가지고 있다.

독실한 불교신자이자 무역상인인 심할라^{Simhala}는 인도의 남쪽항을 출발하여 바다로 나갔다가 심한 폭풍우를 만나 항로를 이탈하게 되었다. 배의 우두머리인 심할라는 풍랑 이 심한 어두운 바다에서 남동쪽으로 진로를 잡았다. 그러나 그곳에는 바다의 괴물이 그들이 오길 기다리고 있었다. 집채만한 파도가 덮쳐서 배는 난파되고 심할라 일행은 괴물의 먹이가 될 위기에 처하게 되었다. 순간 그들은 관세음보살께 구원해 줄 것을 간절히 빌었다. 관세음보살은 발라하로 현신하여 그들을 구해 육지에 내려 주었다. 그곳이 바로 현재의 스리랑카이다. 심할라는 그 땅에 나라를 세워 왕이 되었으며 그의 이름이 바로 스리랑카의 옛 국호이다. 이후 발라하는 항해자의 수호신으로 숭배되고, 스리랑카는 인도에서 불교가 소멸한 이후에도 불교의 원형을 가장 잘 간직한 불교국가가 되었다.

심하게 훼손된 상태로 발견된 관세음보살이 환생한 말 발라하는 프랑스 고고학팀^{EFEO}에 의해 1920년에 복구되었다. 완전하지는 않지만 신화의 내용을 이해하는 데는 전혀 무리가 없다. 섬을 향해 헤엄쳐 달려가는 말은 섬에 발을 내딛기 위해 앞다리를 들어 막 올린 상태이다. 그리고 말의 꼬리와 옆구리에는 구사일생으로 살아남은 사람들이 매달려 있다. 긴박했던 당시의 상황을 실감나게 보여주는 매우 역동적인 모습이다. 그러나

발라하 조각상

매달린 사람들의 표정은 안도하는 편안한 얼굴이다. 관세음보살 곧 자야바르만 7세의
품안은 안락하다는 것을 표정에서 읽을 수 있다.

닉 뽀안에 관세음보살이 표현된 것은 관세음보살이 바로 물의 신이기 때문이다. 물의
사원인 닉 뽀안에 불교에서 물의 신으로 알려진 관세음보살을 모시는 것은 당연하다.
관세음보살은 33가지의 다양한 형상으로 나타나는데, 특히 바위 위에 앉아서 용을 본다
는 아뇩관음의 이름은 범어로 아나바타프타^{Anavatapta}이다. 바로 중앙연못이 상징하는 아
나바타프타 호수의 이름을 그대로 사용하고 있는 것이다.

부처님의 생애를 표현한 조각들 |

중앙 연못의 동서남북에 위치한 작은 연못
은 4대 강을 상징한다. 가운데 연못에 물
이 차면 그 물이 사방에 있는 작은 연못으로 흘러넘치도록 되어 있다. 흘러넘친 물이 작
은 연못으로 들어오는 입수구에는 감실이 있다. 감실 속에 새겨진 여러 가지 조각상의
입에서 흘러 들어오도록 되어 있다. 그런데 동서남북 각 방향의 입수구에 조각된 상은
각각 다르다. 북쪽에는 코끼리, 서쪽에는 말, 남쪽에는 사자, 동쪽에는 사람의 상이 조
각되어 있다. 이는 주달관의 『진랍풍토기』의 내용과 약간 차이가 있다. 주달관의 진랍
풍토기에는 닉 뽀안에 대해 다음과 같이 기록하고 있다. '북쪽의 호수는 성의 북쪽 5리
에 있다. 호수 가운데에는 금탑이 있고 주위에 여러 개의 석실이 있다. 그곳에는 입에서
물을 뿜어대는 황금 사자·청동 코끼리·청동 소·청동 말이 있다'고 되어 있다. 즉 주달
관 기록의 소가 현재는 사람으로 바뀐 것이다.

소가 사람으로 바뀐 것은 닉 뽀안이 처음 건립되었을 때는 힌두교 사원이었으나 후일
복원하면서 불교 사원으로 바뀌었기 때문이다. 힌두교 사원이었을 때는 인도에서 숭배
한 동물인 사자·코끼리·소·말을 표현하였다. 현재 인도의 국장에는 4가지 동물이 그
대로 조각되어 있다. 인도의 국장은 사르나트^{Sarnath}에 있는 아쇼카^{Ashoka}가 세운 돌기둥
의 사자장식을 바탕으로 하여 만들어졌다. 사르나트의 사자장식은 4마리의 사자가 등을
대고 둘러 서 있고 그 밑의 둥근 받침에는 북쪽에 사자, 동쪽에 코끼리, 남쪽에 질주하

코끼리

말

는 말, 서쪽에는 황소가 법륜을 사이에 두고 양각으로 새겨져 있다. 그러나 불교 사원으로 전환하면서 앙코르에서는 인도처럼 소를 신성시하고 숭배하는 사상이 없어졌기 때문에 소를 사람으로 바꾼 것으로 생각된다. 그들은 소 대신에 부처님을 상징하는 사람으로 바꾸었다.

작은 연못 감실 입수구에 새겨진 조각은 부처님의 생애와 관련된다. 북쪽에는 코끼리 상이 있다. 코끼리는 부처님의 탄생과 관련된다. 부처님의 어머니 마야 부인이 태몽을 꾸었다. 도솔천에 있던 선혜보살이 흰코끼리를 타고 마야부인의 오른쪽 옆구리로 들어가는 꿈을 꾸고 임신하여 석가모니를 낳았다.

서쪽에 있는 말은 부처님의 출가를 상징한다. 석가모니는 깊은 밤 사랑하는 아내 아쇼다라와 아들 라훌라의 잠자는 모습을 바라보고 돌아서 나왔다. 그리고 마부 찬다카가 끄는 말 칸타카를 타고 몰래 성城을 빠져 나왔다. 석가모니가 말에서 내려 출가하자 애마愛馬 칸타카는 이별의 슬픔을 참지 못하고 그 자리에서 죽고 말았다.

남쪽에 있는 사자는 부처님의 설법을 상징한다. 부처님은 부다가야에서 득도한 후 처

사자 사람

음으로 설법하기 위해서 인도의 바라나시 근교에 있는 사르나트로 갔다. 그곳에서 초전 법륜을 행하였다. 부처님의 설법은 사자가 포효하는 것과 같았다. 그래서 부처님의 설법을 사자후라고 한다. 뿐만 아니라 사자는 백수의 왕으로 부처님을 수호한다.

동쪽에는 사람의 머리이다. 사람들에 따라서 해석이 다양하다. 아마도 부처님을 표현한 것으로 생각된다. 부처님은 남의 도움을 받지 않고 스스로 득도하였다. 미얀마에서는 스스로 머리를 자르는 것으로 부처님이 스스로 득도했음을 표현하고 있다. 아마도 이곳의 사람 머리는 부처님께서 스스로 득도하였음을 상징적으로 보여주는 것으로 추정된다.

닉 뽀안은 전형적인 물의 사원이었으나 세월은 호수의 물을 모두 삼키고 말았다. 배가 다니던 푸른 물길은 밀림 사이로 만들어진 붉은 흙길이 되었다. 주차장에서 사원으로 들어가는 길은 붉은 흙길이다. 터널처럼 생긴 숲 사이로 붉은 줄을 하나 그은 듯한 입구를 지나면 갑자기 열린 공간을 만난다. 부처님이 계신 곳이다. 속세의 어둠을 뚫고 만나는 광명의 부처님 세계, 그곳에서 우리는 감동과 평화로움을 얻는다.

닉 뽀안은 다른 어떤 사원보다 우리의 마음을 편안하게 한다. 그것은 앙코르에 있는 대부분의 사원이 힌두교 사원인 것과는 달리 우리에게 익숙한 불교 사원이기 때문이다. 규모가 크지 않아서 더욱 편안하다. 거대한 사원은 신을 찬양하고 국가의 힘을 과시하고 왕의 권위를 상징하는 의미는 있지만 일반인들에게는 위압의 대상이다. 닉 뽀안은 크지도 작지도 않은, 그래서 마음을 가장 편안하게 해 줄 수 있는 그런 규모이다. 함께 갔던 아내는 시간에 쫓겨 그곳에 오래 머무르지 못하였다. 그 편안한 분위기를 만끽하지 못한 것을 집에 돌아와서도 아쉬워하고 있다.

스라 스랑 Srah Srang

인간에게 물은 다양한 기능을 한다. 몸속에 들어가 피가 된다. 그리고 핏줄을 통해 구석구석 영양분과 신선한 산소를 공급하고, 더러운 찌꺼기를 걸러낸다. 몸속에서 만들어진 노폐물을 소변과 땀을 통해서 몸 밖으로 내보내는 것이다. 인간은 물로 인해 항상 건강한 육체를 유지할 수 있다.

인간은 물로 육체를 씻는다. 생활하면서 주변 환경이 만들어낸 생활의 흔적이 때가되어 달라 붙는다. 이 같은 더러운 불순물을 물로 깨끗하게 씻어낸다. 아울러 물은 열대지방의 더위마저 씻어낸다. 이처럼 목욕을 통해서 청결한 몸과 건강을 유지할 수 있게 한다.

인간은 물로 정신을 씻는다. 마음속에 자리하고 있는 상처마저도 깨끗이 씻어 낸다. 물이 실제 그곳까지 들어가지는 않지만 인간은 마음으로 목욕을 하고 그것을 통해서 마음을 다스린다. 결국 물은 인간의 육체적인 병뿐만 아니라 정신적인 병까지도 치료해주는 위대한 신이다.

왕의 목욕탕 | 스라 스랑 Srah Srang 은 '왕의 목욕탕'이라는 뜻이다. 앙코르인들은 목욕을 즐겼다. 목욕은 종교적으로 중요한 의미를 가지고 있을 뿐만 아니라 일상생활에서 필수적인 것이었다. 맑은 물에 목욕을 하면 몸뿐만 아니라 마음까지도 맑아진다고 믿었다. 생명의 약수로서 병을 치료하는 것은 물론 죽은 자도

다시 살려낼 수 있는 재생의 힘을 가지고 있다고 믿었다. 사악과 부정을 쫓는 힘이 있기 때문에 물이 병을 치료할 수 있는 유일한 수단이라고 생각하였다.

목욕은 일상생활에서 필수적인 것이었다. 뜨거운 열대지방에서 몸을 식히지 않으면 하루를 견디기가 힘들었다. 그리하여 앙코르인들에게 목욕은 하루의 생활 가운데 반드시 해야 하는 가장 중요한 과정 중 하나였다. 중국의 사신으로 앙코르를 방문한 주달관은 앙코르인들의 목욕하는 풍습을 『진랍풍토기』에 상세하게 기록하고 있다.

이 땅에서는 뜨거운 열 때문에 매일 수차례 목욕을 하지 않으면 하루를 지내기조차 어렵다. 밤이 되어서도 한두 차례 목욕을 하지 않으면 안 된다. 이전에는 욕실과 대야·물통 같은 것이 없었다. 그러나 목욕을 하기 위해서 집집마다 하나

의 연못을 가지고 있거나, 두세 가구별로 하나의 공동 연못을 가지고 있었다.

앙코르인들은 남녀의 구분 없이 벌거벗은 채 연못에 들어간다. 또 부모나 연장자가 연못에 있을 때는 자식이나 연소자가 들어가 목욕을 하지 못한다. 간혹 연소자나 아이들이 연못에 있으면 연장자들이 차례를 기다린다. 연못에 동년배들이 들어가면 이런 예의는 무시된다. 다만 여성들은 왼손으로 자신의 음부를 가리고 물에 들어간다.

도성 내의 여성들은 3, 4일 혹은 5, 6일마다 삼삼오오 짝을 지어 성문 밖 강에 가서 목욕을 한다. 강변에 도착하면 입었던 옷을 벗고 물속으로 들어간다. 강변에는 또 다른 여성들이 수천을 헤아리며 그 가운데는 고위관리의 부인들도 있는데 개의치 않는다. 발끝부터 머리까지 다 보인다.

성 밖의 커다란 호수에는 이런 일이 없는 날이 없다. 중국인들은 쉬는 날에 이러한 장면을 구경하러 가는 것을 즐긴다. 또 물속에 들어가 훔쳐보는 자도 있다.
물의 온도는 온천탕처럼 뜨겁지만 밤이 되면 다시 차가워지고 해가 뜨면 다시
뜨거워진다.

스라 스랑은 라젠드라바르만에 의해 처음 건설되었다. 라젠드라바르만은 왕도를 코케르에서 앙코르로 다시 옮겨와 앙코르의 영광을 재현하고자 왕궁을 다시 건립하였다. 옛 앙코르의 전통을 살리기 위해 왕궁과 함께 '왕의 목욕탕'인 스라 스랑도 건설하였다. 라젠드라바르만은 영토를 베트남 남부·라오스·미얀마·중국 남부에 이르는 지역으로 확장하였다. 제국이라고 불리울 만큼 막강한 국력을 과시하였다. 따라서 국력에 걸맞는 세계 최대의 목욕탕이라고 할 수 있는 왕의 목욕탕을 건설하였던 것이다.

스라 스랑은 축조된 지 200년 후인 자야바르만 7세가 대대적으로 보수하였다. 자야자르만 7세는 참파국의 침입으로 불운의 바다에 빠진 앙코르 왕국을 구원한 왕이다. 톤레삽 호수의 수상전을 통해 참파국을 물리치고 평화를 회복하였다. 자야바르만 7세의 통치기는 앙코르 왕국 최대의 전성기이자 마지막 전성기였다.

직사각형의 호수와 수상사원 |

스라 스랑은 반띠아이 끄데이의 동쪽 문과 마주하고 있다. 역시 자야바르만 7세가 건립한 불교 사원인 반띠아이 끄데이의 동쪽 문을 나서면 넓은 공터가 나타나고 그 공터 건너편에 스라 스랑 호수가 있다. 반띠아이 끄데이 사원의 동쪽 탑문에 새겨진 인물상은 건너편 스라 스랑을 은은한 미소를 머금은 채 바라보고 있다.

스라 스랑은 300×700m 규모의 직사각형 호수이다. 현재의 크기는 자야바르만 7세가 재건한 모습이다. 이전에는 이보다 더 넓었던 것으로 추정된다. 자야바르만 7세는 스라 스랑을 재건하면서 돌계단으로 둑을 쌓았다. 그리고 왕실전용 테라스형 선착장을 만들었다. 선착장에는 입구에는 두 마리의 돌사자가 호수를 바라보고 있다. 출입 난간에는 나가가 입구 소맷돌의 역할을 하고 있다. 다른 지역의 나가와는 달리 완벽하게 형상

이 남아 있으며 모습도 특이하다. 나가상은 꼬리 끝이 일부 부서진 것을 제외하면 머리 부분은 완벽하게 남아 있다. 그리고 7개의 나가 머리가 있고 가운데 가루다가 있는 형상으로 다른 지역에 있는 나가와는 다른 독특한 모습을 하고 있다.

서 바라이에 인공섬을 만들고 그 곳에 사원을 건립한 것처럼 스라 스랑에도 수상사원이 있었다. 2002년 물에 잠기기 전까지 돌탑이 호수 한가운데 남아 있었다. 더위에 지친 몸을 식히기 위해 잠시 물에 잠겨 있는지 모르겠다. 물이 줄어들면 다시 그 모습을 드러내 그곳에 사원이 있었음을 증명할 것이다.

스라 스랑의 물은 마르지 않는다. 앙코르 시대에 지은 거대한 저수지들이 매몰되거나 물이 마르는데 반해 이 스라 스랑만은 건기에도 물이 마르지 않는다. 이는 당대 최고의 건축가인 카빈드라리마타나Kavindrarimathana가 천연 저수지를 기점으로 깊이를 충분히 계산하여 만든 덕분이다. 그리고 스라 스랑의 물은 깨끗하다. 다른 바라이들은 농업용수를 공급하거나 동물들이 물을 마시고 농민들이 목욕을 하는 곳이었기 때문에 수질이 좋지 않았다. 그러나 스라 스랑은 왕실 전용 목욕탕이라 물이 아주 깊고 깨끗하다.

　현재 스라 스랑은 왕의 목욕탕이 아니라 동네 어린이들의 목욕탕이다. 수많은 호위병의 호위를 받으며 화려한 연회와 목욕을 즐겼던 왕들은 역사 속으로 사라졌다. 대신 예쁘게 생긴 두 마리의 사자가 지켜보는 가운데 동네 어린이들이 물장구를 친다. 물은 어린이처럼 맑고 어린이는 물처럼 순수하다. 그래서 물과 어린이들은 하나가 된다.

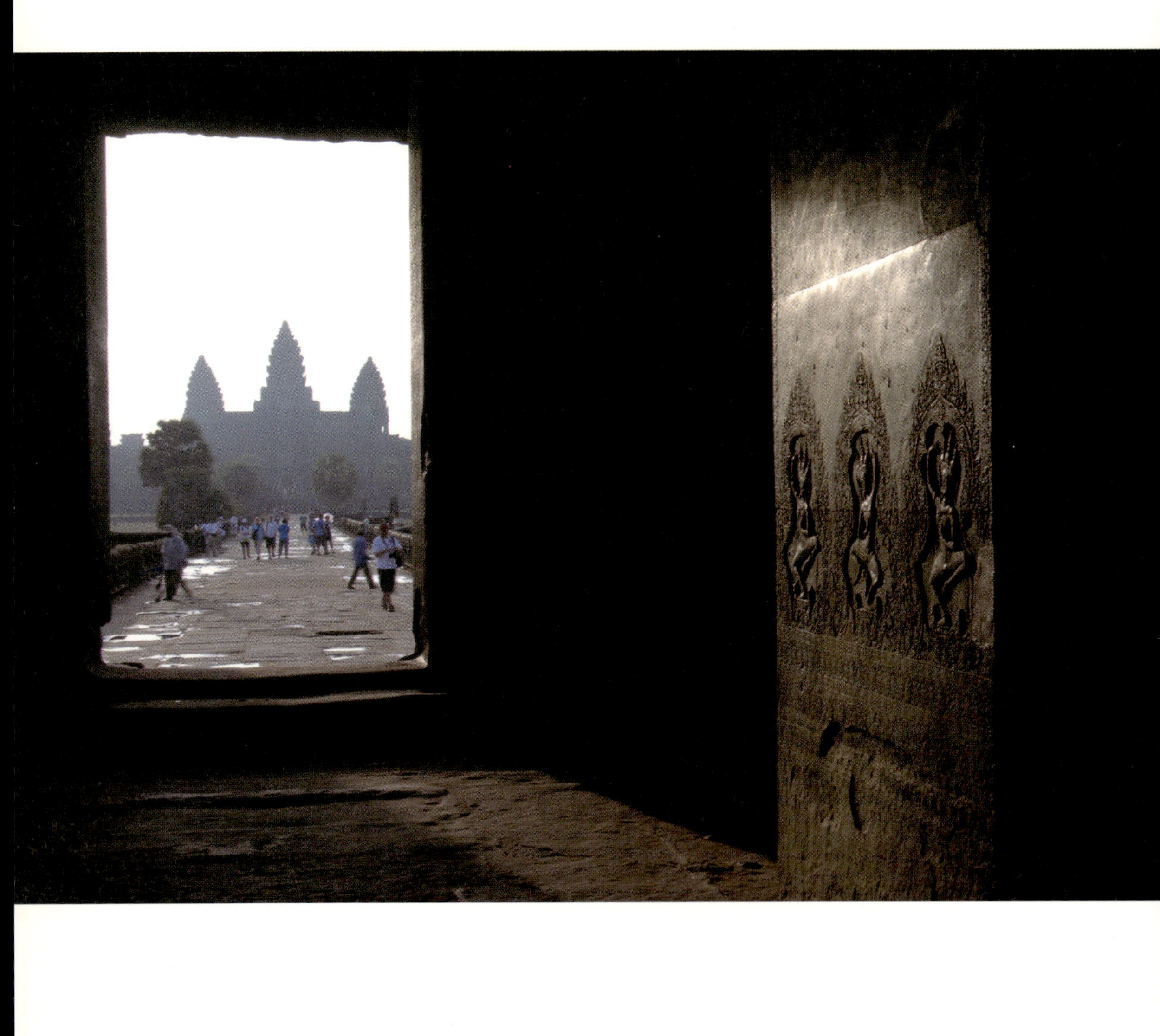

국왕 사원

국왕은 곧 신이다. 자야바르만 2세는 앙코르 왕국를 세우고 통치철학으로 데바라자^{devaraja} 사상을 천명하였다. 데바는 '신神'을 뜻하며, 라자는 '왕王'을 의미한다. 따라서 데바라자는 '신의 왕'이라는 뜻으로 곧 신과 왕은 일치한다는 신왕사상神王思想이다. 인간을 지배하는 왕을 '신의 왕'으로 신격화하는 것은 통치의 정당성을 확립하고자 하는 의도에서 비롯되었다. 왕권을 종교적으로 상징화하여 종교와 정치를 일체화한 것이다.

국왕 사원은 왕과 신이 합일하는 장소이다. 그곳에 모셔진 링가는 시바 신을 상징함과 동시에 국왕을 상징하는 것이다. 성벽과 해자를 구비한 왕도王都는 산맥과 대양으로 둘러싸인 우주를 상징한다. 왕도의 중심에는 우주의 중심 산인 메루산을 상징하는 사원을 건설하였다. 그리고 사원에는 신왕神王으로 링가를 모셨다. 링가는 신이며 국왕이었다.

국왕은 자신의 권위를 과시하기 위하여 사원을 건립하였다. 강력한 왕권을 확립했던 국왕들은 대규모의 토목사업과 건축사업을 진행하였다. 토목사업 즉 저수지의 건설을 통해 백성들에게 가장 절실했던 물을 확보하였다. 그리고 대규모의 사원을 건립하여 국론을 통일함과 동시에 자신의 권위를 과시하였다.

사원은 신전인 동시에 국왕의 무덤이었다. 앙코르 사원의 건축방식은 신전과 무덤이 결합한 양식으로 되어 있다. 외형은 벽돌로 쌓아 올린 무덤형식이나 내부는 신전을 만들어 신을 모시고 숭배하였다. 신은 메루산에 살기 때문에 사원의 모습은 산의 형태이다. 거대한 외벽으로 둘러싼 사원 한 가운데 산처럼 높게 기단을 쌓아올렸다. 그리고 하늘 높이 솟은 중앙탑을 조성하였다. 중앙탑은 시바 신이 살고 있는 메루산이며, 죽은 국왕이 사는 하늘 궁전이었다.

국왕은 살아서 지상의 왕이었듯이 죽어서도 하늘의 왕이었다. 따라서 사원은 왕의 능묘로서 기능을 하였으며, 자신들이 살아 있는 동안에 건설되었다. 국왕은 자신의 통치기간 동안 자신이 들어갈 무덤을 고려하여 사원을 건립하였다. 따라서 국왕의 권위와 재위기간이 사원의 규모를 결정하였다.

프레 룹 Pre Rup

인간은 영생을 원한다. 아침에 해가 떠오르듯 태어나 저녁에 해가 지듯 일생을 마감하고 왔던 곳으로 돌아간다. 그러함에도 불구하고 인간은 죽음이 없는 영원한 삶을 갈망한다. 반면 신은 죽지 않고 영원히 산다. 영생을 원하던 국왕은 마침내 자신이 신이 되고자 하였다. 국왕은 자신이 가진 권력을 바탕으로 신이 되기 위한 준비를 하였다.

인간의 마지막 모습은 아름답다. 태어나 일생을 살아가면서 지니고 있었던 육신과 모든 욕망을 벗어 버리는 마지막 모습은 태어날 때 어린 아기의 모습처럼 아름다울 수밖에 없다. 하루의 끝자락인 일몰도 아름답다. 멀리 붉게 하늘을 태우며 자신의 불꽃을 지워가는 모습은 참으로 아름답다. 프레 룹은 국왕이 인간으로서 마지막을 준비하였던 곳이다. 그래서 그곳에서 바라보는 하루의 끝자락은 더욱 의미있고 아름답다.

 라젠드라바르만 2세는 왕도를 코케르에서 앙코르 지역의 동 바라이 남쪽으로 옮기고, 왕도의 한가운데 국가 사원인 프레 룹을 건설하였다. 왕도를 앙코르에서 코케르 Koh Ker 로 옮긴 것은 제 7대 왕인 자야바르만 4세이다. 자야바르만 4세는 코케르에서 성장한 세력으로 이샤나바르만 2세로부터 왕위를 찬탈한 후 왕도를 앙코르 지역의 야소다푸라에서 95km 떨어진 코케르로 옮겼다. 그는 자신을 신왕사상에 입각하여 '데바라자' 라고 칭하며, 저수지와 사원을 건설하는 등 왕도의 위용을 갖추고자 노력하였다. 그러나 왕위를

계승한 그의 아들 하르사바르만 2세가 3년 만에 죽음으로써 코케르 시대는 단명으로 끝났다. 이에 왕의 사촌인 라젠드라바르만 2세가 944년 제 9대 왕으로 등극하였다. 그는 집권과 동시에 왕도를 다시 앙코르 지역으로 환도하였다. 그리고 과거 육진랍의 영역까지 포괄하는 실질적인 국토통일을 이루었다.

라젠드라바르만 2세는 오랫동안 버려두었던 신성한 도시 야소다라푸라를 복원하면서 동 바라이 남쪽을 왕도로 택하고 각 지방에 산재해 있던 독자적인 세력을 제거하고 중앙집권적인 강력한 왕권을 확립하였다. 그리고 자신의 강력한 왕권을 상징하는 사원인 프레 룹을 그 왕도 한가운데 건설하였다.

프레 룹의 건설은 라젠드라바르만의 영적인 스승인 바라문 시바차리야에 의해서 제안되었다. 시바차리야는 왕사王師로서 국왕의 영적인 측면을 보좌하였다. 프레 룹의 건축은 건축가 카비드라리마타나Kavindrarimathana에 의해 건설되었다. 그는 라젠드라바르만이 추진한 모든 건축의 총책임자로 프레 룹뿐만 아니라 궁궐과 동 메본 등을 건설하였다.

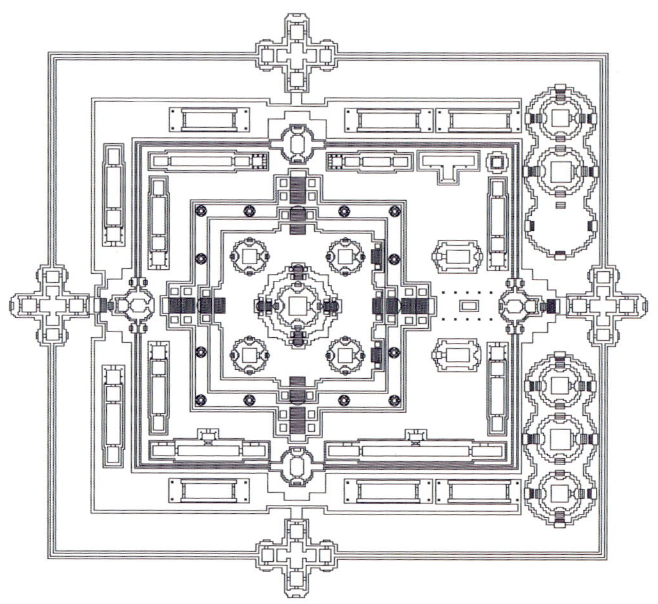

　프레 룹은 국왕의 무덤인 동시에 신전이다. 프레 룹은 '사체死體의 변신'이라는 뜻이다. 고대 앙코르의 전통 장례의식은 시체를 화장한 뒤 남은 뼈를 갈아 물감에 섞어서 원래의 모습으로 그림을 그렸다. 그림으로 영혼의 육신을 만들어 사후 세계로 들어서게 하였던 것이다. 이곳 프레 룹은 이름에서 알 수 있듯이 왕의 다비식이 거행되었던 곳으로 국왕의 무덤이다. 그리고 신을 모신 신전이다. 즉 프레 룹은 국왕이 자신과 시바 신을 동일시하였던 신전인 동시에 국왕의 무덤인 것이다.

메루산을 상징하는 피라미드형 사원 |

　프레 룹은 메루산을 상징하는 산 모양의 피라미드 위에 5개의 탑으로 구성되어 있다. 중앙에 있는 탑에는 링가 라젠드라바드레스바라Rajendrabhadresvara를 모셨다. 이 명칭은 캄부자족의 발상지인 와트 푸의 고대 사원에서 숭배되는 일종의 민속신인 바드레스바라의 이름과 왕의 이름 라젠드라바르만의 이름이 결합한 것이다. 즉 중앙에 모셔진 링가는 국왕과 시바 신을 동일시한 전형적인 모습이다.

상층부 기단의 네 모서리에 있는 4기의 탑에도 자신과 조상을 상징하는 신상을 모셨다. 국왕을 상징하는 라젠드라바드레스바라의 또 다른 링가를 모셨다. 그리고 그의 조상을 추모하기 위하여 비슈누 라젠드라비슈바루파의 상을 세웠으며, 선왕인 하르샤바르만 2세를 추모하기 위하여 시바 라젠드라바르마데베스바라의 상, 그의 이모이며 하르샤바르만 2세의 어머니인 자야데비를 위하여 우마 여신상을 세웠다. 그리고 두 단 아래에 있는 여덟 개의 작은 탑에도 시바 신상을 봉안하였다.

'동쪽의 성전산聖殿山'이라 불리는 프레 룹은 동 바라이 지역에서 가장 멋진 신전이다.

장례전 용도의 사원이면서도 주요 건물이 동쪽에 집합되어 있고, 또한 문들도 동쪽을 향해 열려 있다. 무덤을 상징하는 사원은 그 문이 서쪽에 있는 것이 일반적이다. 그런데 프레 룹은 국왕 무덤의 성격을 지니면서 동쪽에 문이 있는 것이다. 이는 프레 룹이 시바 신의 거처인 메루산을 상징하기 때문이다. 즉 국왕의 무덤과 시바 신의 신전이라는 두 가지 성격을 동시에 갖고 있지만 신전의 성격이 보다 강했기 때문이다. 국왕이 신이 되었음을 강조한 것이다.

프레 룹은 사각형의 구조이다. 붉은 라테라이트로 만들어진 외벽은 두 겹으로 둘러싸여 있다. 127×116m의 거의 정방형에 가까운 외벽의 밖은 원래 사방 1km의 도시가 형성되어 있었던 것으로 추측된다. 프레 룹의 동쪽으로 라테라이트가 깔린 도로의 흔적이 일부 남아 있기 때문이다. 그리고 그 주변은 동 바라이의 물로 농사를 짓던 거대한 평원이었다. 그러나 지금은 한가로이 풀을 뜯는 소들과 물건 파는 꼬마들의 해맑은 미소만이 있을 뿐이다. 외벽에는 사방으로 고푸라 탑문이 있으며 주출입구는 동쪽 탑문이다.

동쪽 탑문을 통해 첫 번째 외벽을 들어서면 좌우에 각각 세 개씩의 탑들을 만난다. 모두 동일한 기단에 서 있지만 가운데 탑이 조금 더 크게 지어졌다. 붉은 라테라이트로 쌓아올린 탑들은 네 방향으로 문이 나 있고 상인방에는 힌두신화를 주제로 한 아름다운 부조가 새겨져 있다. 탑 자체의 훼손이 심해 잘 알아보기 어렵지만 왼쪽 맨 끝 탑의 동쪽 출입구 상인방의 부조는 온전한 상태이다. 비슈누 신의 네 번째 화신인 나라싱하 Narashingha 부조가 새겨져 있다. 나라싱하는 반 사자·반 인간의 모습을 하고 있는 문지방의 신이다.

내부 담은 87×77m의 크기로 역시 붉은 라테라이트로 축조되어 있다. 사방에 탑문을 세웠지만 그 크기는 외벽의 그것보다 훨씬 작다. 주출입구인 동문을 들어서면 문 좌우로 두 개씩 총 8개의 좁고 긴 방이 마련되어 있다. 이것은 회랑이다. 이후 건축된 사원에서 회랑이 연결된 형태로 되어 있는 것과는 대조적으로 분리되어 있는 것이 특징이다. 이 회랑의 용도는 아마도 프레 룹 참배객을 위한 휴게소 및 대기실로 사용되었을 것으로 추정된다. 동문 오른편 휴게소 끝에 위치한 작은 정사각형 건물 부근에서 프레 룹에 관한 기록을 담은 비문이 발견되었다.

　내부 담을 들어서면 가운데 돌로 만든 직사각형의 물탱크 모양의 구조물이 있다. 이 것의 용도에 대해서는 두 가지 의견이 있다. 하나는 프레 룹이 화장을 치루는 장례전인 만큼 화장을 위해 시체를 눕혀 놓았던 곳이라는 것이고, 하나는 난디상을 올려놓았던 기단이었다는 견해다. 프레 룹은 시바 신에게 봉헌된 신전이며, 제1기단의 사당에 시바 신의 상징이 모셔진 만큼 아마도 시바 신이 타고 다니던 소 난디상을 올려놓기 위한 기 단일 가능성이 높다. 그러나 지금은 가운데 꽃들이 피어 있어 장식용 화단처럼 보인다. 그리고 좌우에 있는 건축물은 경전 등을 보관하던 도서관, 즉 장서각이다.

5탑형의 중앙신전 |　중앙신전은 50×50m 정방형의 3단 기단 위에 5개의 탑으 로 구성되어 있다. 제1단과 2단은 라테라이트로 만들었으 며, 3단은 사암으로 쌓은 단순한 구조이다. 건축물의 무게와 평면 비율을 고려한 의도가 엿보인다. 기단을 올라가는 계단은 네 방향에 마련되어 있는데 매우 가파르다. 그리고

각 단의 계단 양쪽에는 늠름한 사자상이 수문장처럼 버티고 서 있다. 사자상은 피라미드형으로 지어진 신전의 공간과 균형을 고려하여 층을 올라갈수록 작아지며 특히 3단의 사자는 가벼운 사암으로 만들어져 있다.

제1단에는 12개의 작은 탑들이 각 방면에 4개씩 일정한 간격으로 신전 탑을 호위하듯이 자리하고 있다. 이들 탑은 사방을 둘러 동쪽으로 문을 낸 12개의 작은 사당으로 시바 신의 상징인 링가가 모셔져 있다. 제2단은 이중의 구조로 되어 있으며 탑은 없다. 제3단은 사암으로 축조하였다. 1단부터 3단까지 동서남북 각 방면에는 중앙탑으로 오르는 계단이 마련되어 있다. 그런데 3단의 동쪽에는 중앙 계단 이외에 두 개의 보조 계단이 나

브라흐마의 아내 브라흐미

압사라

있다. 동쪽이 주 출입구였음을 보여주는 것이다. 가운데 계단이 국왕과 신이 출입하는 계단이라면 좌우의 보조 계단은 신하들이 출입했던 곳으로 추정된다.

　최상단인 제 3단에는 5개의 탑이 있다. 사방에 각각 네 개의 대륙을 의미하는 탑들을 두고 중앙에 시바 신이 사는 우주의 중심인 메루산을 상징하는 중앙탑이 있다. 중앙탑에는 시바 신이 모셔져 있었다. 남서쪽 탑에는 비슈누의 아내인 락슈미상이, 북서쪽 탑에는 시바의 아내인 우마상이 모셔져 있다. 그리고 남동쪽 탑에는 비슈누상이 모셔져 있고, 북동쪽 탑에는 시바상이 모셔져 있다. 다섯 개의 탑 모두 동쪽을 향해 열려 있으며 나머지 방향의 문들은 문 형태만 갖춘 가짜 문이다. 사암으로 빚은 가짜 문에는 식물

돼지 두상의 비슈누의 화신 바라하

비슈누의 아내 락슈미

문양을 비롯한 다양한 문양을 새겨 넣어 장식하였다. 각 탑에는 석회를 두텁게 발라서 부조를 새겨 장식하였다. 서쪽의 탑 두 개에는 여인의 형상이, 동쪽 두 개의 탑과 중앙 탑에는 남자의 형상이 새겨져 있다. 남서쪽 탑의 부조가 비교적 온전하게 남아 있다. 여기에는 창조의 신 브라흐마의 아내로 네 개의 팔과 네 개의 머리를 가진 브라흐미^{Brahmi}와 멧돼지 얼굴을 하고 있는 비슈누 신의 세 번째 화신인 바라하^{Varaha}, 시바의 아내 우마^{Uma}, 비슈누의 아내 락슈미^{Lakshmi} 등이 새겨져 있다. 지금은 희미해지고 팔마저 떨어져 나갔지만 당시의 찬란함을 전하기에는 모자람이 없다.

프레 룹은 일몰 감상의 명소로 알려져 있다. 낮 동안 한적하던 사원이 일몰 무렵이 되면 관광객들이 몰린다. 하루의 일과를 마치고 앙코르 밀림 속으로 가라앉는 석양을 보기 위해 많은 사람들이 한사람씩 자리를 잡고 앉는다. 여러 나라에서 온 많은 사람들이 다양한 모습으로 자리하지만 그들의 시선은 서쪽 밀림 속으로 떨어지는 붉은 해에 고정되어 있다. 하루를 달려온 해가 둥근 형태를 선명하게 드러내기 시작하면 하늘이 먼저 붉게 물든다. 그 아래 붉은 사원 프레 룹은 빛과 그림자의 파노라마를 연출한다. 카메라로 일몰의 모습을 찍어보지만 인간이 만든 기계는 신이 만든 자연을 도저히 따라갈 수 없다. 지평선 너머로 사라져 가는 하루의 마지막 모습을 가슴 속에 새기고 돌아선다.

따 께오 Ta Keo

본질은 본래의 기능을 수행하는데 필수적인 기본 요소를 말한다. 기본이 완성된 다음에 그것을 꾸미기 시작하는 것은 덧붙이는 작업이다. 덧붙이는 작업은 본질이 아니다. 꾸미는 것이 지나치면 오히려 본질을 왜곡할 염려가 있다. 현대미술이 본질을 추구하는 것은 바로 지나친 장식이 본질을 왜곡하고 허영을 가져왔기 때문이다.

따 께오는 미완성 사원이다. 본질은 완성되었지만 그 위에 덧씌우는 작업은 마무리되지 못하였다. 앙코르 와트가 37년이라는 긴 기간 동안 건설되었지만 아직도 미완성으로 남아 있는 부분이 있다.

따 께오는 아무런 군더더기 없는 단순함이 얼마나 아름다울 수 있는가를 보여준다. 복잡하지 않고 단순해서 편안하다. 부조된 내용을 하나하나 읽고 그 의미를 새기고 다시 해석하기 위해 얼마나 많은 시간과 노력이 필요한가? 따 께오는 본질적인 단순함으로 인해 가장 편안한 마음으로 감상할 수 있는 곳이다.

미완성 사원 | 따 께오는 자야바르만^{Jayavarman} 5세가 건립한 국왕 사원이다. 자야바르만 5세는 프레 룹을 건설한 라젠드라바르만의 아들로서 968년 어린 나이에 즉위하여 6년 동안 스승에게 국왕 교육을 받고 비로소 통치를 시작할 수 있었다. 그는 자옌드라나가리^{Jayendranagari}라는 새로운 왕궁을 건설하였다. 야소바르만 1세에 의해서 건설되고 아버지 라젠드라바르만에 의해서 복구된 야소다라푸라를

대신하여 보다 방어하기 쉽고 안전한 왕궁을 건설하고자 하였다. 즉 동 바라이 서쪽 가장자리에 새로운 왕도를 건설하고 북쪽에 왕궁을 지었다. 그리고 도시의 중심에 국왕 사원 따 께오를 건설하였다.

따 께오는 거대한 피라미드형 사원이다. 따 께오는 바콩에서 프레 룹으로 이어진 전통을 계승한 산모양의 거대한 피라미드형 사원으로 이 모양은 앙코르 와트에서 최절정에 이르게 된다. 따 께오는 비문에 의하면 헤마스링가기리Hema-sringgagiri, 즉 '황금봉우리의 산'이라고 불리웠다. 메루산의 다섯 봉우리를 지상에 건설하려는 의도로 지어졌기 때문에 3단의 피라미드형 기단 위에 다섯 개의 탑을 건설하였다. 이곳은 시바 신을 모시는 사원인 동시에 국왕의 죽음을 대비한 무덤이었다.

따 께오가 미완성 사원으로 남아 있게 된 이유는 불분명하다. 단지 공사도중에 벼락을 맞아 공사를 중단하였다는 설과 몽고의 침입으로 중단되었다는 설이 있다. 따 께오

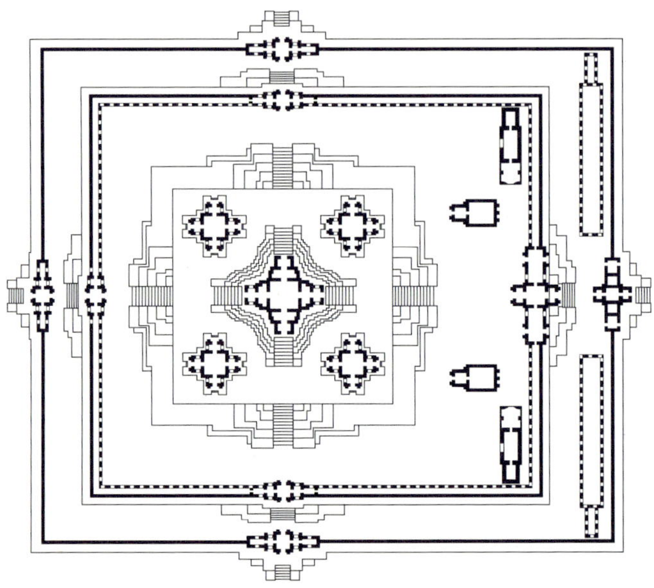

를 건축하던 당시에 왕실 내에서는 왕위 계승을 둘러싸고 두 세력이 대립하고 있었다. 왕위王位와 왕도王都를 장악한 세력이 따 께오를 건설하고 있었다. 그런 도중에 벼락이 떨어져 중앙 사당의 첨탑 부분이 날아가 버렸다. 얼마 후 다른 세력이 왕도와 왕위를 장악하여 따 께오를 건설하던 세력을 추방하였다. 그리고 따 께오 건설을 재개하기 위해 제례를 올렸으나 불길한 원혼이 깃들었다는 점괘가 나오자 따 께오 건설은 재개되지 못하고 미완성인 채로 방치되었다.

따 께오는 자야바르만 5세에 의해 975년에 공사를 시작하였으나 완성하지 못하고 1001년 후계자 없이 사망하였다. 그리하여 조카 우다야디티야바르만 1세가 즉위하였다. 그러나 그는 왕위에 오른 지 1년 만에 자야비라바르만에게 왕위를 빼앗겼다. 이때부터 지방에서 왕을 자처하는 사람들이 등장하면서 나라는 내전 상태에 들어갔다. 이들 가운데 가장 강력한 세력으로 인드라바르만 왕가의 모계 혈통을 가진 수리야바르만 1세가 전륜성왕을 자처하며 등장하였다. 수리야바르만 1세는 말레이 북동부 출신으로 막강한 군사력을 바탕으로 마침내 1010년 전국을 평정하였다.

왕위에 오른 수리야바르만 1세는 내전으로 중단되었던 따 께오의 건설을 재기하지 않았다. 그뿐 아니라 미완성으로 남아 있던 따 께오를 1010년 귀족 요기스바라 판디타 Yogisvara Pandita에게 하사하였다. 따 께오는 더 이상 국왕 사원이 아니었다. 판디타는 따 께오가 미완성 상태였기 때문에 하층부만 사용하고, 상층부는 가치없는 것으로 판단하여 비워 두었다.

앙코르 최초의 사암 사원 | 따 께오는 앙코르 최초의 사암사원이다. 라테라이트를 전혀 사용하지 않고 오직 사암만으로 차곡차곡 쌓아 올려서 만들었다. 먼 산에서 사암을 운반해 오는 작업은 따 께오가 오랜 건설 기간에도 불구하고 완성되지 못하는 결과를 가져왔다. 최초라는 것은 그 만큼 많은 어려움을 동반하는 것이다. 결국 따 께오에서 시작한 사암사원의 전통은 앙코르 와트에서 완성을 보았다. 따 께오는 비록 미완성으로 끝났지만 사암사원을 건설하는 노하우는 남아서 앙코르 와트 건설의 기초지식이 되었다.

따 께오는 남성적인 맛을 준다. 주벽과 회랑, 중앙의 5탑형 신전과 장서각을 갖추었으나 결코 완성된 사원은 아니다. 사원 외부의 장식 조각이 시작되는 시점에 공

따 께오 입구

사가 중단되었기 때문에 다른 앙코르 유적과는 달리 섬세하고 화려한 부조 장식이 거의 없다. 동쪽에 자리한 문에 꽃과 다이아몬드 모양으로 된 장식 조각이 일부 미완성인 상태로 남아 있을 뿐이다. 따 께오는 여성적인 아기자기한 맛보다는 오히려 단순함이 주는 웅장하고 장엄한 남성적인 이미지다.

따 께오는 3단의 테라스 위에 다섯 개의 탑으로 구성되어 있다. 메루산을 지상에 건설하려는 의도로 지어졌기 때문에 3층의 테라스 위에 다섯 개의 탑이 있다. 사원은 122×106m에 이르는 이중의 담으로 둘러싸여 있다. 외부 담벽은 라테라이트 기초 위에 사암으로 만들어졌다. 외부 담벽의 사방에는 각 방향으로 네 개의 고푸라 문이 나 있는데 주 출입구는 동쪽 문이다. 동쪽 문은 동 바라이의 서쪽 문에서 500m 거리에 있으며 아직도 가는 길이 남아 있다. 네 개의 문 가운데 동쪽 문의 양쪽에만 긴 회랑이 있다. 동쪽 문이 주 출입구였다는 것을 알 수 있다. 한편 동쪽 문에는 이 사원이 1007년에 헌납되었음을 알려주는 비문이 새겨져 있다.

　　내부 담벽은 5.5m 높이의 단 위에 80×75m로 둘러싸여 있다. 내부 담벽의 동쪽 문을 들어서서 계단을 따라 올라서면 바로 1층이 나타난다. 1층 담벽은 이중으로 되어 있다. 동쪽 문을 올라서면 양쪽 구석에 기다란 직사각형 테라스가 있다. 그리고 문 좌우로 서쪽에 출입문을 가진 장서각이 나란히 자리하고 있다. 장서각의 지붕은 무너졌지만 단아한 모습을 그대로 간직하고 있다. 장서각 옆에는 시바 신을 태우고 다니던 소 난디가 평화로운 모습으로 앉아 있다. 그런데 난디 위에 황금빛 파라솔이 있고 앞에는 향을 피워 꽂는 향꽂이와 불전함이

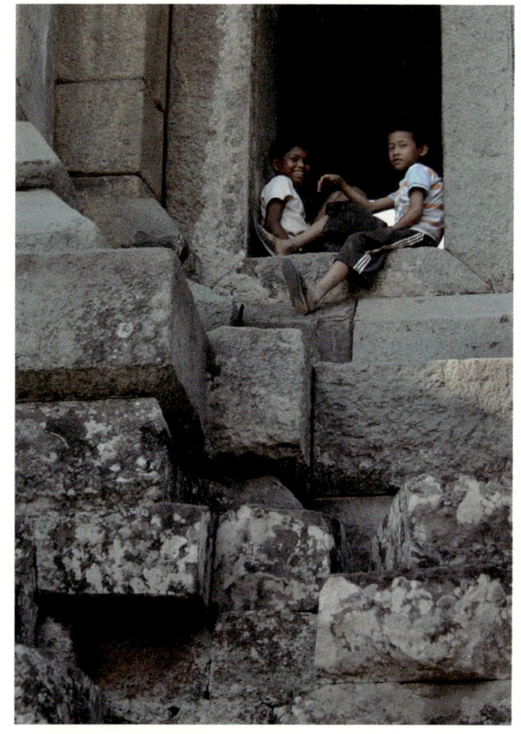

사원에서 놀고 있는 아이들

있다. 계단을 오르는 우리를 보고 멀리서 할머니가 뛰어 온다. 그리고 향을 강권한다. 과거 앙코르 시대의 난디는 현재의 캄보디아를 먹여 살리고 있었다.

힌두교 사원에서 불교 사원으로 |

　　중앙탑을 향해 있는 계단을 오르면 탑들이 있는 3단에 이른다. 좁은 2단을 지나 바로 3단으로 올라서면 탑들이 있는 기초 단은 60×60m의 정사각형으로 되어 있다. 3단으로 된 피라미드의 마지막 단에는 다섯 개의 탑이 배치되어 있는데, 중앙의 탑은 주변의 탑보다 높은 단 위에 세워져 있다. 4m의 층계로 된 단 위에 중앙탑이 우뚝 솟아 있고, 그곳에 시바 신을 모셨다.

중앙탑에 모셔진 불상

　　그러나 지금은 힌두교 사원이 불교 사원으로 바뀌었다. 시바 신이 있었던 중앙탑에 이제는 불상이 모셔져 있다. 나가 위에 올라앉은 목이 없는 여러 개의 불상이 붉은 가사를 몸에 걸치고 있다. 그리고 그 앞에는 불전함이 있다. 이곳의 부처님은 캄보디아인들의 숭배 대상이기 보다는 돈벌이의 수단이다. 그들은 예불보다는 그곳에 쌓이는 불전에만 관심이 있다. 관리하는 여자가 창문 틈에 비슈누처럼 편안히 누워 있다가 가파른 계단을 기어서 겸손한 마음으로 올라온 관광객들에게 향을 사서 향불을 피울 것을 권한다. 부처님은 이렇게 캄보디아인들에게 자비를 베풀고 있었다.

　　중앙탑에 올라서면 밀림이 시야 가득히 들어온다. 진정 메루산에 올랐음을 느끼기에 충분하다. 따 께오 사원의 또 다른 특징은 상층부로 올라갈수록 계단 폭이 넓어지고 경사도 완만해 진다는 것이다. 다른 사원들은 중앙으로 갈수록, 높이 올라갈수록 계단의 폭이 좁아지고 급경사로 변한다. 다른 사원은 중앙탑으로 올라갈수록 신에 대한 경외심이 높아지는 반면 긴장감이 더해진다. 그러나 따 께오는 위로 올라 갈수록 긴장감이 풀리며 평

화로움이 느껴진다. 따께오 정상에서 내려다보는 밀림의 풍경은 우주의 바다같다. 그곳
에 우뚝 솟은 메루산 정상에서 앙코르인들이 만났을 신을 나도 만나고 있음을 실감한다.

앙코르 와트 Ankor Wat

앙코르 와트는 캄보디아의 상징이다. 세계인들은 앙코르를 통해서 캄보디아를 이해한다. 캄보디아를 세계인들이 기억하는 것은 앙코르 문명 때문이다. 실제 캄보디아의 국기에는 앙코르 와트가 그려져 있다. 캄보디아 국기는 농업과 환경을 상징하는 청색 띠를 아래 위에 두르고, 불의에 대한 투쟁과 강인한 캄보디아의 정신을 상징하는 붉은 색 바탕 위에 흰색의 앙코르 와트가 그려져 있다. 앙코르 와트는 캄보디아의 찬란한 문화와 부를 상징하는 것이다.

앙코르 와트는 앙코르 문명의 꽃이다. 앙코르 와트는 앙코르 문명의 절정기에 건축되었기 때문에 앙코르 사원 가운데 가장 걸작이다. 하루 아침에 피어나는 문명은 없다. 나무의 꽃이 숱한 비바람과 세월을 거쳐서 피어나듯이 문명의 꽃도 숱한 세월을 겪어내야 한다. 앙코르 와트도 시간과 공간 속에서 앙코르인의 모든 역량이 총 집결된 것이다.

앙코르 와트는 국왕 사원의 결정판이다. 국왕 사원은 롤루오스 지역의 바콩 사원에서 시작되었다. 초기 앙코르 왕조의 도읍지였던 롤루오스의 바콩 사원은 국왕 사원의 모델로 마운트 템플을 제시하였다. 마운트 템플은 산처럼 높게 기단을 쌓아올려 그 위에 중앙탑을 조성한 형식이다. 인도의 영향을 받았지만 인도뿐만 아니라 다른 어느 나라에서도 찾아볼 수 없는 신전과 무덤이 결합된 앙코르만의 독특한 양식이다. 프레 룹은 국왕과 신은 동일하다는 관점에서 건립된 신전이며 국왕의 무덤이다. 붉은 벽돌로 만들어진 3단의 피라미드 위에 건립된 다섯 개의 탑은 메루산을 상징한다. 그리고 따 께오는 앙코르 최초의 사암 사원이다. 라테라이트를 전혀 사용하지 않고 오직 사암 만으로 차곡차

곡 쌓아 올려서 만들었다. 따 께오는 미완성으로 남아 있다. 앙코르 와트는 이 모든 역량을 결집하여 마침내 완벽한 국왕 사원을 창조하였다. 메루산을 상징하는 3단의 산 모양의 피라미드 위에 5개의 탑을 사암으로 만들었다. 그리고 반테이 스레이에서 경험했던 화려한 조각을 단단한 사암에 새겨 마무리 하였다.

앙코르 문명의 결정체 | 앙코르 와트는 '왕도의 사원'이라는 뜻이다. 앙코르는 원래 산스크리트어로 도시·왕궁·수도를 의미하는 나가라 Nagara 에서 파생된 말이다. 나가라는 노코르 Nokor·옹코르 onkor 를 거쳐 앙코르 Ankor 로

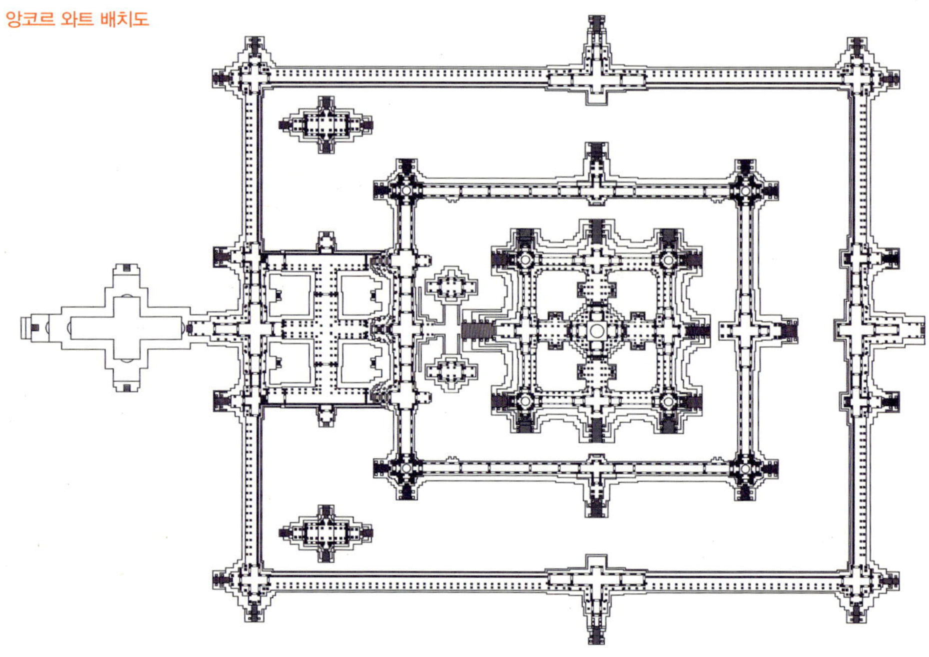

음운 변화를 일으켜 크메르어화 한 말이다. 와트^{Wat}는 타이 말로 사원이라는 뜻이다. 앙코르 와트^{Ankor Wat}는 당시의 이름이 아니라 앙코르 제국이 멸망한 후인 16세기경에 소승 불교 사원으로 사용되면서 붙여진 이름이다. 전설에 의하면 인도의 승려 부다고사 ^{Buddhaghosha}가 스리랑카에서 불교 경전을 가지고 와서 앙코르 와트를 불교 사원으로 사용하기 시작하였다. 이전에는 그냥 앙코르라고 불렀다.

그렇다면 앙코르 와트의 본래 용도는 무엇이었을까? 왕궁^{palace} · 사원^{temple} · 무덤이라는 용도를 놓고 많은 논란이 있다. 프랑스 학자 에이모니에^{Aymonier}는 캄보디아 전설에 근거하여 앙코르 와트의 용도는 왕궁이었으며 후궁들이 살고 있었다고 주장하였다. 즉 전생에 인드라의 아들인 케트 메알레아에게 인드라 신은 캄보디아의 땅에 천계의 궁전과 같은 왕궁을 지어 주었는데, 그것이 바로 앙코르 와트라는 것이다. 그러나 앙코르 와트에는 인간이 거처하였던 것으로 추정할 만한 건축물이나 공간은 찾아 볼 수가 없다. 왕궁이 아니었음은 분명하다.

앙코르 와트를 건축한 수리야바르만 2세는 왕이 곧 신이라고 하여 자신을 당시 유행하던 비슈누 신과 동일시하였다. 결국 앙코르 와트는 비슈누 신을 모신 사원인 동시에 비슈누 신의 구체적인 화신인 국왕 수리야바르만 2세의 무덤인 것이다. 이는 조루쥬 세데스가 1911년에 이미 주장한 것이다.

그 증거는 여러 곳에서 나타난다. 앙코르 와트의 모든 건축물들은 서향이며 정문도 서쪽에 있다. 앙코르 지역의 사원·신전·왕궁들이 모두 동향인 것과는 대조적이다. 힌두교 사원에서 인간의 출입은 생명을 의미하는 동쪽으로 하고, 서쪽은 영혼이 출입하는 곳이다. 13세기 앙코르 제국을 방문하였던 주달관은 『진랍풍토기』에서 앙코르 와트를 '노반의 묘魯般墓'라고 기록하여 앙코르 와트가 노반에 의해서 만들어진 묘였음을 분명하게 밝히고 있다. 노반은 춘추전국시대의 전설적인 장인의 신으로 앙코르 와트를 건설한 비슈누로카를 노반에 비유한 것이다.

수리야바르만 2세는 영토를 확장한 정복자이며, 위대한 건축가인 동시에 종교 개혁가였다. 그는 베트남 북부의 대월국大越國을 공격하였으며, 참파국을 정복하였다. 당시 앙코르 왕국의 지배영역은 서쪽으로는 미얀마의 바간왕국, 동쪽은 바다에 이르렀다. 또한 북쪽은 참파왕국과 국경을 맞대었으며 남쪽으로는 말레이 반도 중심부의 '그라히' 왕국에 이르렀다. 수리야바르만 2세가 죽은 후에 붙여진 시호가 '비슈누이트 Vishnuite' 였음에서 알 수 있듯이 그는 힌두교의 비슈누 신을 신봉하였다.

황금빛 압사라

앙코르 와트는 수리야바르만 2세가 즉위한 해인 1113년에 공사를 시작하여 그가 죽은 해인 1150년까지 37년 동안 계속되었다. 국왕 사원의 규모는 왕권과 재위기간에 비례한다. 이집트 피라미드 크기가 파라오의 재위연도와 왕권의 강력한 정도를 나타내 주는 것과 마찬가지이다. 왕위에 오르면 바로 자신의 사후를 위한 국왕 사원 건설을 시작하였다. 재위기간 동안 백성들은 국왕의 사후를 대비하기 위한 준비에 온 국력을 쏟을 수 밖에 없었다.

힌두교 세계의 완벽한 표현 |

앙코르 와트는 힌두교의 세계를 가장 잘 표현하고 있다. 힌두교에서 우주는 7주7해七州七海로 이루어져 있다. 그 중심에 메루산이 있고 사방에는 인간이 사는 남섬부주南贍浮州를 비롯하여 네 개의 산이 있다. 메루산은 우주의 중심축이다. 태양과 달도 이곳을 중심으로 매일 뜨고 진다.

앙코르 와트는 해자와 회랑 그리고 연꽃 모양의 봉오리로 구성되어 있다. 해자는 우주의 근원인 바다를 상징하며 인간의

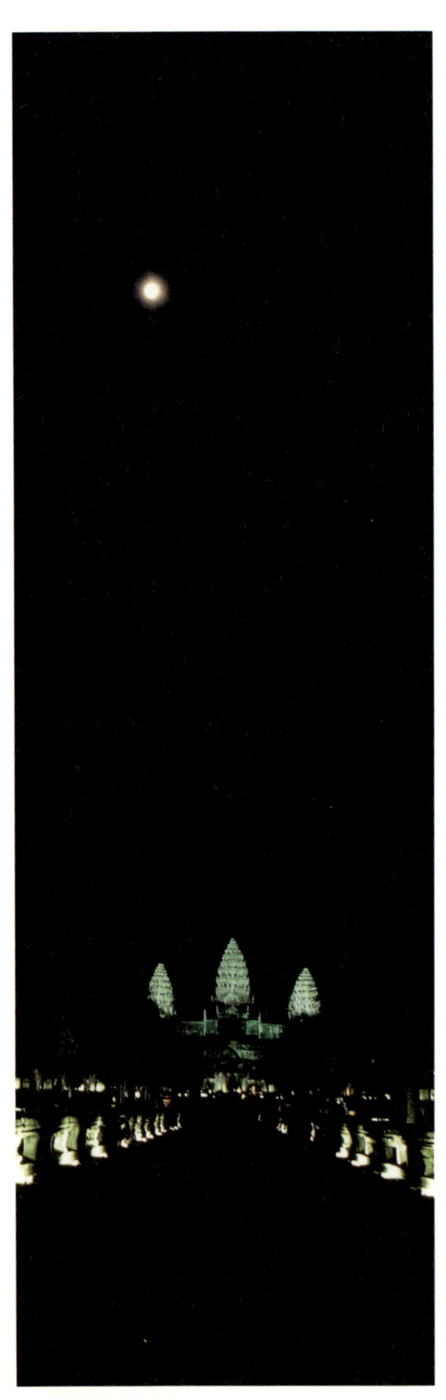

달빛 아래 앙코르 와트

세계와 신의 세계를 구분짓는 경계 구실을 한다. 회랑 혹은 성벽은 히말라야 산맥을 상징한다. 그리고 신전 중앙에 있는 연꽃 모양의 다섯 개 탑은 메루산과 그 주위를 감싸는 네 개의 봉오리를 상징한다. 힌두교와 우주의 세계를 평면적으로 도식화한 것이 만다라라면, 앙코르 와트는 그것을 입체적으로 형상화 한 것이다.

힌두교에서 12·54·108·365·432와 같은 특정 숫자는 시간을 상징하는 것이다. 이와 같은 시간 개념을 앙코르 와트에서는 공간적으로 표현하였다. 이는 수리야바르만 2세가 신들의 숫자를 앙코르 와트 건축에 반영함으로써 왕 자신이 곧 신이라는 신왕사상을 공간적으로 보여주고자 하는 의도에서 비롯되었다.

앙코르 와트 서쪽 입구에서부터 중앙탑까지 축선과 연계된 거리는 힌두교의 우주 사이클을 지상에 그대로 재현한 것이다. 힌두교에서 말하는 우주의 주기는 432만 년으로 파괴와 유지·창조를 되풀이 한다. 파괴기 kali yuga 는 432,000년인데 서쪽 입구의 다리 길이가 432큐빗이다. 제2유지기 dvapara yuga 는 864,000년인데 다리가 끝나는 주벽 출입구에

앙코르 와트 야경

서 제3회랑 나가 테라스 앞까지의 거리가 864큐빗이다. 제3유지기^{tretai yuga}는 1,296,000년인데 다리 중간에서 십자회랑 입구까지의 거리가 1296큐빗이다. 생성기^{kritai yuga}는 1,728,000년인데 다리 입구에서 십자회랑 끝까지의 거리가 1728큐빗이다. 큐빗은 팔꿈치에서 손 끝까지의 길이를 말하는 것으로 대략 0.43m이다. 앙코르인들은 주로 페암^{phyeam}이라는 단위를 많이 사용하였는데, 1페암은 4큐빗이다. 따라서 서쪽 입구 다리의 길이를 페암으로 환산하면 108페암이 된다. 다리는 두 부분으로 나뉘어져 있기 때문에 각 부분은 54페암이다. 이처럼 힌두교의 시간 개념을 앙코르 와트 주벽의 길이·탑의 높이·회랑의 길이 등 건축 공간에 그대로 적용하였다.

세계에서 가장 큰 종교건축 |

앙코르 와트는 세계에서 규모가 가장 큰 종교건축 가운데 하나이다. 거대한 저수지 위에 떠 있는 직사각형의 피라미드형 사원이다. 해자를 포함한 동서의 길이는 1.5km, 남북의 길이는 1.3km이며 전체 둘레는 5.6km에 이른다. 내부 넓이는 210헥타르로 약 60만 평에 달한다. 출입구는 서쪽에 있으며, 동서 축을 중심으로 좌우 대칭형으로 되어 있다.

앙코르 와트는 중앙에 있는 신전을 세 겹의 회랑이 감싸고 있다. 회랑의 바깥 쪽에는 주벽周壁을 만들고 그 외부에 해자를 배치하였다. 주벽과 해자는 사원을 속세와 구분하는 공간개념을 반영한 것이다. 또 사원 안에는 길이가 40m인 작은 연못을 남쪽과 북쪽에 한 개씩 만들었다. 해자와 연못은 바다를 의미하고, 중앙의 신전은 신왕의 권위를 상징한다. 사원 중앙탑은 3층으로 되어 있으며, 총 높이는 65m이다. 5개의 탑 가운데 중앙탑은 신이 거주하는 메루산을 상징한다.

해자와 피안교 다리 |

앙코르 와트는 신의 세계이다. 신의 세계는 해자로 둘러싸여 인간의 세계와 구분된다. 해자는 폭이 200m이며, 수심은 1~2m 정도로 과거에는 악어들도 살았다. 해자는 고해의 바다를 상징하는 것으로 인간의 세계와 신의 세계의 경계선 구실을 한다. 그리고 해자의 물은 인간의 죄를 씻어주는 역할을 한다. 물은 정화력을 갖고 있어 목욕을 통해서 인간의 죄와 더러움을 씻어 준다.

인간의 세계에서 신의 세계로 들어가는 유일한 통로는 해자를 가로질러 놓여진 다리이다. 다리는 인간의 세계와 신의 세계를 연결시켜 주는 피안교이다. 우리나라에서도 산속에 있는 사찰에 들어가면서 피안교를 만난다. 인간이 사는 속세와 부처님이 사는 불교의 세계를 연결시켜주는 통로이다. 우리나라 사찰의 경우 자연적인 계곡이 인간의 세계와 신의 세계를 구분지어 주지만, 앙코르 와트에서는 인위적으로 해자를 만들어 두 세계를 구분하였다.

우리는 피안교를 건너가며 몸과 마음을 청결하게 준비한다. 다리 아래의 물로 속세의 온갖 번뇌와 죄를 씻어내고 순수하고 청결한 몸과 마음으로 신의 세계로 들어가는 것이다. 다리에 올라서면 각 방향으로 암수 한 쌍의 돌사자가 입구를 지키고 있다. 문을 지키는 돌사자는 경직되고 엄숙한 모습이 아니라 맑고 환한 표정이다. 앙코르에 들어오는 모든 사람들을 영접하기 위해 멀리 나와 서서 반긴다. 특히 아름다운 엉덩이는 돌사자를 더욱 친근하게 만든다.

다리의 난간에는 나가가 조각되어 있다. 머리가 여러 개 달린 나가가 마치 부채처럼 펼쳐져 있다. 힌두교 사원 입구를 지키는 수호자의 역할을 하는 뱀의 신인 나가는 인도에서 시작되었으며, 중국과 우리나라에서는 용으로 바뀌었다. 입구를 사자와 뱀이 지키고 있는 것은 음양의 조화를 상징하기도 한다. 사자가 태양의 기운을 상징하는 것이라면 나가는 달의 기운을 상징한다. 사자가 땅의 왕이라면 나가는 물의 왕이다.

해자를 가로질러 있는 피안교 다리를 건넌다. 그러나 현재의 다리는 옛날의 아치형 다리가 아니다. 복원 과정에서 자꾸만 다리가 침하되어 아예 흙을 쌓아서 다리를 만들었다. 배를 타고 해자를 돌면서 앙코를 와트를 볼 수 있는 길을 막아 버린 것이다. 아치형의 다리 아래로 배들이 드나들 수 있었지만 흙으로 막아버린 현대인들의 토목 기술은 옛 맛을 드러내기에는 역부족이다.

피안교 다리 중앙에는 입구에서와 마찬가지로 양쪽으로 해자를 바라보고 있는 나가와 사자상이 있다. 왼쪽에는 흔적만 남아 있고 오른쪽에는 두 마리의 사자가 맑은 물 속에 핀 연꽃을 바라보고 있다. 그러나 한 마리는 몸은 어디가고 엉덩이만 남아 있다. 더운 날씨로 해자에 뛰어들어 수영을 하고 있는지 모르겠다. 물가에 가까이 가서 물속을 들여다본다. 물속에는 동네 어린이들이 물놀이를 하며 놀고 있다. 어린이가 바로 엉덩이가 예쁜 그 사자다.

 다리를 건너면 직사각형의 주벽周壁을 만난다. 라테라이트로 된 주벽은 높이 4.5m, 넓이 1,025×802m에 이른다. 그리고 성벽의 사면四面에는 출입문이 있다. 출입문은 주벽의 동·남·북에 각각 하나씩 있으며,

정문인 서쪽에는 다섯 개의 문이 있다. 높은 연꽃 봉오리 모양의 고푸라로 장식된 중앙의 문은 신과 국왕이 출입하는 문이다. 중앙문의 좌우에 바로 붙어 있는 두 개의 문은 귀족과 승려들 출입문이고 일반인들의 출입문은 회랑의 양쪽 끝에 있다. 특히 오른쪽 끝에 있는 문은 다른 문과는 달리 문을 오르는 계단이 없다. 당시 주력군이었던 코끼리부대와 기마부대의 수레가 출입하던 곳이기 때문이다. 그래서 이 문을 코끼리 문이라고 부르기도 한다.

중앙문의 오른쪽 문으로 들어서면 비슈누상이 있다. 수리야바르만 2세는 앙코르 와트를 비슈누 신에게 봉헌하였다. 따라서 중앙탑의 가장 높은 자리에 비슈누상을 모셨다. 그런데 수리야바르만 2세 사후 앙코르 와트는 힌두교 사원에서 불교 사원으로 번갈아 가면서 바뀌었다. 이같은 앙코르 와트의 변화에 따라 비슈누상은 여러 차례 자신의 자리를 옮겨 다녀야 했다. 현재 앙코르 와트는 소승불교 사원으로 되어 있다. 따라서 비슈누는 자신이 차지하고 있던 가장 높은 자리를 부처에게 물려주고, 입구 문에서 주인이 아닌 객客이 되어 명맥만을 유지하고 있다. 비슈누상은 일반적으로 네 개의 팔을 가졌다. 각 손에는 차크라(원반 모양의 무기)·소라·곤봉·연꽃을 들고 있다. 그런데 이곳의 비슈누상은 양쪽 네 개씩 모두 여덟 개의 팔을 가지고 있는 모습이다. 비록 최고의 높은 자리는 아니지만 인자한 미소는 여전하다. 향을 피우고 기도하는 신도들을 내려다보며 이들의 소망을 가슴으로 들어주고 있음을 느낄 수 있다.

주벽의 탑문을 들어서면 동서를 축으로 하는 긴 참배로가 중앙탑으로 연결되어 있다. 긴 참배로 양쪽에는 한 쌍의 장서각이 좌우 대칭을 이룬다. 장서각은 제1회랑 앞의 참배로 좌우에 한 쌍, 제2회랑과 제3회랑 앞에 한 쌍 등 모두 세 쌍이 배치되어 있다. 장서각은 경전과 같은 성스러운 종교서적을 보관하던 곳이다. 조루쥬 세데스가 이를 '라이브러리library'라고 지칭하면서 일반적으로 도서관이라고 명명되기도 하는데, 우리가 생각하는 도서관은 아니다. 오히려 경전들을 보관하는 장서각, 혹은 장경고라고 지칭하는 것이 맞을 듯하다. 내부는 십자형의 구조이며 4면 각 방향으로 출입구가 마련되어 있다. 현재 아무런 장식도 없지만 수리가 마무리된 장서각에서 바라보는 앙코르 와트의 모습은 또 다른 맛을 연출한다.

장서각을 지나면 양쪽에 사각형의 연못이 나온다. 가로 65m, 세로 50m의 연못은 해자와 마찬가지로 우주의 바다를 상징한다. 이곳에서 보는 일출은 앙코르 최고의 풍경 가운데 하나이다. 일출을 보기 위해 낮보다 더 많은 관광객들이 새벽부터 어둠을 뚫고 몰려든다. 보기 좋은 일출을 만난다는 것은 참 힘든 일이다. 앙코르 와트의 일출은 눈부시게 아름답다. 다

출입문에 모셔진 비슈누상

섯 개의 검은 실루엣 봉우리 위로 붉게 떠오르는 태양은 보는 이의 마음을 황홀경에 빠트린다. 앙코르에서는 해가 하늘에서만 떠오르는 것이 아니다. 연꽃이 핀 연못 속에서도 연꽃처럼 붉은 해가 떠오른다. 한 곳에서 두 개의 해를 볼 수 있는 앙코르의 해오름은 세계에서 가장 아름다운 일출 가운데 하나이다.

참배로의 끝에는 십자형의 명예 테라스 Terrace Honor가 있다. 참배로에서 계단을 밟고 올라서면 넓고 높은 연단의 테라스이다. 이곳에서는 의식이 거행되었으며, 무용수들이 춤을 추었다. 그리고 국왕이 외국의 사신을 접견하였기도 하였다. 명예 테라스는 다리 입구 테라스와 마찬가지로 사자와 나가로 장식되어 있다. 네 마리의 돌사자가 당당한 모습으로 정면을 응시하고 있다. 이것 역시 태양을 상징한다. 넓은 연단에는 일곱 개의 머리를 가진 나가상이 몸체를 길게 늘여서 연단의 난간을 만들고 있다. 이것 역시 달을 상징한다. 앙코르 와트는 철저하게 음과 양의 조화를 바탕으로 하고 있음을 알 수 있다.

중앙 참배로 전경

장서각

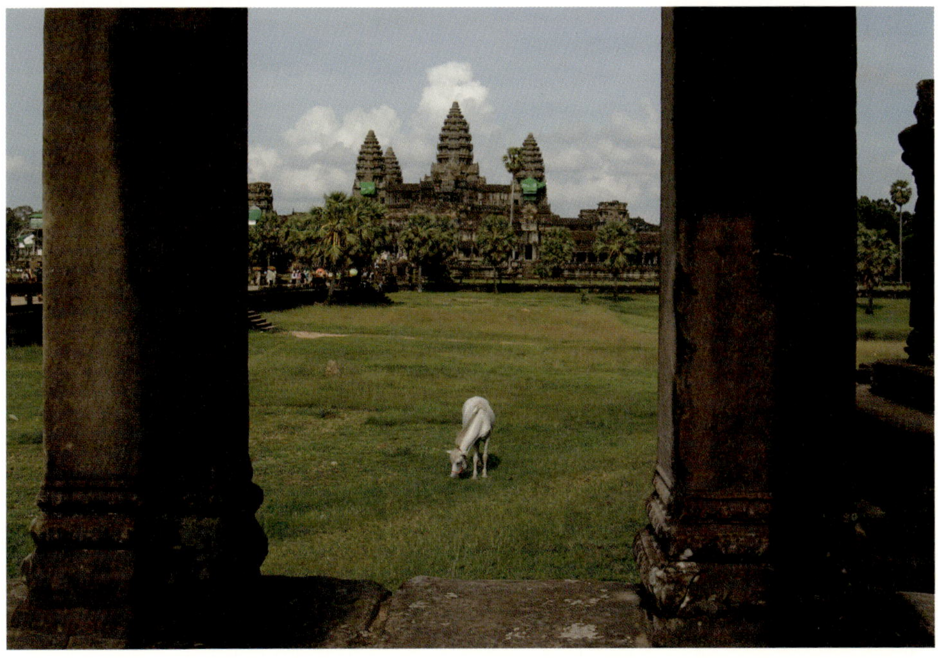

장서각에서 바라본 중앙탑 모습

 앙코르 와트는 가운데 우뚝 솟아 있는 중앙탑을 기준으로 세 겹의 회랑으로 둘러싸여 있다. 중앙의 첨탑이 있는 회랑을 제1회랑, 가운데 2층의 회랑을 제2회랑, 가장 바깥에 있는 1층의 회랑을 제3회랑이라 한다. 이 가운데 힌두교 신화를 바탕으로 한 수많은 부조가 새겨져 있는 것은 가장 바깥쪽에 있는 제3회랑이다.

1층의 제3회랑은 높이 2m, 가로 187m, 세로 215m의 직사각형 형태이다. 각 회랑은 중앙에 문을 두고 양면으로 분리되며 동쪽과 서쪽 통로의 좌우와 각 방향의 모서리에는 별실이 만들어져 있다. 긴 복도 형태의 회랑 안쪽은 벽으로 되어 있으며 이곳에 다양한 주제의 부조가 새겨져 있다. 회랑의 바깥쪽은 사각기둥이 줄지어 있어서 외부와는 열려 있다. 안쪽 벽에 새겨진 부조를 인공조명이 아닌 자연광으로 볼 수 있도록 배려한 것이다. 천정은 둥근 지붕으로 되어 있으며 일부는 연꽃 문양의 우물천정이다. 둥근 지붕은 비와 따가운 햇살을 막아준다. 가장 편안한 마음으로 부조 속 이야기를 감상할 수 있도록 하였다.

수리야바르만 2세는 자신을 비슈누 신과 동일시하였다. 수리야바르만 2세는 권위를 과시하기 위해 두 가지 방법을 사용하였다. 우선 글을 알고 있는 지배층들을 위해서 많은 비문을 앙코르 와트에 새겼다. 그리고 글을 모르는 일반인들을 위해 그림으로 그것을 설명하였다. 제3회랑에 파노라마처럼 펼쳐진 부조를 보면서 일반인들은 국왕을 신으로 인식하였다.

부조의 주제는 대략 10개 장면으로 구분된다. 4면 각 방향에 두 장면씩 있고, 북서쪽과 남서쪽의 모서리에 각각 한 장면씩 부조되어 있다. 서쪽 면에 랑카의 전투와 쿠루평원의 전투, 남쪽 면에 수리야바르만 2세의 행진과 천국과 지옥의 심판, 동쪽 면에 우유 바다 젓기와 비슈누와 아수라, 북쪽 면에 크리슈나와 바나의 전투와 신과 악마의 전투가 부조되어 있다. 그리고 북서쪽 모서리에는 비슈누 신이 부조되어 있고 남서쪽 모서리에는 시바 신이 부조되어 있다.

부조는 왕의 재위 기간이 거의 끝나갈 때쯤인 1140년경에 시작되었다. 앙코르 와트 건축 공사가 거의 끝나고 사원을 화려하게 장식하기 위해 부조 작업을 진행하였다. 따

라서 부조 작업은 수리야바르만 2세 당시에 마무리되지 못하였다. 미완성으로 남아 있던 앙코르 와트의 부조는 300여 년이 지난 16세기에 들어와서 완성되었다. 동쪽의 북쪽 면 비슈누와 아수라, 북쪽 면에 크리슈나와 바나의 전투와 신과 악마의 전투 부조가 그것이다. 수리야바르만 2세 당시에 완성된 것에 비해 후대에 완성된 것은 창조성이 결여되어 있을 뿐만 아니라 조각의 수준도 조잡하다.

앙코르 와트의 부조는 신전인 동시에 무덤이기 때문에 왼쪽에서 오른쪽으로 감상하는 것이 올바른 감상법이다. 그리고 1층 회랑 부조는 일반인을 위한 것으로 서쪽 회랑의 중앙에 있는 정문이 아니라 서쪽 회랑 가장 북쪽에 있는 옆문으로 들어가서 감상해야 한다. 중앙의 문은 신과 국왕이 출입하는 곳이고 양쪽 모서리에 있는 문이 일반인들이 출입하는 문이기 때문이다. 서쪽 면을 시작으로 남쪽·동쪽·북쪽의 순서로 부조를 감상해 보기로 하자.

서쪽 회랑 – 인도신화 『라마야나』, 『마하바라타』의 이야기 |

서쪽 회랑은 앙코르 와트의 정면이다. 앙코르 와트에 들어서면 가장 먼저 만나는 부조이다. 이곳 서쪽 면에는 인도신화 『라마야나』, 『마하바라타』의 이야기다. 이를 통해서 수리야바르만 2세는 '다라닌드라바르만왕'의 군대를 격파하고 궁정 쿠데타를 통해 집권했던 자신의 행위를 정당화하고자 하였다. 아울러 자신을 신화속의 인물과 동일시함으로 자신을 신의 존재로 재탄생시키고자 하는 의도를 분명히 하였다.

비슈누 신 서회랑 북쪽 모서리

서쪽 회랑의 북쪽 모서리 문을 들어서면 비슈누에 대한 부조가 새겨져 있다. 힌두교의 주요 신으로 창조의 신 브라흐마·유지의 신 비슈누·파괴의 신 시바가 있다. 수리야바르만 2세는 앙코르 와트를 비슈누에게 봉헌하였다. 따라서 서쪽 회랑에는 비슈누와 관련한 내용들이 부조되어 있다. 비슈누는 검은색 얼굴에 네 개의 팔을 가지고 있다. 각

각의 손에는 곤봉·소라 고동·연꽃 그리고 적을 물리칠 때 사용하는 무기인 원반을 들고 있다. 그는 노란색 가사를 걸치고 언제나 가루다라는 새를 타고 다녔다.

모서리 십자누각에 새겨진 부조의 내용은 인도의 아리안족이 세운 코살라 왕국을 중심으로 벌어지는 대서사시 『라마야나』에 나오는 여러 장면들이다. 음모와 갈등으로 점철된 왕국의 궁정비사, 전쟁과 영웅의 출현을 통해 깨달음에 이르는 힌두교의 대표적인 신화이다.

부조의 주제는 ① 악마에 빼앗긴 메루산을 되찾은 영광의 크리슈나, ② 푸슈파카 전차로 개선하는 라마왕자, ③ 산 정상에서 비슈누에 대한 예배, ④ 왕궁에서 크리슈나에 대한 예배, ⑤ 시타의 스와얌바라 대회에서 라마왕자의 활쏘기, ⑥ 불에 뛰어든 시타의 시련, ⑦ 비슈누에게 라마왕자로 환생할 것을 간청하는 신들, ⑧ 라바나에게 감금된 시타에게 라마의 소식을 전해주는 하누만 등이다. 부조에 등장하는 크리슈나·라마 등은 모

서회랑 북쪽면에 새겨진 악마왕 라바나

두 비슈누의 화신이다. 따라서 이곳은 비슈누의 다양한 모습을 보여주고 있다.

랑카의 전투 서회랑 북쪽면

서쪽 회랑 북쪽 면에는 랑카의 전투가 부조되어 있다. 랑카의 전투는 힌두교 대서사시 『라마야나』의 클라이막스에 해당하는 부분이다. 랑카의 전투는 왕이자 영웅인 라마의 부인 시타를 랑카의 악마 왕 라바나가 납치하는 바람에 벌어진 대전투이다. 전투에서 원숭이들이 라마를 도와 시타를 구출하게 되고, 그 후 6천 년간 라마가 선정을 베풀었다는 이야기이다.

부조의 중심은 라마왕자이다. 라마는 비슈누의 화신이다. 악마 라바나는 지극한 고행으로 힌두교 창조의 신 브라흐마의 은총을 입어 어떤 신도 그를 죽이지 못하는 능력을 부여 받게 되었다. 그러나 점점 교만해진 그는 하늘의 신들까지 괴롭히기 시작하였다. 그래서 비슈누는 세상으로 내려가서 인간으로 태어나 라바나를 죽이기로 하였다. 그 역할을 맡은 이가 바로 비슈누의 일곱 번째 화신인 라마였다. 악마 라바나는 인간뿐만 아니라 원숭이에게도 죽임을 당할 수 있는 운명이라 신들은 모두 원숭이로 태어났다가 때가 되면 라마를 도와 악마 라바나를 죽이기로 한 것이다.

부조에서 신들과 악마는 각각 북쪽과 남쪽에 나누어 배치하였다. 이는 신과 악마, 선과 악을 이분적인 개념으로 설명하기 위한 것이다. 그리고 그 중앙에는 비슈누의 화신

인 라마왕자가 자리하고 있다. 수리야바르만 2세는 바로 비슈누의 화신인 라마왕자와 자기 자신을 동등한 위치에 두고자 하는 의도를 가지고 있었다.

쿠루평원의 전투

서쪽 회랑 남쪽 면에는 쿠루평원의 전투가 부조되어 있다. 쿠루평원의 전투는 힌두교 신화인 『마하바라타』에 나오는 이야기의 클라이막스에 해당한다. 『마하바라타』는 '바라타족의 위대한 전쟁 이야기'라는 의미로 기원전 5세기경에 완성되었다. 바라타족과 판투족간의 벌어진 전쟁 야사를 기초로 하고 있으며, 군왕은 세계의 질서와 정의를 확립하고 진리와 도덕을 준수해야 함을 강조하고 있다.

인도의 쿠루 평원에서 펼쳐진 대전투 장면이 회랑의 벽면에 부조되어 있다. 사촌간인 판다바 형제의 일곱개 사단과 카우라바 형제의 11개 사단은 인도의 쿠루 평원에서 18일간 전쟁을 벌였다. 병사들이 중앙을 향해 각각 왼쪽과 오른쪽에서 진군을 하고 있다. 아래쪽은 보병들이며 중간에는 기마병들이다. 양쪽 끝에는 병사들을 독려하는 연주자들이 있다. 왼쪽에서 중앙으로 진군하는 병사들이 판투족의 카우라바군이며, 오른쪽에서 중앙으로 공격하는 병사들이 바라타족의 판다바군이다. 양쪽의 군대는 중앙에서 충돌하여 격렬한 전투를 벌이고 있다. 활을 쏘고, 창을 찌르고, 육박전이 벌어졌다. 결국 이 전투에서 부조의 중심에 있는 판다바의 장군이 적을 굴복시키고 승리를 거두었다.

『마하바라타』에는 인간의 끝없는 질투와 권력욕, 가식과 허식이 담겨 있다. 악과 지옥은 오래가지 않으며 평화와 질서 또한 영원하지는 않다는 것이다. 수리야바르만 2세는 회랑의 벽면에 『마하바라타』의 이야기를 부조함으로 '다라닌드라바르만 왕'의 군대를 격파하고 궁정 쿠데타를 통해 집권했던 자신의 행위를 정당화시키고, 자신을 신화속의 인물로 재탄생시키고자 하였다.

시바 신

서쪽 회랑의 남쪽 모서리에는 시바 신에 대한 부조가 새겨져 있다. 힌두교의 주요 신 가운데 앙코르 왕국에서 가장 많은 믿음을 가지고 있는 것은 비슈누와 시바이다. 이곳 서쪽 회랑 남쪽 모서리에는 시바 신을 비슈누 신과 대비시키면서 부조하였다. 그것은 시바 신이 가지는 이미지를 수리야바르만 2세 자신의 이미지로 일체화시키기 위한 것이다. 시바 신은 다산多産과 풍요로움, 조상숭배와 링가라는 이미지를 가지고 있다. 수리야바르만 2세도 항상 백성에게 풍요로움과 다산을 주는 번영의 창조자라는 이미지를 연출하고자 하였다.

남쪽 모서리에 새겨진 부조의 주제는 대략 8개 정도로 요약된다. ① 우유바다젓기에서 만다라산을 들고 있는 비슈누, ② 고바르다나산을 들고 있는 크리슈나, ③ 라바나의

1층 회랑 바깥쪽 창문

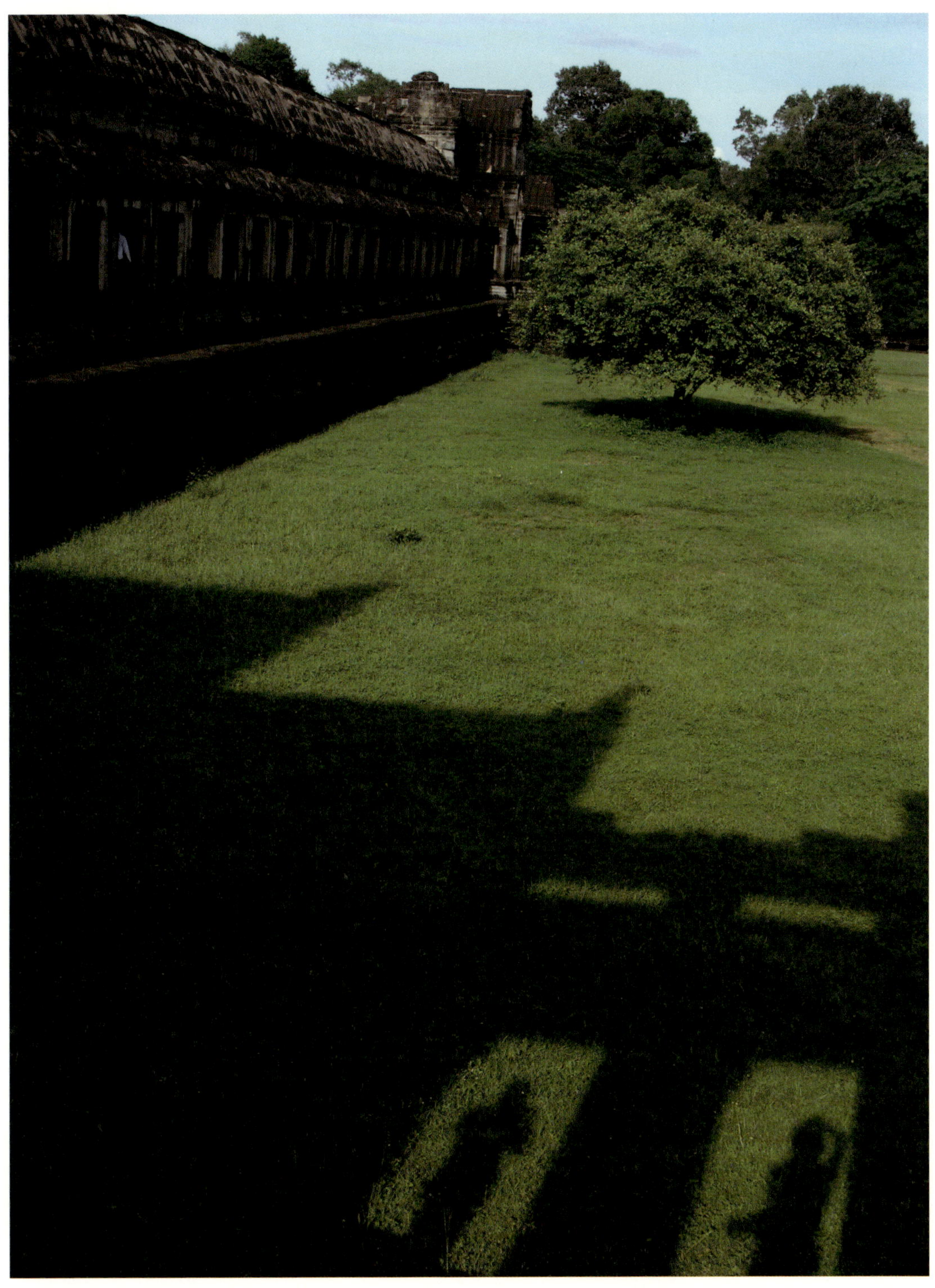

인드라 궁전 침입, 혹은 시바의 변장, ④ 카일라사산을 흔들고 있는 라바나, ⑤ 시바 신에게 활을 쏘는 사랑의 신 카마, ⑥ 원숭이왕 발리와 수구리바의 전투, ⑦ 산 정상에서 예배를 들이는 시바 신, ⑧ 드바라바키의 수상축제 등이다.

남쪽 회랑 – 천국에서 영생하는 위대한 국왕

남쪽 회랑은 앙코르 와트 제3회랑 가운데 가장 햇살이 밝게 들어오는 곳이다. 수리야바르만 2세는 남쪽 회랑 서쪽 면에 19명의 대신들에게 충성 서약을 받고, 이들과 함께 펼치는 군사 퍼레이드를 표현하였다. 98m에 이르는 광대하고 장엄한 국왕 자신의 자전적 스토리를 통하여 국왕으로서 자신의 권위를 사실적으로 묘사하고자 하였다. 그리고 남쪽 회랑 동쪽 면에는 천국과 지옥을 묘사하였다. 수리야 바르만 2세는 죽어서도 천국에서 영원한 삶을 누리고 있음을 상징적으로 보여준다.

회랑의 외벽 창문

수리야바르만 2세의 행렬

남쪽 회랑 서쪽 면에는 수리야바르만 2세의 장대한 행렬이 부조되어 있다. 이 행렬은 19명의 대신에게 충성서약을 받고

이들과 함께 행렬하는 장면이다. 부조의 내용은 세 부분으로 구분된다. 첫째는 입구 부분의 하단에 새겨진 11명의 궁정여인이 지나가는 장면이다. 둘째는 그 상단에 위엄을 갖춘 왕이 시바파다 산에서 대신들로부터 충성서약을 받는 장면이다. 그리고 마지막으로 왕의 역사적인 행진을 부조하였다.

수리야바르만 2세는 궁중 쿠데타를 통해 국왕이 된지 6년 후인 1119년 대관식을 거행하고 지방에 세력을 가진 대신들로부터 충성서약을 받았다. 서약의 내용은 '오직 단 하나의 왕을 섬기며 다른 왕을 섬기지 않는다'는 것으로 왕궁의 동쪽 고푸라에 새겨져 있다. 옥좌에 비스듬히 기대어 앉아 충성서약을 받고 있는 수리야바르만 2세의 모습은 마치 비슈누의 모습을 연상시킨다.

충성서약을 마친 왕과 대신들은 하산하여 군대와 함께 행군을 시작하고 있다. 수리야바르만 2세가 이끄는 왕국 군대가 용맹스럽게 행군하는 모습이 벽면 전체에 묘사되어 있어 이를 '역사회랑'이라고도 한다. 행렬의 선두에는 용병인 '시암 쿡' 지도자가 몸에 구슬을 장식한 모습으로 앞장서 가고 있다. 그리고 회랑의 정중앙에는 15개의 일산日傘

밑에서 코끼리를 타고 가는 수리야바르만 2세의 모습이 보인다. 이외에도 승려나 악사, 곡예사와 여성 등 다양한 신분의 다양한 사람들이 신분과 직책에 따라 장신구을 하고 함께 행렬에 동참하고 있다. 이들을 세부적인 부분까지 세밀하게 묘사하고 있는 장인들의 절묘한 솜씨 덕분에 오늘날에도 당시의 사회상을 엿볼 수 있다.

천국과 지옥

남쪽 회랑 동쪽 면에는 천국와 지옥이 부조되어 있다. 이것은 앙코르 와트가 수리야바르만 2세의 무덤임을 나타내 주는 것이다. 수리야바르만 2세는 천국과 지옥의 부조를 통해 자신을 비슈누로 신격화하고, 죽어서도 부조에 새겨진 인물들과 더불어 천국에서 생활하고자 하였다.

천국과 지옥 부조에서는 37개의 천국과 32개의 지옥을 묘사하고 있다. 부조는 크게 3단계로 표현되어 있다. 상단은 천국, 중단은 야마의 판결을 기다리는 사람들의 행렬, 하단은 지옥이다. 인간이 죽으면 죽음의 신인 야마^{Yama}가 죽은 자의 기록을 듣고 판결을 내렸다. 천국으로 올라 간 자는 안락한 영생을 누리지만, 지옥으로 떨어진 자는 온갖 형벌을 받으며 고통을 당하게 되어 있다.

회랑의 중앙 윗부분에 물소 위에 올라 앉아 여러 개 팔에 몽둥이를 들고 휘두르고 있

는 인물이 바로 시간과 죽음의 신 야마이다. 야마는 원래 태양의 신 수리야의 아들로 사후 세계를 담당하면서 천국과 지옥으로 가는 재판관의 역할을 하였다. 천국은 가루다가 떠받치고 있는 천상의 세계이다. 천국에 온 사람은 압사라가 춤을 추는 천상의 궁전에서 안락하고 평화롭게 살아간다. 왕과 왕비·귀족으로 추측되는 인물들이 가마를 타고 천국으로 올라가고 있다.

반면 하단의 지옥은 매우 잔인하고 가학적인 고문을 하는 장면이 묘사되어 있다. 각각의 고문에는 그것이 어떤 죄를 지은 사람이 받는 고문인지 새겨 놓았다. 채찍질하는 장면이나 혀 빼기, 뜨거운 불과 바늘에 담금질하는 식의 지옥에서 받는 고문과 형벌 장면은 매우 사실적이다. 폴포트 정권은 이곳에 새겨진 고문의 방법을 배워서 실제 고문하는데 이용하기도 하였다. 폴포트 정권 당시 캄보디아는 바로 지옥이었다.

동쪽 회랑 – 천지 창조 | 동쪽에는 창조의 모습을 부조하였다. 해뜨는 동쪽은 새 생명을 상징한다. 따라서 동쪽 회랑에는 수리야바르만 2세가 힌두교 신화에 빗대어 자신의 자전적인 이야기를 상징적으로 보여 주고자 하였다. 그가 악을 물리치고 새로운 질서와 새로운 시간인 '위대한 수리야바르만 시대'가 개막되

었음을 선언하였다. 동쪽 회랑 남쪽 면에는 천지창조의 신화인 우유바다 젓기를 부조하였다. 쿠데타를 통해 수리야바르만 2세 자신이 왕위에 오름으로써 천지창조와 같은 새로운 시대가 개막되었음을 보여준다. 북쪽 면에는 악마 아수라에 대한 비슈누의 승리를 부조하였다. 이는 수리야바르만 2세가 스스로 세상을 구원하기 위해 지상에 내려온 비슈누임을 상징적으로 보여주고 있다.

우유바다 젓기

우유바다 젓기는 영생불사의 영약인 암리타^{Amrita}를 얻기 위해 신 데바^{Deva}와 악마 아수라^{Asura}가 잠시 싸움을 멈추고 힘을 합하여 1천 년 동안 우유바다를 젓는 힌두교 신화를 묘사한 것이다.

신들의 제왕인 인드라가 힘을 잃게 되자 신들이 악마 아수라와의 전쟁에서 패배하여 쫓기는 신세가 되었다. 우주의 주기에서 파괴기가 시작된 것이다. 이에 신들은 창조의 신 브라흐마를 찾아가서 영생불사의 영약인 암리타를 얻기 위해 우유바다 젓기를 제안하였다. 그런데 그들의 힘만으로는 부족하였다. 신들은 그들의 적인 아수라 측과 일시적인 휴전을 제의하고 함께 협력하여 영생불사의 영약인 암리타를 얻게 되면 나눠가질 것을 약속하였다.

우유바다를 휘젓기 위해서는 커다란 힘을 지탱할 수 있는 끈이 필요하였다. 이들은 위대한 용 바수키^{Vasuki}를 끈으로 이용하고 만다라 산을 뽑아서 우유통과 같은 회전축으로 삼았다. 그리고 만다라산이 가라앉는 것을 방지하기 위하여 비슈누는 거북이 쿠르마^{Kurma}로 변신하여 만다라산을 떠받쳤다. 88명의 신들은 바수키 용의 꼬리 쪽에서, 92명의 아수라는 머리쪽에서 우유의 바다를 밀고 당겨 회전시키기 시작하였다. 중앙에는 비슈누가 총지휘를 하고 있으며 하늘에는 인드라가 날면서 만다라산의 중심을 잡아 주었다.

신과 악마들이 협력하여 1천 년 동안 우유의 바다를 저었다. 마침내 최초로 암소 슈라비가 출현하고 낙원의 나무가 나왔다. 그리고 애교와 우아한 미를 갖춘 압사라가 출현하였다. 이어서 달이 나타나자 시바는 자신의 이마에 붙였다. 그리고 바수키의 입에서 독을 뿜기 시작하자 시바 신은 다른 신들을 보호하기 위해 스스로 독을 마시고 몸이 푸른색이 되었다. 비슈누의 아내 락슈미가 태어나고, 드디어 영생불사의 영약인 암리타 Amrita가 나오기 시작하자 악마들이 이를 빼앗아 도망쳤다. 비슈누는 농염하고 애교스런 압사라의 모습으로 변장하여 아수라를 현혹시켜 다시 암리타를 빼앗아 모든 신들에게 먹였다.

암리타를 먹은 신들은 용기를 얻고 원기를 회복한 후 다시 악마와 전투를 벌였다. 치열한 싸움 끝에 아수라들은 지옥으로 추방되고 세상은 환희로 가득차게 되었다. 태양은 다시 빛을 내기 시작하였고 모든 세상은 영광스럽고 만물이 신앙심을 갖게 되었다. 이 힌두교의 창조 신화처럼 수리야바르만 2세는 1119년 대관식을 통해 국왕의 지위에 오름으로써 혼란의 시대는 끝나고 영광과 평화의 시대가 도래하였다.

악마 아수라에 대한 비슈누의 승리

동쪽 회랑 북쪽 면에는 악마 아수라에 대한 비슈누의 승리의 장면들이 부조되어 있다. 이 장면은 『마하바라타』의 부록에 수록되어 있는 「하리함사」의 내용을 발췌하여 부조해 놓은 것이다. 내용은 양쪽에서 덤벼드는 악마 아수라 무리에 맞서 비슈누가 가루다

동회랑 북쪽 면에 새겨진 악마 아수라와 비슈누의 전투

를 타고 싸운 이야기다. 아수라의 모습은 다양하다. 커다란 새를 타고 있거나, 용을 타고 있거나, 말이 끄는 수레를 타고 있다. 아수라의 장군은 코끼리를 타고 있는데 가루다를 타고 있던 비슈누는 이들을 모두 물리쳤다.

동쪽 회랑 북쪽 면의 부조는 북쪽 회랑의 부조와 함께 지금까지 보아 왔던 부조와는 구성이나 솜씨가 떨어진다. 수리야바르만 2세가 죽은 지 2, 3백 년이 지난 16세기에 조각된 것이다. 앙코르의 비문에 의하면 미완성으로 남아 있던 동쪽 회랑 북쪽 면과 북쪽 회랑의 부조를 앙찬왕 ^{Ang Chan}(1529~1546)과 그의 아들 때에 완성한 것으로 기록되어 있다. 앙찬왕은 앙코르 왕국을 일시적으로 부흥시킨 왕으로 부조 작업을 시작하였으며, 그의 아들 파라마라자 1세는 부왕의 대를 이어서 이를 완성하였다. 이전 부조에 비해 비록 조각기법이 거칠고 볼륨감이 부족하지만 앙코르 와트 제3회랑의 부조를 완성했다는 데 그 의미가 있다.

북쪽 회랑 –신과 악마의 전쟁 |

북쪽 회랑에는 신들과 아수라의 전쟁을 부조하였다. 비록 조각솜씨나 볼륨감 등에서 이전의 부조와는 차이가 있지만 힌두교의 신화를 통해서 국왕의 권위를 높이고 다시 앙코르 왕국의 부흥을 도모하고자 하는 의미에는 변함이 없다. 북쪽 회랑 동쪽 면에는 아수라 바나와 싸워 승리한 비슈누의 화신 크리슈나를 부조하였다. 그리고 북쪽 회랑 서쪽 면에서는 약 100m에 달하는 벽면에 21명의 신과 21명의 아수라가 싸우는 전투 장면을 묘사하였다. 이를 통해 정의와 질서가 회복되고 다시 한 번 찬란한 앙코르 왕국의 영광이 재현되기를 기원하였다.

바나와 싸워 이긴 크리슈나

북쪽 회랑 동쪽 면에는 악마 바나와 싸워 이긴 비슈누의 화신 크리슈나의 승리를 부조하였다. 이 이야기는 힌두교 신화『마하바라타』의 속편인「하리함샤」에 나오는 것이다. 크리슈나와 바나의 전투는 크리슈나의 손자 아니루다 ^{Aniruddha}와 아수라의 왕 바나의 딸

우샤의 러브스토리에서 비롯되었다. 바나는 자신의 딸과 사랑하는 크리슈나의 손자 아니루다를 성城에 잡아 가두어 버렸다. 이에 크리슈나는 가루다를 타고 손자를 구하기 위해 소니타푸라로 달려갔다.

아수라는 소니타푸라에 불이 타오르는 성벽을 만들어 접근을 막았다. 크리슈나는 가루다로 하여금 비를 내리게 하여 5개의 불기둥을 끄고 들어가 바나의 군대를 전멸시켰다. 부조에서 이 장면은 가루다가 비슈누를 어깨에 태우고 신들의 군대 속에 나타나는 것으로 시작한다. 비슈누는 여기서 8개의 팔이 달린 것으로 묘사되고 있는데, 각 손에는 비슈누의 전통적인 소지물인 화살과 창·원반·소라·곤봉·번개·활·방패 등을 들고 휘두르며 공격하고 있다. 이에 바나는 천개나 되는 팔을 휘두르며 맹렬하게 공격한다. 크리슈나는 그것을 두 개만 남겨두고 모두 잘라 버린다. 그리고 마지막 일격을 가하려는 순간 바나를 지원하던 시바의 간청으로 자비를 베풀게 된다. 이 이야기는 아니루다와 우샤의 재회로 마무리된다.

그런데 시바의 모습이 앙코르인이 아닌 중국인의 모습이다. 그리고 부조에 새겨진 구름이나 불꽃 문양 등이 역시 중국식으로 새겨져 있다. 이는 이 부조가 16세기 중국인 장인들에 의해 완성되었기 때문이다.

신 데바와 악마 아수라의 전쟁

북쪽 회랑 서쪽 면에는 100m에 가까운 긴 벽에 우주의 정의와 질서를 회복하기 위해 21명의 신과 21명의 아수라가 벌인 전쟁 장면이 부조되어 있다. 악으로 상징하는 혼돈·부조화·고통·파괴·부도덕 등에 맞서서 정의와 질서·조화·도덕 등 선이 승리한다는 고전적인 이야기를 표현하고 있다. 선을 상징하는 21명의 신은 동쪽에 있으며 악을 상징하는 21명의 아수라는 서쪽에 자리하고 있다.

힌두교의 위대한 신들은 자신의 무기를 가지고 아수라와의 전쟁에 임하고 있다. 아수라의 어깨에 올라타고 있는 부의 신 쿠베라, 락사샤의 어깨를 타고 있는 나르티, 코뿔소가 끄는 전차를 타고 있는 불의 신 아그니, 공작 위에 있는 전쟁의 신 스칸다, 코끼리 아이라바타를 타고 있는 신들의 왕 인드라, 가루다를 타고 있는 유지의 신 비슈누, 물소가 끄는 수레를 타고 있는 정의의 신 야마, 혹이 둘 달린 황소 난디가 끄는 수레를 타고 있는 파괴의 신 시바, 거위 함사를 타고 마법의 무기 브라마스트라를 들고 있는 창조의 신 브라흐마, 네 마리의 말이 끄는 전차 위에 있는 태양의 신 수리야, 5개의 머리를 가진 나가를 타고 있는 물의 신 바루나가 부조되어 있다.

한편 이들 가운데 비슈누는 중앙에서 두 마리의 말 사이에 균형을 잡고 서 있는 가루다를 타고 전쟁을 총 지휘하고 있다. 그리고 이에 맞서는 악마는 '시간의 수레바퀴'라는 이름의 칼라네미이다. 칼라네미는 7개의 머리를 가지고 있으며 활을 들고 동시에 많은 팔로 곤봉과 검을 휘두르고 있다. 그러나 결국은 선을 대표하는 21명의 데바들이 악을 상징하는 21명의 아수라를 물리치면서 질서가 바로 서고 조화로운 세상이 만들어졌다.

십자회랑과 장서각 | 앙코르 와트는 전체적으로 3층으로 되어 있다. 1층은 제3회랑과 중정, 2층은 제2회랑과 중정, 3층에는 제1회랑과 중앙탑이 있다. 전체 높이는 65m에 이르며 각 층으로 올라가는 길은 가파른 계단으로 되어 있다.

제3회랑의 서쪽 정문에서 제2회랑으로 들어가는 중간에 십자회랑 ^{Preau Cruciform}이 있다.

십자회랑은 수십 개의 사각기둥이 떠받치고 있는 밭 전田자 형태이다. 그 가운데가 십자
형으로 되어 있어서 프랑스 학자들이 십자회랑이라고 이름을 붙였다. 각 기둥은 황금으
로 덧칠을 하였으나 지금은 그 흔적만이 남아 있을 뿐이다. 그리고 많은 기둥에는 산스
크리트어와 크메르어로 비문이 새겨져 있다.

　십자회랑은 2층 신의 세계로 들어가는 입구를 상징한다. 십자회랑은 신들이 거주하는
우주의 중심 만다라를 표현하고 있다. 그래서 십자회랑의 중간에는 네 개의 연못이 있
다. 지금은 연못에 물이 없지만 예전에는 이곳에 물이 채워져 있었다. 신의 세계인 2층
으로 올라가기 전에 몸과 마음을 청결하게 하기 위해 이곳에서 목욕을 하였다.

　십자회랑의 오른쪽은 '일천불상의 회랑'이다. 힌두교 사원이었던 앙코르 와트가 불교
사원으로 바뀔 때 십자회랑의 오른쪽, 즉 남쪽 회랑에 1천 개가 넘는 불상이 모셔져 있
었다. 당시 일반인이 출입할 수 있는 곳이 바로 이곳까지였기 때문에 일반인이 참배하

불상

였던 불상이 바로 이곳에 모셔져 있었던 것이다. 그러나 지금은 파손된 불상 몇 좌와 부처님 족적만이 남아 그 명맥을 유지하고 있을 뿐이다. 이들 불상은 전형적인 소승불교의 불상들로 비록 완전한 모습은 아니지만 아직도 이곳을 찾는 많은 캄보디아인들의 소원을 들어주고 있다.

십자회랑의 왼쪽은 메아리의 방 Echo Chamber 이다. 방안에 들어가 벽에 등을 대고 주먹으로 가슴을 치면 쿵쿵하는 소리가 울린다. 캄보디아인들은 자신의 가슴을 쳐서 소리를 울리게 함으로써 가슴 속에 묻어 두었던 고통과 아픔을 모두 씻을 수 있다고 믿었다.

십자회랑 좌우의 공간은 1층의 중정으로 좌우에 장서각이 있다. 이곳까지 일반인들의 출입이 허용되었다. 일반인들은 신의 세계인 2층에는 출입이 금지되었다. 우리나라의 사찰에도 고대에는 법당 안에는 일반인의 출입이 허용되지 않았다. 국왕과 귀족·승려만이 법당 안에 들어갈 수 있었다. 일반인들은 마당이나 회랑에서 예불을 올려야 했다. 앙코르 와트의 경우도 힌두교 사원이든 불교 사원이든 일반인들은 바로 1층에서 중앙탑을 우러러 보면서 예배를 드려야 했다.

2층과 제2회랑 – 신의 세계 | 2층은 신의 세계이다. 서쪽 정문을 통해 2층으로 올라서면 2층 회랑이 있다. 회랑의 벽면에는 화려한 압사라의 조각이 부조되어 있다. 앙코르 와트에는 압사라의 부조가 1,700여 개를 넘는다. 그러나 같은 모양은 하나도 없다. 치마 양쪽의 장식품인 플랩 flap, 머리에 쓰는 관인 티아라 tiara 를 비롯한 장신구, 얼굴 표정과 손동작·포즈 등 모든 것이 나름대로의 개성을 가지고 자신만의 모습으로 표현되어 있다. 특히 풍만한 가슴과 잘룩한 허리 그리고 교태로운 몸짓은 보는 이를 유혹하기에 충분하다. 차마 그냥 지나치지 못하고 한번씩 만진 탓에 압사라의 가슴은 반짝반짝 윤기가 날 정도이다.

압사라를 프랑스 학자들은 여신인 데바타 Devata 로 불렀다. 원래 앙코르 초기의 사원에서는 남신인 데바 Deva 를 사원을 수호하는 신으로 부조하였다. 후기로 가면서 남신 데바는 여신 데바타로 대체되었다. 그리고 압사라는 데바타보다 지위가 낮은 부류의 신으로 남신을 즐겁게 하는 무희였다. 그런데 영어권의 학자들이 이 모두를 압사라로 부르면서 데바타와 압사라의 구분은 없어졌다.

제2회랑은 달과 별을 건축적으로 표현하였다. 제2회랑은 길이가 100×115m로 바깥쪽에는 창문이 없고 내부에만 창문이 있다. 그래서 어둡다. 그리고 안쪽의 창문도 각 방향마다 그 수를 다르게 하였다. 서쪽에는 1개의 창문만 있고, 맞은편인 동쪽에는 26개의 창문이 있다. 남쪽에는 9개의 창문이 있고, 북쪽에는 32개의 창문이 있다.

제2회랑 가운데 서쪽 회랑과 동쪽 회랑의 창문의 수는 달이 뜨고 지는 것을 상징적으로 나타낸 것이다. 서쪽 회랑 북쪽에 창문이 없는 것은 달이 없는 어두운 날들의 표현이며 서쪽 회랑 남쪽에 있는 하나의 창문은 초승달이 처음으로 나타나는 것을 상징적으로 표현한 것이다. 그리고 동쪽 회랑 남쪽에 12개의 창문이 있는 것은 초승달이 뜨기 시작한 후 12일 만에 보름달이 뜨는 것을 뜻한다. 동쪽 회랑 북쪽에 14개의 창문이 있는 것은 보름달이 사그라지기까지 14일이 걸리는 것을 나타낸다.

제2회랑 남쪽 화랑과 북쪽 회랑의 창문의 수는 별과 관계가 있으며 이 별은 신과 연관되어 있다. 남쪽 회랑에 9개의 창문이 있는 것은 앙코르인들이 전통적으로 숭배하는 9개의 별과 같다. 북쪽 회랑의 32개의 창문의 수는 달이 지나가는 길에 있

압사라

는 28개의 별자리와 동서남북 네 방위를 가리키는 별자리를 합한 것이다. 이처럼 제2회랑은 달과 별이 있는 밤의 세계, 즉 어둠의 세계를 상징한다. 이 어둠의 세계 한 가운데 밝은 빛의 비슈누 신, 곧 수리야바르만 2세가 탑의 모양으로 솟아 있는 것이다.

3층과 제1회랑 – 메루산 중앙탑 |

인간의 세계에서 신의 세계로 올라오는 계단은 가파르다. 계단의 폭이 좁고 경사가 매우 급하다. 바로 서서 올라가는 것은 불가능하다. 엎드려서 네 발로 기어올라 올라갈 수밖에 없다. 신 앞에서 인간은 겸손해야 한다. 가파른 계단은 죽음에 대한 두려움과 공포심을 느끼게 한다. 죽음에 대한 공포심은 인간을 겸손하게 만들고, 결국 신에 대한 경외심과 복종심을 최고조로 높인다. 가파른 계단을 오르면서 신을 만날 수 있는 가장 기본적인 마음가짐을 갖게 된다.

중앙신전이 있는 제1회랑은 십자형 회랑과 마찬가지로 밭전田자 형태로 되어 있다. 동서남북의 네 곳에는 성스러운 네 개의 연못이 있다. 이곳에서 거행된 의식에 참여하기 전에 몸과 마음을 깨끗하게 정화하는 역할을 하였을 것이다. 회랑은 외부가 창문으로 되어 있어서 내부가 밝다.

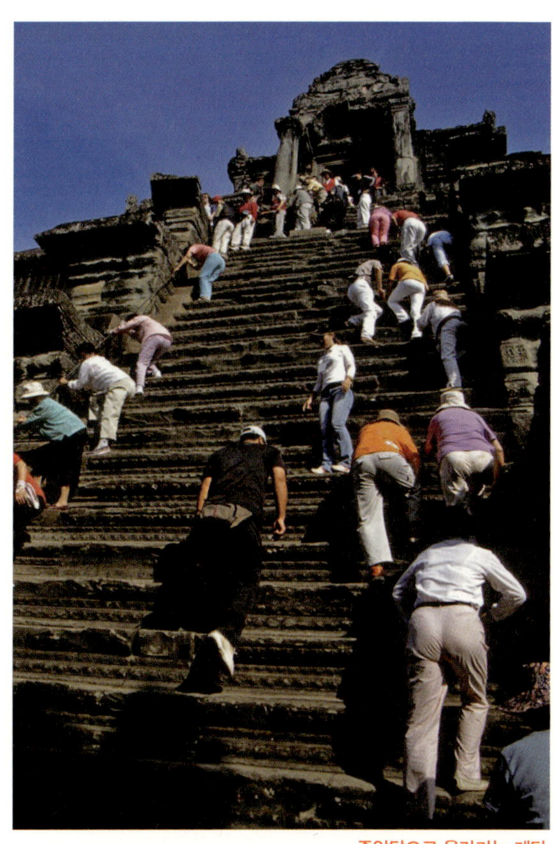

중앙탑으로 올라가는 계단

중앙신전은 다섯 개의 탑으로 구성되어 있다. 회랑의 모서리 부분에 네 개의 탑이 솟아 있고 십자형의 회랑 중심에 중앙탑이 솟아 있다. 높이 60m의 중앙탑이 바로 우주의 중심 메루산이다. 이곳이 바로 비슈누 신이 사는 곳인 동시에 수리야바르만 2세가 있는 곳이다. 중앙탑에는 네 개의 방이 있는데, 이곳에 비슈누 신상이 모셔져 있다. 그리고 수리야바르만 2세의 유골은 탑의 중심에 있는 깊이 22m의 커다란 동굴에 안치되어 있다. 그러나 불교 사원으로 바뀐 현재 비슈누 신상 대신 세 개의 입불상과 누워 있는 열반 불상 한 개가 그 자리를 차지하고 있다.

우리가 올라왔던 앙코르 와트의 정문 서쪽으로 해가 진다. 가장 높은 곳이기에 다른 곳보다 좀 더 오랜 시간 해를 볼 수 있겠지만 그것은 무의미하다. 영원한 것은 없다. 영원한 삶을 꿈꾸었던 수리야바르만 2세도 떨어지는 해가 만들어내는 붉은 석양빛처럼 아름다운 앙코르 와트를 남기고 그렇게 왔던 곳으로 돌아갔다.

앙코르 와트에는 원숭이가 많다

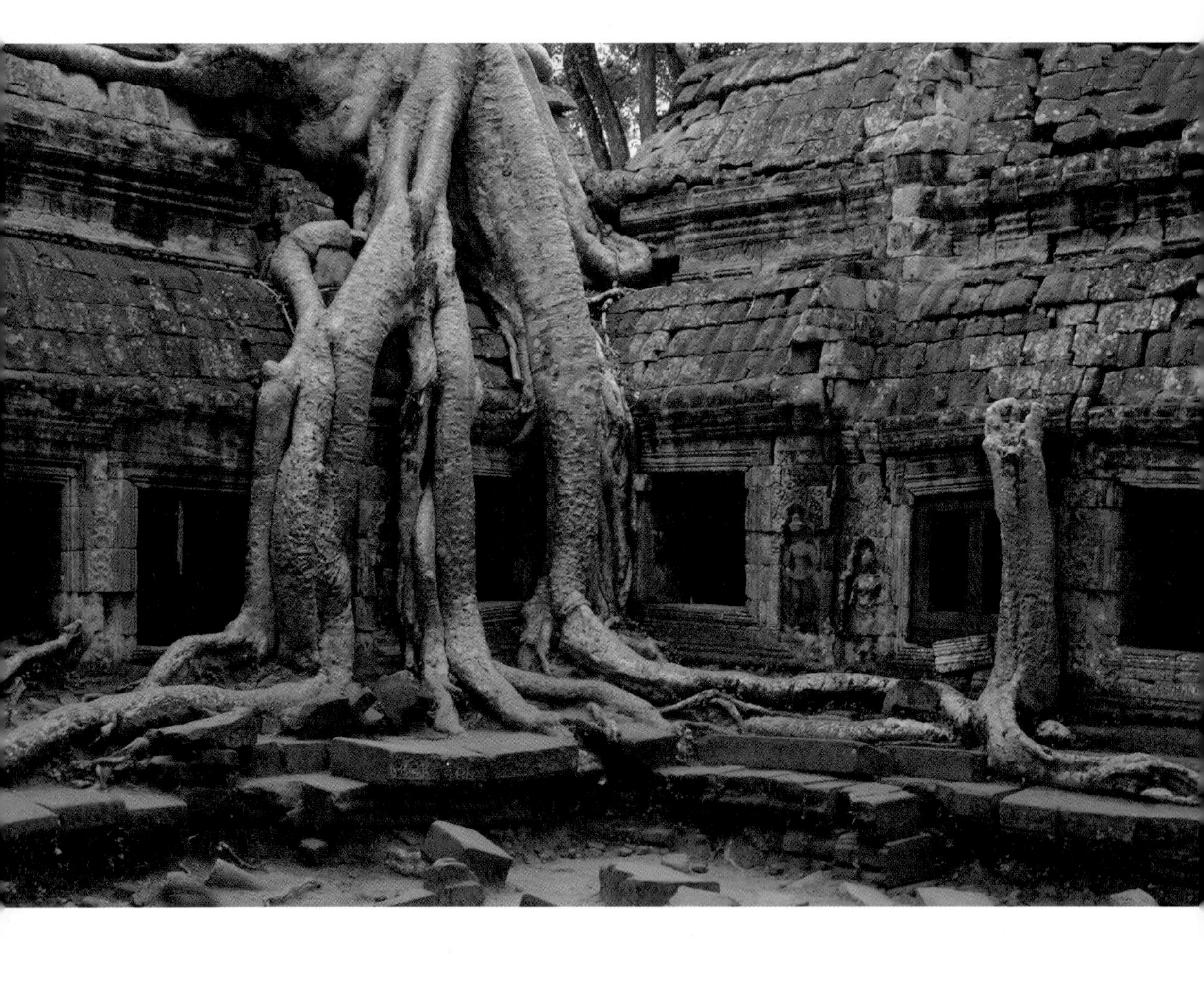

조상 사원

　조상숭배는 가족이나 씨족·민족의 조상을 제사를 통해 존경하는 마음을 표현하는 것이다. 일반적으로 개별적·가족적 숭배가 대부분이지만 씨족·부족·국가 등의 집단에 의해 행해지는 경우도 있다. 특히 역사적인 영웅과 같은 특정 인물은 다른 조상들보다도 우선적으로 받들어지고 단순한 조상의 개념을 넘어 신격화되는 경우도 있다.

　조상숭배에는 가문의 번창을 기도하고 평안하기를 기원하는 마음이 담겨 있다. 즉 자손이 친애親愛와 경모敬慕의 태도로 조상을 받들면 조상은 자손에게 현세의 행복을 부여해 준다. 그리고 조상은 자손의 규칙적인 제사로 저승에서 안녕을 누리게 된다는 것이다. 조상의 영혼을 불러서 기도하는 것은 살아 있는 자들의 공동체를 도와달라고 빌기 위한 것이다. 자손이 번창하여 가문이 영원히 계승 발전되고 질병과 전염병에 걸리지 않으며 풍성한 농작물의 수확을 염원하였다. 그리고 신들이 축복을 내려 줄 것을 기원하기도 하였다. 이는 조상들은 하늘에서 신들과 함께 거주하고 있어서 신들과 연결되어 있다고 믿었기 때문이다.

　조상숭배의 기본 개념은 좋은 일은 조상의 은덕이라고 믿는 것이다. 고위관리나 성직자가 왕의 총애를 받으면 그런 혜택이 자손에게 돌아갈 수 있도록 조상신에게 사당이나 사원을 지어 바쳤다. 그러면 이에 탄복한 집안의 조상이 그와 가족들에게 상을 내린다고 믿었다. 조상이 내린 혜택으로 자신과 가족에게 좋은 일이 생기면, 다시 그 보답으로 조상신에게 영원히 사당에 남아 있어달라고 빌게 되는 것이다.

　인드라바르만 1세는 아들 야소바르만 1세에게 세 가지의 유언을 남겼다. 그 가운데 첫째가 바로 '조상을 위한 신전을 지어라'는 것이었다. 따라서 창업기의 왕도인 롤루오스 지역에 최초로 건립된 조상을 위한 사원이 프레아 코다. 이후 따 솜과 타 프롬·프레아 칸 등 조상을 위한 사원이 건립되었다.

따 솜 Ta Som

혈연 중심의 신분제 사회에서 위대한 인물은 위대한 조상으로부터 시작된다. 나 자신이 위대해지기 위해서는 우선 조상부터 위대해야 한다. 혁명과 같은 비정상적인 방법으로 권력을 얻었을 때는 더욱 그러하다. 자신의 행위를 정당화하기 위해서 조상을 잘 모셔야 한다. 조상은 지난 세월을 살았던 과거의 사람이 아니라 현재의 나를 있게 한 미래의 사람이다.

부왕을 위한 사원 | 따 솜은 자야바르만 7세가 부왕의 제사를 위해 건설한 사원이다. 그는 원래 정통왕위의 계승자가 아니었다. 따라서 아버지의 제사를 지낼 사원이 없었다. 왕위에 오른 그는 자신의 정통성을 확립하기 위해 부왕에게 제사지낼 사원을 건립하였다. 프레아 칸의 비문에 의하면 이곳은 '가우라스리가자라트나 Gaurasrigajaratna', 즉 '행운의 보물 코끼리'로 불리웠다.

자야바르만 7세가 왕위에 오르기 전 앙코르 왕국은 안팎으로 혼란에 빠져 있었다. 밖으로는 참파국의 침입으로 왕도가 함락되었으며, 안으로는 수리야바르만 2세가 후사 없이 사망하자 치열한 왕위 쟁탈전이 벌어지고 있었다. 이 같은 혼란을 진압하고 자야바르만 7세가 왕위에 오른 것이다. 투르부바나디트야바르만이 승리하여 국왕으로 즉위했으나 참파국과의 전투에서 사망하였다. 따라서 수리야바르만 2세의 사촌이자 장군인 자야바르만 7세가 즉위하였다.

그는 정통왕위 계승자가 아니라는 약점을 극복하고 정통성을 확립하기 위해 국교를 불교로 바꾸었다. 그리고 아버지와 어머니 제사를 지내는 사원을 건립하였다. 국교를 엄격한 신분제를 바탕으로 하는 힌두교에서 평등사상을 강조한 불교로 전환하였다. 그리고 왕이 아니었기 때문에 제사를 지낼 공간이 없었던 아버지를 위해 사원을 건립하였다. 자야바르만 7세는 아버지를 위한 사원인 프레아 칸을 짓기 전에 자야타타카 저수지의 동쪽, 동 바라이의 북쪽에 우선 따 솜을 건립한 것이다.

아담함은 정겨움으로 다가오고 |

따 솜은 작고 아담하다. 마치 어머니를 위한 사원 타 프롬과 반테이 끄데이를 축소해 놓

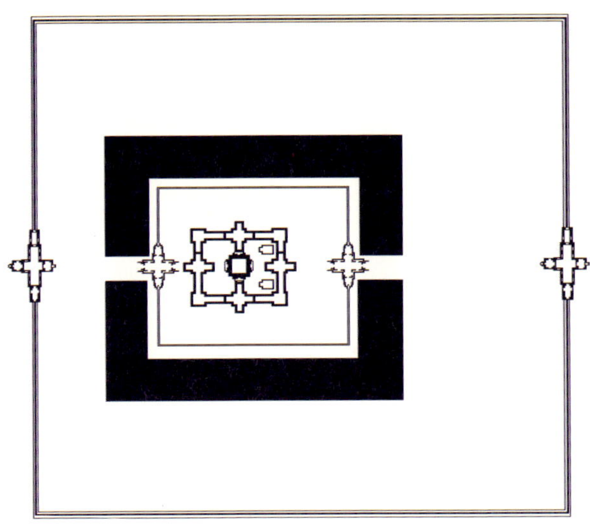

은 듯하다. 사원은 본 건물 이외에 다른 건물이 없어서 무척 단아하다. 그러나 붉은색 라테라이트 벽돌로 세 겹의 담장을 쌓아 위엄을 더했다. 그리고 벽에는 단정하고 정교한 부조를 새겼다. 일반적으로 앙코르의 사원들은 3단·5단·7단 등 메루산을 형상화 하고 여러 개의 단을 쌓아 치솟는 모습을 하고 있다. 그러나 부모에게 제사지내기 위한 따 솜은 단촐하게 단일 기단 위에 단층으로 지었다. 오히려 겸손해 보이고 무척이나 아늑한 느낌을 준다.

따 솜은 중앙신전이 외부 담과 중간 담, 내부 담의 3중담으로 둘러싸여 있는 구조이다. 외부의 담은 240×200m로 동쪽과 서쪽에만 각각 고푸라 탑문이 있다. 동서남북 사방에 탑문을 가진 다른 사원과는 다르다. 동서를 축으로 좌우 대칭인 따 솜의 주 출입문은 동쪽 문이다. 그러나 관광객은 도로와 가까운 서쪽으로 출입하도록 되어 있다.

외부 담의 동쪽 출입문과 서쪽 출입문은 4면에 사람의 얼굴이 새겨진 고푸라 탑문 형태이다. 고푸라 탑문은 통로 위를 탑처럼 높게 쌓아서 위엄 있고 장중함을 느끼도록 한 것이다. 이곳에 사람의 얼굴을 새긴 것은 자야바르만 7세가 처음이다. 그는 국교를 힌두교에서 불교로 바꾸면서 탑문 위에 관세음보살상을 새겼다. 탑문에 새겨진 사람의 얼굴은 신왕사상을 반영한 것으로 불교의 관세음보살상인 동시에 자야바르만 7세 자신의 모습이다. 그가 관세음보살의 모습으로 은은한 미소를 띠며 자비로운 눈길을 백성들에게 보내고 있는 것이다. 따 솜의 고푸라 탑문에 새겨진 관세음보살상이 앙코르 지역에 있는 관세음보살상 가운데 가장 먼저 만들어진 것으로 추정된다. 탑문 위에 관세음 보살상을 세우는 것은 그가 즉위한 이후에 나타나는데, 자야바르만 7세가 즉위 후에 처음으로 건축한 것이 바로 아버지를 제사 지내기 위한 따 솜이었기 때문이다.

동쪽과 서쪽의 출입문은 십자형으로 되어 있다. 4면으로 작은 별실을 갖고 있다. 동쪽과 서쪽 별실 앞에는 기둥으로 떠받쳐진 현관이, 남쪽과 북쪽 별실은 작은 기둥이 바깥쪽 창문을 떠받치는 구조이다. 출입문의 박공면에는 불상과 불교와 관련된 내용이 조각되어 있다. 그리고 고푸라 탑문 벽에는 풍만한 압사라들이 마치 벽 안에 갇힌 듯 생생한 모습으로 새겨져 있다.

한편 동쪽 탑문은 돌탑문이 아니라 나무뿌리 대문 같은 인상을 준다. 거대한 나무뿌리가 문어발처럼 탑문의 지붕을 짓누르고 있다. 그러나 다른 각도에서 보면 나무의 뿌리가 두 팔을 벌려 탑문을 감싸 안고 있는 것 같다. 거대한 나무

의 푸른 잎은 연꽃 장식 아래 새겨진 관세음보살에게 그늘을 만들어 주고 있다. 관세음보살은 오가는 사람에게 자비로운 '바이욘의 미소'를 보낸다. 그리고 나무뿌리 틈새로 탑문의 박공면에 새겨진 불상들의 모습이 보인다. 사원의 벽에 새겨진 불상들이 자야바르만 7세가 죽은 후 힌두교로 전환하면서 모두 긁어내어 지워진 것과는 대조적으로 이곳의 불상 조각은 거대한 나무의 보호 속에 그 모습을 간직하고 있다. 따 솜에서 나무는 불교 유적의 파괴자가 아니라 보호자였다.

외부 담과 중간 담 사이에는 해자가 있다. 서쪽 탑문을 들어서면 아직도 제대로 복원이 이루어지지 않아 수많은 열대 거목들에게 짓밟힌 채로 유적들이 자연과 어우러져 있다. 해자도 우기에는 제 모습을 하고 있지만, 건기에는 풀이 자라 그 흔적을 확인할 수 있을 뿐이다. 해자 위에 나가와 가루다로 장식된 다리가 있고 다리 너머로 라테라이트로 만든 중간 담이 있다. 중간 담에도 외부 담과 마찬가지로 역시 동쪽과 서쪽에만 사암으로 만든 탑문이 있다. 탑문 외부에는 난간이 달린 창문도 있으며 기둥이 있는 현관을 통해 안으로 들어가도록 하였다.

내부 담은 $30 \times 20m$로 회랑의 형태를 하고 있으며, 코너에는 사암으로 지어진 별실이 있다. 그리고 내부 담의 동서남북 사방

나무에 덮인 동문

사원 벽의 부조, 남신

사원 벽의 부조, 여신

에는 네 개의 고푸라 탑문이 있다. 네 개의 탑문은 중앙에 있는 신전과 함께 다섯 개의 연꽃 모양의 탑을 형성한다. 내부 안 뜰에는 북동쪽과 남동쪽에 두 개의 장서각이 있다. 중앙탑은 회랑 형태의 내부 담 한 가운데 십자형으로 되어 있다. 역시 네 개의 출입문이 있으며 주 출입구는 동문이다.

따 솜에는 다른 사원들에 비해 아름다운 여신상이 많이 부조되어 있다. 주 출입문인 동문의 양쪽을 지키는 것은 주로 남신 데바이나 벽과 창문에 새겨져 있는 것은 대부분 여신 데바타이다. 따 솜의 데바타는 다른 사원의 그것에 비해 매우 밝은 미소를 띠고 있는 것이 특징이다. 화려한 장식을 하지 않은 소박한 모습이지만 입가의 미소에는 밝고 맑음이 있다. 복원 작업을 하면서 이를 맞춘 얼굴들이 원래의 돌 색깔과 차이가 나지만 그 미소는 전혀 훼손되지 않았다. 누군가 여신의 입술에 연한 붉은 빛의 루즈를 발라 주어 여신은 글자 그대로 자연 미인의 모습을 하고 있다. 여신들의 소박하고 맑은 미소가 있는 따 솜은 자야바르만 7세의 자비와 정겨움이 가득한 사원으로 자리매김하였다.

타 프롬Ta Prohm

자연은 어머니다. 만물이 자연에서 태어났기 때문이다. 어머니는 언제든지 돌아가 안길 수 있는 곳이다. 항상 포근하고 따사로운 어머니의 품안은 영원한 고향이다. 고통과 고난을 이겨내고 자식을 키워낸 어머니는 위대하다. 인류의 어머니인 자연 역시 위대하다. 인간에 의해서 훼손되고 무너져 내린 것을 다시 제자리로 돌려놓는 자연은 위대하다. 타 프롬에서 우리는 위대한 어머니와 위대한 자연을 만날 수 있다.

어머니를 위한 불교 사원 | 타 프롬은 자야바르만 7세가 어머니에게 헌정한 불교 사원이다. 그가 왕도를 수복한 후 첫 번째 사업이 타 프롬의 건설이다. 이곳은 어머니 자야라자추다마니와 스승을 위하여 자야바르만 7세의 즉위 해인 1181년에 시작하여 1186년에 완성하였다.

비문에 의하면 1186년 빛나는 보석으로 장식된 어머니 자야라자추다마니의 신상을 만들었는데 부처님의 어머니 모습과 같게 하였다. 이 신상을 프라즈나파라미타Prajnaparamita라고 하는데 '지혜롭고 완벽한 사람'이라는 뜻이다.

타 프롬은 자급자족이 가능한 하나의 도시였다. 3,140개의 마을을 통치하였으며 8만 명의 사람들이 예속되어 사원을 관리하였다. 그리고 왕도를 수복한 자야바르만 7세가 타 프롬을 건립하고 그곳에 많은 하사품을 내렸다. 커다란 일산日傘이 달리고 황금으로 손잡이를 장식한 가마를 비롯해서 위엄이 있는 휘장과 비옥한 토지 등을 내렸다. 수많

은 승려와 관리가 거주하면서 많은 재물과 쌀을 소유하고 있었다.

이 내용은 타 프롬의 비문에 기록되어 있다. 사원에는 400명의 남자, 18명의 고승, 2,740명의 승려, 2,232명의 수련자 그리고 615명의 무희 등 모두 12,640명이 거주하였다. 그리고 주변 마을에는 66,625명의 남자와 여자가 신에게 봉사하고 있었으며 미얀마인과 참파인을 포함하여 모두 79,265명이 살고 있었다. 국왕으로부터 하사받은 사원의 재산 또한 종류가 다양하고 양이 엄청났다. 967장의 중국제 장막, 512개 비단 침대, 523개의 일산을 비롯하여 무게가 500kg이나 되는 황금으로 만든 접시 세트, 35개의 다이아몬드, 40,620개의 진주 그리고 4,540여 개의 각종 보석 등을 소장하고 있었다. 무희들이 춤을 추었던 홀의 흔적은 타 프롬의 화려함과 융숭함을 상징적으로 보여주는 유적이다.

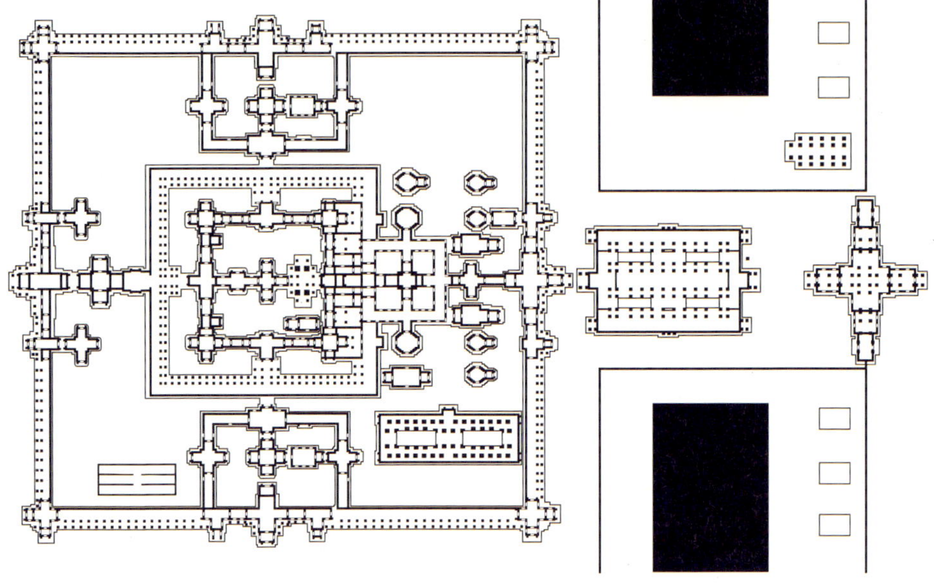

정글 속의 사원 | 타 프롬은 정확한 크기와 규모를 알 수 없는 정글 속의 사원이다. 장방형 외벽은 허물어지고 사원 내부에 있었던 대부분의 유적도 워낙 깊은 밀림 속이라 발굴이 불가능하기 때문이다. 열대 지방의 거대한 밀림은 타 프롬을 인간의 영역에서 자연의 영역으로 환원시켜 버린 것이다.

타 프롬은 거대한 나무들의 침범으로 붕괴의 정도가 심하다. 복원작업에서 가장 중요한 일은 어느 나무를 어떻게 잘라내야 하는가이다. 사원을 덮고 있는 나무들을 적당히 베어내는 작업만으로도 복원작업은 벅차다. 그러나 이곳을 처음 발견한 프랑스의 극동학원팀 EFEO은 이 사원을 복원하기 보다는 자연 그대로의 모습으로 보존하기로 결정하였다. 그것은 세월이 흐르는 동안 인간이 만든 사원을 자연이 원래 자연의 모습으로 환원시키는 과정과 결과를 보여주기 위한 것이다. 성장억제제를 주사하여 식물의 번식을 억제하는 것 이외에 가능한 한 사원에 인간의 손을 대지 않고 있다. 다만 붕괴의 위험이 있는 부분만 더 이상 무너지지 않도록 응급조치를 취하고 있을 뿐이다. 덕분에 우리는 자연에 순종하는 유적의 독특한 아름다움을 만날 수 있다.

사원의 파괴자이면서 사원을 지탱하는 것은 나무들이다. 사원을 습격한 나무는 크고 연한 갈색의 굵고 울퉁불퉁한 뿌리를 가지고 있는 비단목화 나무^{Ceiba pentandra}와 가늘고 매끄러운 뿌리를 가지고 있는 무화과 나무^{Ficus gibbosa}이다. 새가 나무의 씨앗을 먹고 사원의 상층부에 배설을 하면 돌 틈 사이에서 새싹이 발아한다. 새싹은 수분이 있는 흙을 찾아 서서히 뿌리를 아래쪽으로 내린다. 뿌리가 흙을 만나면 무럭무럭 자라나서 돌 틈 사이로 파고 들어가 쐐기처럼 돌덩이를 벌려 나간다. 타 프롬의 거대한 나무뿌리들은 문어발처럼 사원을 휘감고 있다. 사원의 지붕을 짓누르고, 두 팔로 감싸 안듯이 껴안고, 또 다른 먹이를 찾아 땅위로 구불구불 기어 다닌다.

나무는 파괴자인 동시에 동거자이다. 나무의 뿌리는 사원을 지탱하는 버팀목의 역할을 한다. 만일 나무가 죽어서 쓰러지게 되면 사원 역시 무너지게 될 것이다. 나무를 베어낼 수도 그대로 둘 수도 없는 그야말로 적과의 동침이다. 안젤리나 졸리 주연의 '툼 레이더' 영화가 이곳에서 촬영되었고, 이 영화는 타 프롬을 세계적인 명소로 만들었다.

사원도 자연이다. 인간은 자연을 이용해서 새로운 자연, 즉 사원을 만

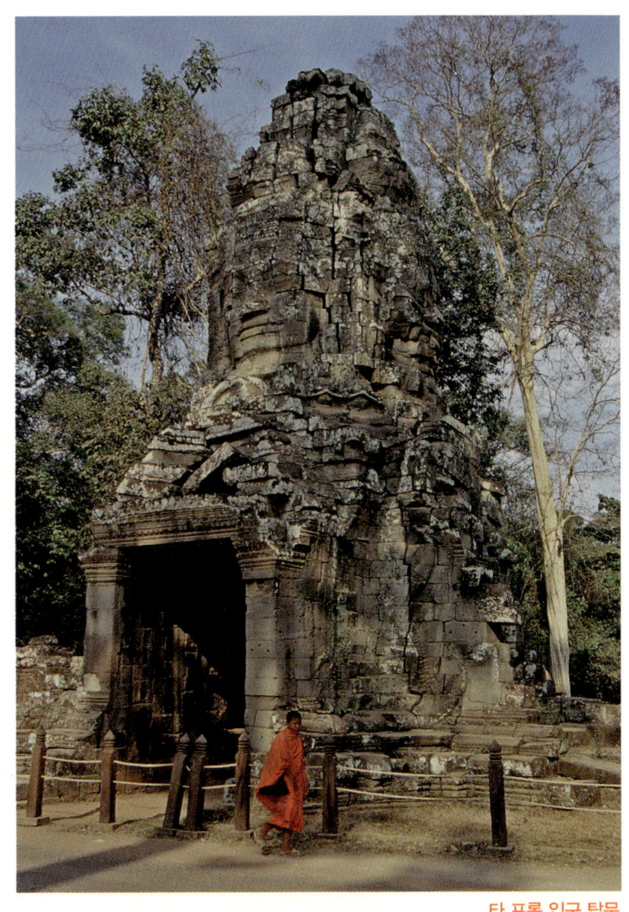

타 프롬 입구 탑문

들었을 뿐이다. 인간이 생명을 다하면 자연으로 돌아가듯이 사원도 생명이 다하면 자연으로 돌아간다. 나무 곧 자연은 사원을 파괴하는 것이 아니라 오히려 인간에 의해 파괴된 자연을 원래대로 회복시키고 있는 것이다. 타 프롬에서 폐허를 보는 것이 아니라 원래의 모습으로 돌아가는 새로운 시작을 만나는 것이다.

장방형의 작은 도시 속 사원 | 타 프롬은 외벽으로 둘러싸인 장방형의 작은 도시 속의 사원이다. 라테라이트로 만든 외벽은 동서 1,000m, 남북 650m에 이르지만 현재는 무너져 흔적만 남아 있다. 비문에 의하면 사원에는 260개의 신상과 39개의 첨탑, 그리고 566개의 집단 주거시설이 있었다. 중앙의 사원은 장방형의 내부에서 약간 서쪽으로 치우친 곳에 정방형으로 자리하고 있다.

타 프롬을 덮고 있는 거대한 나무 뿌리

사원의 중심으로 연결되는 통로는 고푸라 탑문으로 연속되어 있다. 장중한 고푸라 탑문을 통해서 중앙에 접근하도록 한 것은 사원을 보다 성스럽고 엄숙하게 표현하기 위한 것이다.

타 프롬의 외벽에는 동서남북으로 네 개의 문이 있다. 각각의 문은 십자형의 탑으로 만들어져 있고 탑 위에는 사방을 바라보는 네 개의 얼굴이 조각되어 있다. 바이욘 사원에서 보았던 바로 그 얼굴, 관세음보살상이자 자야바르만 7세의 얼굴이다. 그러나 현재는 서쪽 문만 그 조각이 남아 있고 나머지 세 개의 문은 무너졌다. 이 가운데 주 출입구는 '왕의 문'인 동쪽 문이다. 신전 배치도 동문을 기준으로 중앙사원과 연결되어 있으며, 동쪽 문과 서쪽 문을 연결하는 선을 축으로 하여 좌우 대칭과 반복의 형태로 사원이 건설되었다. 그러나 일반 관광객들은 도로 사정과 탑문이 보존되어 있는 이유 때문에 동문보다는 서쪽 문을 통해 출입하는 경우가 일반적이다.

동쪽 문으로 들어서면 나무가 무성하다. 동쪽 문에도 네 개의 얼굴이 새겨진 십자형의 탑문 곧 고푸라가 있었다. 그리고 목조 건축물도 있었다. 그러나 지금은 소실되어 그 흔적만을 확인할 수 있을 뿐이다. 동문을 들어와 높은 숲 사이로 만들어진 붉은 흙길을 400m 정도 걸어가면 지면보다 약간 높은 웅장한 사암 테라스와 탑문을 만나게 된다. 중앙 사원으로 들어가는 첫 번째 문이다. 탑문은 십자형이며 사방으로 향한 네 개의 현관과 두 개의 통로가 측면으로 나 있다.

문을 들어서면 선방과 무희들의 전당이 있다. 오른쪽에 돌기둥만 남아 있는 건물과 작은 방들이 테라스를 따라 줄지어 있다. 돌기둥은 목조 건물의 기초였던 것으로 추측되며 이 방들은 선방禪房이었던 것으로 생각된다. 그리고 서쪽 정면에 네모난 기둥과 춤추는 압사라 장식이 있는 건물이 있다. 이것이 '무희의 전당Hall of Dance'이다. 무희의 전당에서는 종교의식이나 행사가 있을 때 사원에 소속되어 있던 615명의 무희들이 공연하던 곳이다. 고혹적인 무희들의 춤은 볼 수 없지만 무희 압사라의 아름다운 자태는 곳곳에 숨어 있는 부조에서 확인할 수 있다.

중앙사원은 112×108m의 거의 정방형이며 세 개의 담 혹은 회랑으로 둘러싸여 있다. 세번째 담은 테라스의 형태로 되어 있으며 동서남북의 네 방향에는 네 개의 탑문이 있

사원의 거대한 나무 뿌리

다. 주위를 둘러싸고 있는 담장과 회랑은 우주의 중심축인 수미산 주위를 감싸고 있는 산맥들을 상징한다. 바깥에 있는 담장은 왕과 신을 보호하는 영역을 표시하는 것으로 '왕실의 담장'이라고 불린다. 주 출입문인 동문을 들어서면 두 개의 주랑이 서쪽을 향해 있다. 왼쪽에는 별채가 있는데 이 건물은 아마도 경전을 보관하였던 장서각으로 추정된다. 남쪽과 북쪽에는 담으로 둘러싸여 있는 건물이 있다. 이것은 자야바르만 7세와 그의 형 그리고 스승만이 사용했던 곳이다. 특히 남쪽의 건물에는 석가모니가 출가하는 모습 소위 '위대한 출발'이 조각되어 있다. 이는 자야바르만 7세가 자신을 석가모니와 동일시하기 위한 것으로 생각된다.

두 번째 담은 회랑의 형태로 되어 있다. 회랑의 각 방들은 첫 번째 회랑과 이어져 있다. 첫 번째 회랑의 내부 담벽에는 다양한 문양들이 부조되어 있다. 카페트 같은 것을 드리운 장식, 소용돌이 무늬 장식 등이 그것이다. 첫 번째 담 역시 회랑의 형태로 되어 있다. 회랑은 동서남북에 출입문이 있어서 각 방향에서 출입이 가능하도록 하였다. 그리고 중

부처의 출가 모습 '위대한 출발'

압사라

무너진 담장

앙신전은 십자형 회랑의 정중앙에 자리하고 있다.

중앙신전은 빛나는 보석으로 장식된 어머니 자야라자추다마니의 신상을 모셨던 곳이다. 그러나 현재 내부에는 아무런 장식이 없다. 내부 돌에는 망치로 두드린 자국이 남아 있다. 아마 도색을 하였거나 금박을 입히기 위하여 기초 작업을 했던 것으로 생각된다. 사방 벽에는 바닥부터 천정까지 일정한 간격으로 구멍이 나 있다. 여기에 나무 판자를 덮었거나 벽토 혹은 금속을 덮었던 것으로 보인다. 화려했던 방은 어둠속 폐허의 모습으로 변하였다. 권력과 부의 허망함을 암묵적으로 보여준다.

세월을 이겨낸 불교 조각들 | 자야바르만 7세는 앙코르 왕국의 국교를 힌두교에서 불교로 전환하였다. 그가 죽고 아들 인드라바르만 2세가 즉위하자 브라만 세력들에 의해 다시 국교가 힌두교로 바뀌었다. 따라서 자야바르만 7세가 건립한 불교 사원은 파괴되거나 힌두교 사원으로 전환하였다. 불교에 대한 탄압은 이후에도 지속되어 자야바르만 8세 때는 더욱 심하였다.

타 프롬은 불교 사원으로 자야바르만 7세가 죽고 국교가 힌두교로 바뀌면서 힌두교도들에 의해 상당 부분이 파괴되었다. 그러나 불교 관련 조각과 힌두교 관련 조각들은 일부 손상되지 않고 남아 있다.

사원의 남쪽 두 번째 담과 세 번째 담 사이에 다시 담으로 둘러싸인 건물에 불교조각이 남아 있다. 그 건물 가운데 탑의 박공면에 석가모니가 출가하는 모습 ‘위대한 출발’이 조각되어 있다. 석가모니의 출가를 막기 위해 부왕은 성문을 굳게 닫고 무장한 군사들로 하여금 지키게 하였다. 그러나 석가모니는 잠에 빠져 있는 깊은 밤에 마부 찬다카가 고삐를 잡은 애마 칸타카를 타고 성문을 빠져 나왔다. 이때 말발굽을 천으로 싸서 소리를 죽이고 궁전을 빠져 나올 수 있도록 네 명의 신이 말발굽을 받쳐주었다.

사원 부조 가운데 눈길을 끄는 또 다른 하나는 동쪽 고푸라에 장식된 부처와 마왕 파순과의 싸움이다. 부처가 깨달음을 얻기 위해 명상에 들었을 때, 이를 방해한 자는 마왕이다. 부처가 ‘정각正覺을 이루기 전에는 결코 이 가부좌를 풀지 않으리라’라고 결심하자, 마왕은 1천 명의 아들을 불러 부처를 항복시킬 방법을 물었다. 그러자 착한 아들 5백 명은 부처에게 귀의하여 오른쪽에 서서 공격을 반대하였고 악한 아들 5백 명은 왼쪽에 서서 마왕에 동조하였다. 결국은 모두 부처에게 항복하였다. 자야바르만 7세는 자신을 부처에 비정하고 자신의 적들을 모두 마왕과 그 무리로 규정하였다. 결국 모두가 자신에게 항복할 것임을 암시하였다.

타 프롬에 모셔져 있었던 불상은 파괴되고 일부는 외부로 반출되었다. 그 가운데 하나가 프랑스의 기메박물관에 소장되어 있다. 11세기 후반의 바푸온 양식으로 추정되는 불상으로 몸은 파괴되고 머리 부분만 남아 있다. 타 프롬의 동쪽 입구 별관에서 발견된 것으로 프랑스 고고학 탐험팀에 의해 프랑스로 반출되었다. 비록 몸체는 남아 있지 않지만 근엄하면서도 온화한 부처님의 얼굴 모습은 부처님의 자비를 느끼기에 충분하다.

문과 벽면의 압사라 장식

파괴된 불상 조각이 있었던 흔적

가짜 창문과 벽면 조각

프레아 칸 Preah Khan

아버지는 강하다. 현재의 나를 만들어 낸 것은 어머니의 자애로움과 아버지의 강인함이다. 아버지에게 물려받은 강임함은 나의 가족을 보호하고 나라를 지켜 나갈 수 있는 힘의 원천이다. 신성한 칼에서 나오는 단호하고 위대한 힘은 바로 아버지에게서 물려받은 것이다.

자야바르만 7세의 아버지 다하란닌드라바르만^{Dharanindravarman}은 왕이 아니었다. 따라서 자야바르만 7세는 자신의 아버지를 위해 사원을 건립하고, 아버지에게 제사를 올림으로써 먼저 아버지를 신격화하였다. 엄격한 혈연 중심의 신분사회에서 자신의 신분을 국왕에 걸맞는 신분으로 상승시키기 위해 자야바르만 7세는 정통성을 확보하고자 하였다. 신격화된 아버지에게서 아들은 강력한 힘을 얻게 된 것이다. 따라서 우리는 프레아 칸에서는 공포심을 불러일으킬 정도의 강력한 힘을 느낄 수 있다.

아버지에게 헌정한 불교 사원 | 자야바르만 7세는 참파군의 침략을 물리치고 왕도를 수복하였다. 왕도를 수복한 후 어머니를 위한 사원인 타 프롬을 건설하고 이어서 아버지 다하란닌드라바르만을 위한 불교 사원 프레아 칸^{Preah Khan}을 1191년에 건립하였다.

프레아 칸은 승리를 상징하는 곳이다. 프레아 칸이 건립된 이곳은 이전의 국왕인 야소바르만 2세와 트리부바나디타바르만의 궁궐이 있었던 곳이다. 이곳에 1177년 참파국

프레아 칸 입구 서쪽 탑문

이 대대적인 공격을 감행하였다. 수많은 배를 타고 메콩강을 거슬러 올라와 톤레삽 호수를 가로질러 앙코르 왕국을 공격하였다. 참파군에 의해 국왕 트리부바나디타바르만는 살해되고 왕도는 약탈당하였다. 그러나 자야바르만 장군이 남은 군대를 이끌고 톤레삽 호수에서 벌어진 전투에서 참파군을 대파하였다. 그리고 '피의 연못'이라고 불리는 이곳에서 참파국의 국왕을 물리쳤다.

프레아 칸은 국왕과 왕국을 상징한다. '프레아 칸Preah Khan'이라는 명칭은 크메르 어로 '신성한 칼'이라는 뜻이다. 전설에 의하면 앙코르 왕국의 창업주 자야바르만 2세가 왕국을 연 뒤 후계자인 왕자에게 국가의 위기를 지켜주는 신검을 물려주었다. 자야바르만 7세는 참파족과의 전쟁을 승리로 이끌기 위해 바로 그 신검을 이 사원에 모셔왔다.

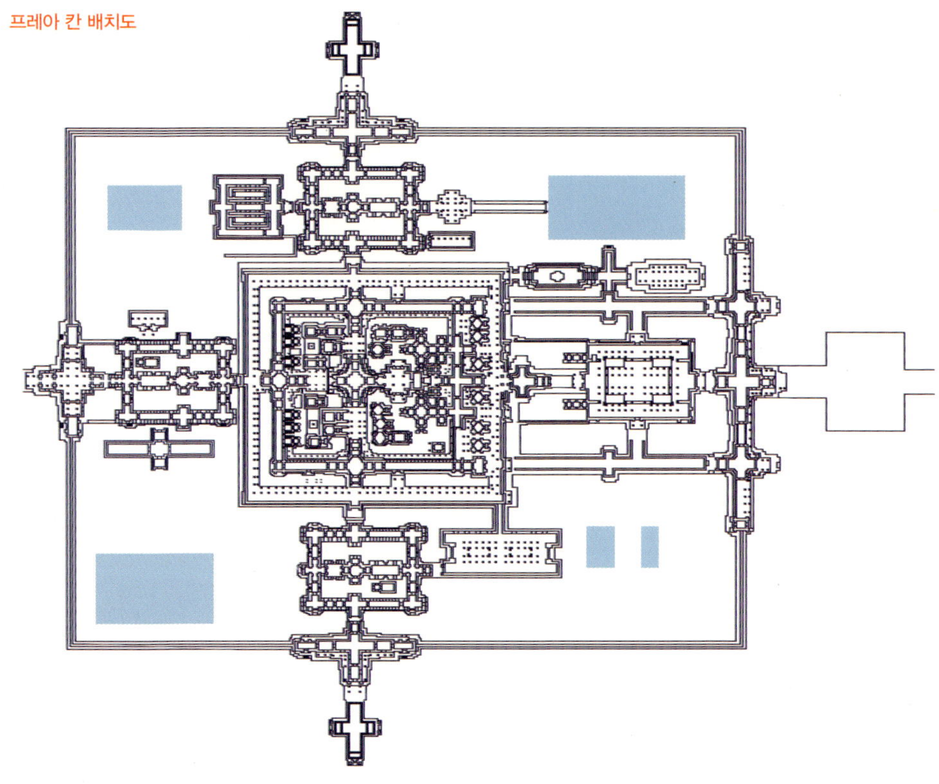

주달관의 『진랍풍토기』에도 신성한 칼에 대한 기록이 남아 있다.

새로운 국왕은 죽은 왕 자야바르만 8세의 사위로 병권을 담당하는 지위에 있었다. 장인인 자아뱌르만 8세가 죽자 그의 딸이 '왕권을 상징하는 선왕의 금으로 된 보검'을 훔쳐 남편에게 주었다. 이 때문에 선왕의 아들이 왕권을 차지하지 못하였다. 한 때 선왕의 아들이 복위를 시도하였으나 국왕이 이를 간파하고 체포하여 발가락을 절단하고 깜깜한 지하실에 가두어 버렸다.

'신성한 칼'이 자야바르만 7세 이후에도 국왕의 지위와 권위의 상징이었음을 알 수 있다.

프레아 칸은 임시 왕궁으로도 사용되었다. 앙코르 톰과 마찬가지로 참배나 예배만을 위한 사원이 아니라 실제 사람들이 거주하는 하나의 작은 도시였다. 1939년에 발견된 석조 현판의 기록에 의하면 98,000명의 승려와 무희가 속해 있었고, 사원 내에 10만 명의 농민과 노예가 거주하였으며 부근에는 60만 명의 주민이 살았다. 사원은 도시 중앙에 있으면서 정치·경제의 중심 역할을 하였다. 사원에 부속된 수도원은 1,000여 명의 교수가 학생을 가르치는 불교대학으로서의 역할도 담당하였다. 그리고 참파국과 전쟁으로 파괴된 수도 앙코르 톰을 재건하는 동안 이곳을 임시 왕궁으로 사용하였다.

웅장하고 장엄한 구조 |

프레아 칸의 기본 구조는 타 프롬과 동일하다. 다만 타 프롬이 여성적이고 아름다운 맛을 주는 것과는 대

프레아 칸으로 들어가는 길

조적으로 프레아 칸은 남성적이고 웅장한 맛을 준다. 특히 참파국과 전쟁 중에 건립된 것이기 때문에 용맹과 투지를 북돋우는 거대한 석상이 돋보인다.

프레아 칸의 원래 설립 목적은 불교 사원으로 승려를 교육시키는 수도원의 성격이었다. 그러나 앙코르 톰이 복구되기까지 임시 왕궁으로 사용하였기 때문에 일반사원에서 볼 수 없는 건축물과 부조들이 추가되었다. 프레아 칸 서쪽 탑문 앞에 앙코르 톰의 탑문에서 볼 수 있었던 신과 악마의 우유바다 젓기 장면이 설치되어 있다. 뱀의 몸통을 안고 있는 선신과 악신이 긴 입구를 지키고 있다. 그리고 왕이 거처 하는 곳이었기 때문에 일반 사원에서는 볼 수 없는 다양한 부속 건물들이 곳곳에 자리하고 있다.

프레아 칸은 네 개의 담으로 구성되어 있다. 가장 외곽에 있는 네 번째 담은 도시를 둘러싸고 있는 담으로 동서남북에 네 개의 탑문이 있다. 800×700m의 해자로 둘러싸여 있는 안쪽은 56헥타르의 작은 도시였다. 라테라이트로 만들어진 담의 외벽에는 높이 5m의 사암으로 된 가루다상이 50m 간격으로 조각되어 있다. 그리고 나가가 가루다와 함께 조각되어 있는데, 가루다가 나가의 꼬리를 움켜쥐고 하늘 높이 두 손을 들고 있는 형상이다. 이같은 조각은 총 3km 둘레의 네 번째 담에 72개나 조각되어 있다. 가루다와 나가는 하늘과 땅 그리고 물을 지키는 수호신으로 앙코르 톰의 테라스에도 조각되어 있다. 프레아 칸은 국왕이 임시 왕궁으로 사용했던 곳이기에 다른 사원과는 달리 나가와 가루다상이 조각되어 있는 것이다. 앙코르 톰의 코끼리 테라스에 나가와 가루다상이 조각되어 있는 것과 마찬가지이다.

네 번째 담을 따라 있었던 해자는 종교적 의미보다는 적의 침입에 대비한 것이었다. 지금은 거의 밀림화되었지만 당시에는 자야바르만 7세가 건설한 저수지 자야타타카바와 연결되어 있었을 것으로 추측된다. 그리고 당시 승려들이나 참배객들의 거처가 제1 외벽 인근에 있었으나 지금은 그 흔적만이 남아 있을 뿐이다.

세 번째 담은 200×175m로 사원의 외곽을 형성하고 있으며 네 개의 탑문이 있다. 프레아 칸은 왕의 출입문과 신하의 출입문이 구분되어 있었다. 동문은 왕이 출입하는 가장 큰 대문으로 왕의 행렬만이 출입하였고 신하들은 서문으로 출입하였다.

동쪽 탑문은 장엄한 테라스의 형태로 되어 있다. 입구에 왕의 위엄을 상징하는 장엄

외벽과 탑문

담의 외벽에 새겨진 가루다

한 두 마리의 사자가 당당한 모습으로 자리하고 있다. 그리고 나가 형상의 난간이 있는 다리를 건너면 동쪽 탑문을 만난다. 동쪽 탑문은 웅장한 가운데 탑문을 중심으로 좌우로 두 개의 작은 탑문을 날개처럼 껴안고 있다. 가운데 중앙 문이 국왕 전용 탑문이다. 중앙 문 입구에는 남신 상이 양쪽을 지키고 있다. 비록 목은 부러져 없어졌지만 근육질로 이루어진 몸매는 그 당당함을 느끼기에 충분하다.

동문 테라스 위를 거목들이 짓누르고 있다. 외벽과 탑문·건물들을 완전히 거대한 나무들이 점령하였다. 오랜 세월이 지난 지금 나무가 오히려 유적의 지반까지 지지하는 상황이라 나무를 잘라내면 건물이 무너져 버릴 위험도 있다. 유유히 담을 넘어가는 거대한 공룡과 같은 나무는 오히려 장엄한 분위기를 더해 준다.

동문을 들어서면 중정이 있다. 중정은 네 개의 작은 공간으로 구성되어 있다. 그리고 중정 가운데에는 타 프롬과 마찬가지로 '무희의 전당 Hall of Dance'이 있다. 무희의 전당

무희의 전당 벽면에 새겨진 춤추는 압사라

은 당시 궁중 연회가 개최되거나 사원에 제사를 드리거나 봉헌식을 할 때 무희들이 춤을 추어 분위기를 돋우고 축하하는 장소다. 무희의 전당은 원래 기둥으로 떠받쳐진 회랑 형태의 건물이었으나 지금은 무너지고 그 잔해들만 무더기로 쌓여 있을 뿐이다. 그 잔해 속에서 찾을 수 있는 상인방과 벽면에는 압사라 부조들이 새겨져 있다. 무희의 전당에 무희들은 세월 속으로 사라졌지만 춤추는 압사라는 이끼 낀 돌에 새겨져 아름다운 모습을 그대로 간직하고 있다.

무희의 전당 북쪽에 이층 건물이 주목된다. 사암으로 지은 이 건물은 특이하게 크메르 양식이 아니다. 크고 둥근 기둥이 촘촘히 2층을 받치고 서 있는 모습은 전형적인 서양 건축양식, 즉 그리스 풍이다. 2층인데도 계단이 없는 것은 올라가는 나무 계단이 소실되었기 때문으로 추측된다.

외국의 건축양식을 도입하여 만든 이 건물의 용도는 무엇일까? 장서각이라는 설과 신성한 검을 보관하던 장소라는 설이 있다. 이 가운데 자야바르만 7세가 신성한 검을 모셔와 이 건물에 보관했을 것이라는 설이 더 유력하다. 이 2층 건물이 프레아 칸에서 가장 독특한 양식으로 건립되었기 때문이다.

일반인의 출입은 서문으로 |

서쪽 탑문은 신하들이 출입하는 문이다. 서문을 통해 안으로 들어서면 중앙으로 갈수록 문이 좁아지고 높이도 점점 낮아진다. 이것은 신성한 중앙신전으로 들어가 신을 만나거나 국왕을 접견할 때는 복종과 존경의 뜻으로 머리를 숙여야 한다는 것을 의미한다. 현재 서문은 일반 관광객들의 주 출입구로 사용되고 있다.

서쪽 탑문 입구 진입로는 돌로 포장된 직선 도로이다. 다리와 만나는 지점에만 일부 포장돌이 남아 있지만 분명 다른 사원에서는 찾아 볼 수 없는 풍경이다. 그리고 진입로의 양쪽에는 경계석이 도열해 있다. 수십 개씩 양쪽에 도열해 있는 경계석은 사각 기둥으로 각 면에 사자가 새겨져 있다. 이 모든 것이 프레아 칸이 국왕이 거주하던 궁궐이었음을 나타내 주는 것이다.

해자를 건너는 다리의 난간은 우유바다 젓기의 모습을 하고 있다. 여러 개의 머리를 가진 나가를 선두로 우유바다 젓기를 하고 있는 선신과 악마들이 각각 자신의 자리를 지키고 서 있다. 선신과 악마 가운데 머리가 남아 있는 것은

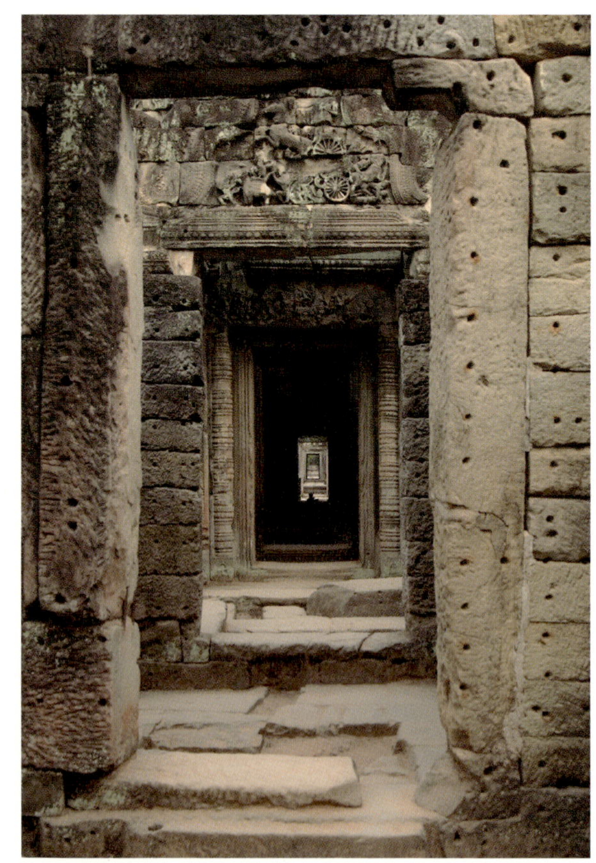

사원의 중심 통로

몇 개 없지만 그래도 다리의 장중함은 그대로 살아 있다. 앙코르 톰의 남문과 흡사한 이 같은 건축양식은 자야바르만 7세가 프레아 칸을 왕궁으로 사용하면서 도입한 것으로 생각된다. 뱀의 긴 몸통을 잡고 1천 년 동안 영생의 약을 얻기 위해 열심히 휘젓는 왼쪽의 선신들과 오른쪽의 악마들이 긴 입구의 경계를 이루며 방문객을 맞이한다.

　서쪽 탑문은 완전하게 복원되어 제 모습을 갖추고 있다. 서쪽 탑문은 훼손의 정도가 심하였는데 세계문화유산기금의 적극적인 후원으로 복원작업이 진행되고 있다. 서쪽 문은 동쪽 문과 마찬가지로 세 개의 탑문으로 구성되어 있다. 중앙의 탑문에는 탑이 높듯이 문도 크다. 그리고 양쪽에 있는 탑문은 탑이 중앙에 비해 작듯이 문도 역시 작다.

중앙신전에 모셔진 링가

그리고 문과 문 사이는 회랑의 형태로 되어 있다. 회랑의 벽면에는 가짜 창문이 있고, 창문의 양쪽에는 여신상들이 지키고 서 있다. 중앙의 높은 탑문은 출입을 통제하고 있으며, 일반인은 양쪽의 작은 문을 통해 출입하도록 되어 있다.

　서쪽 문을 들어서면 무너진 신전들의 유적이 곳곳에 산재해 있고 세 개의 신전을 만난다. 중앙신전을 중심으로 서쪽과 남쪽·북쪽에 각각 신전이 있다. 서쪽 문을 들어서서 바로 만나는 것은 비슈누 신전이다. 그리고 왼쪽, 즉 북쪽에는 시바의 신전이 있으며 오른쪽, 즉 남쪽에는 부왕의 사당이 있다. 프레아 칸이 불교 사원임에도 불구하고 힌두교 사원이 공존하는 것은 자야바르만 7세가 대승불교를 숭상하여 불교 사원을 건설하였다고 하더라도 힌두교 신을 무시할 수 없었기 때문이다. 그리고 자야바르만 7세가 죽은 후에 다시 힌두교로 복귀하면서 힌두교 사당들이 새로이 들어선 것으로 추정된다.

중앙신전은 두 개의 담 안에 있다. 십자형의 구조로 되어 있으며, 내부는 벽돌 위에 목재 프레임을 넣고 그 위에 청동으로 장식하였다. 즉 현재 벽에 뚫려 있는 많은 구멍들이 청동으로 된 판금을 붙인 곳이다. 중앙신전의 한가운데 자야바르만 7세의 아버지 '다하란닌드라바르만'의 입상이 있었으나 자야바르만 7세가 죽고 자야바르만 8세가 즉위하면서 파괴되었다. 그 자리에 스투파가 자리하고 있다. 아울러 힌두교 시바 신을 상징하는 링가도 함께 모셔져 있다. 이는 프레아 칸을 처음에 불교 사원으로 건립하였으나 후대에 다시 힌두교로 바뀌면서 힌두교 신들을 모시게 되었기 때문이다. 따라서 프레아 칸에는 불교의 불상과 함께 시바·비슈누 등의 힌두교 신들이 뒤섞여 있다. 중앙신전에서 동쪽은 통로문, 서쪽 방은 비슈누 신에게 바쳐진 사당이며 북쪽은 시바 신에게, 남쪽은 자야바르만 7세의 아버지에게 제사를 지내던 사당인데 아직 정글에 묻힌 채 남아 있다.

한편 프레아 칸에는 프레아 칸과 자야바르만 7세에 대한 역사를 기록한 비석이 있었다. 지금은 안전을 위하여 앙코르 국립박물관에 옮겨 보관하고 있다. 이 비문에 의하면 대승불교를 국교로 정한 자야바르만 7세가 도로를 건설하고 휴식소인 '삼낙'을 건설하였다. 앙코르 왕국 내부 횡단 도로를 비롯하여 앙코르에서 피마이, 앙코르에서 참파국의 수도에 이르는 고속도로를 건설하였다. 그리고 전국에 102개의 자선병원을 건립하였다. 자야바르만 7세의 시기가 앙코르 왕국 최대의 전성기였음을 보여주고 있다.

조각으로 남아 있는 불교와 힌두교 이야기 | 프레아 칸에 있었던 조각상 가운데 주목되는 것은 현재 프랑스 기메 박물관에 가 있는 공주 석상이다. 공주 석상은 양쪽 팔이 훼손되어 없어졌지만 두 손을 모으고 꿇어앉아서 불처에게 기도하고 있는 모습이었음을 쉽게 짐작할 수 있다. 다리에는 불상이 새겨져 있고, 눈을 내려 감고 있는 모습은 공주로서의 기품을 느

마차 탄 크리슈나

명상에 잠긴 비슈누

낄 수 있다. 상체는 드러내고 있지만 하체를 가리고 있는 치마에는 화려하고 정교한 문양이 새겨져 있다. 당시의 걸작품이었음을 짐작할 수 있다.

프레아 칸에서 힌두교와 관련된 조각이 있는 곳은 세 번째 담 안의 북쪽 신전이다. 여기에는 비슈누 이야기를 그린 부조들이 남아 있다. 이 가운데 가장 뛰어난 것은 고바르다나산을 들어 올리는 크리슈나이다. 크리슈나는 힌두교 유지의 신 비슈누의 여덟 번째 화신이다. 농부들이 구름과 비의 신인 인드라에게 제사를 지내다가 크리슈나의 권유로 고바르단이라는 산에 제사를 지내며 인드라에 대한 제사는 지내지 않았다. 이에 화가 난 인드라 신은 7일 밤낮 동안 억수같은 비가 쏟아지게 하였다. 이에 크리슈나는 소치는 사람들과 소떼를 보호하기 위하여 머리 위로 산을 들어 올리고 그 위에 사람들과 소떼를 올라가도록 하였다. 크리슈나는 7일 동안 한손으로 고바르단산을 들고 있었다. 그리고 그 곁에 동생 발라라마가 서 있다.

북쪽 신전 서쪽 회랑 박공면에 비슈누와 그의 화신들의 삶을 그린 부조와 아난타 위에 잠들어 있는 비슈누가 새겨져 있다. 비슈누가 세상에서 벗어나 쉬고 있는 모습이다. 비슈누는 용의 형상을 하고 있는 신화적인 존재 나가 아난타 위에 누워 우유의 바다에 뜬 채 우주의 두 시대 사이에 잠들어 있는 모습이다. 이 자세를 아난타사인이라고 한다.

세 번째 담의 서쪽 고푸라에 있는 박공면의 동쪽 면에는 '배에서 장기를 두는 사람들'이 그려져 있고, 서쪽 면에는 인도의 서사시 『라마야나』에 나오는 랑카의 전투 이야기가 그려져 있다. 랑카의 전투는 왕이자 영웅인 라마의 부인 시타를 랑카의 악마 왕 라바나가 납치하는 바람에 벌어진 대전투이다. 악마 라바나는 지극한 고행으로 힌두교 창조의 신 브라흐마의 은총을 입어 어떤 신도 결코 그를 죽이지 못하는 능력을 부여받게 되었다. 그러나 점점 교만해진 그는 하늘의 신들까지 괴롭히기 시작하였다. 그래서 비슈누는 세상으로 내려가 인간으로 태어나 라바나를 죽이기로 하였다. 라바나는 신에 의해서는 죽지 않지만 인간이나 원숭이에게는 죽임을 당할 수 있기 때문이다. 그 역할을 맡은 이가 바로 비슈누의 일곱 번째 화신인 라마왕자였다. 또한 라바나는 인간뿐만 아니라 원숭이에게도 죽임을 당할 수 있는 운명이라 신들은 모두 원숭이로 태어났다가 때가 되면 라마를 도와 악마 라바나를 죽이기로 한 것이다. 랑카전투에서 라마 왕자는 원숭이들의 도움을 받아 악마를 죽이고 시타를 구출하게 되었으며, 그 후 6천 년간 라마가 선정을 베풀었다.

　거대한 사원의 미로 속에서 해가 지면서 어둠이 내린다. 숲에서는 무서운 영화에서 들었던 기이한 새소리가 들리고 주변에는 인적조차 끊어졌다. 거대한 나무들이 사원을 덮치듯 공포심이 머리에서부터 발끝까지 내려온다. 서둘러 사원을 빠져 나왔다. 먼 과거 속으로 빨려 들어갔다가 간신히 빠져 나온 느낌이다. 신성한 칼에서 나오는 국왕의 권위와 아버지의 강인함이 폐허 속에서 공포심으로 변해 있었다.

문중 사원

　문중 사원은 특정한 개인이나 집안의 소원을 빌기 위해서 개인이나 집안이 건립한 사원을 말한다. 앙코르에 있는 대부분의 사원들은 국왕에 의해서 건립된 국가 사원으로 왕실과 일반 백성들을 위한 사원이다.

　조상을 숭배하는 사상은 인도를 통하여 캄보디아로 들어왔다. 캄보디아에서 브라만 계급과 중요한 군인·관료의 집안에서 조상을 위한 사원을 짓고 조상을 숭배하였다. 브라만 계급은 조정에서 아주 중요한 역할을 했으며, 왕의 정신적 스승이자 상담자로서 국가의 안녕에 반드시 필요한 거대한 종교의식을 주제하였다. 군인들은 이웃나라와의 전쟁뿐만 아니라 왕위 계승을 둘러싼 내부 전쟁에서 중요한 역할을 하였다. 그리고 관료 집단은 국가의 가장 중추적인 역할을 하였다. 이들은 국왕이 자신의 조상을 위하여 사원을 건립하는 것과 마찬가지로 그들의 조상신을 모신 문중 사원을 건립하였다.

　왕도王都는 국왕과 국가를 상징하는 곳이기 때문에 당연히 국가 사원은 왕도에 건립되었다. 반면 문중 사원은 국가가 아닌 개인이나 집안을 위한 사원이기 때문에 왕도에 건립할 수는 없었다. 따라서 문중 사원은 왕도에서 멀리 떨어진 자신들과 연고가 있는 지역에 건립되었다.

　문중 사원은 작고 아담하다. 개인 재정으로 건립하는 것이었기 때문에 대규모의 공사는 불가능하였다. 따라서 문중 사원은 규모를 줄이는 대신 온갖 정성을 쏟아서 작지만 아담하고 아름다운 사원을 건립하였다.

　앙코르 왕국은 강력한 왕권을 바탕으로 하는 전제국가였기 때문에 개인에 의해 건립되는 문중 사원은 많지 않다. 국가에 귀족들이 없었던 것은 아니지만 문중 사원을 건립할 만한 귀족은 그리 많지 않았다. 현존하는 문중 사원은 반테이 스레이Banteay Srei와 쁘라삿 끄라반Prasat Kravan 이다.

반테이 스레이 Banteay Srei

　반테이 스레이는 국왕이 아닌 개인이 세운 힌두교 사원이다. 앙코르에 있는 유적들은 모두가 국왕에 의해서 건립된 국가 사원^{State Temple}이다. 국왕에 의해서 건립된 국가 사원은 그 규모가 거대하고 웅장하며, 왕도王都에 자리하고 있다. 반면에 반테이 스레이는 라젠드라바르만 2세가 다스리던 시기에 제사 의식을 담당하던 브라만 고승이 세운 힌두교 사원이다. 967~968년에 이 지역의 호족이면서 왕의 스승이었던 야즈나바라하^{Yajnavaraha}가 지은 사원으로 규모가 작을 뿐만 아니라 위치도 왕도에서 북동쪽으로 약 40km 떨어진 곳에 홀로 자리하고 있다.

작고 고운 여인의 성체 |

반테이 스레이는 '여인의 성체'라는 의미이다. 반테이는 성체라는 뜻이며 스레이는 여인이라는 뜻이다. 그러나 여자와는 전혀 무관하다. 이 같은 이름이 붙여진 것은 사원의 분위기가 여성적이기 때문이다. 붉은색 사암과 붉은 라테라이트를 많이 사용하여 석양이 질 때면 사원 전체가 분홍빛 연꽃처럼 빛난다. 그리고 사원 전체를 장식하고 있는 정교하고 아름다운 부조의 조각들은 섬세하고 고운 여인의 아름다운 자태를 연상시킨다.

　반테이 스레이는 국왕의 권위를 과시하기 위한 국가 사원이 아니라 순수한 종교적인 사원이기 때문에 규모가 작다. 직사각형의 길다란 형태로 남아 있는 사원의 규모는 넓게 잡아도 500×500m를 넘지 않는다. 가장 외곽에 있었을 것으로 추정되는 외벽은 현

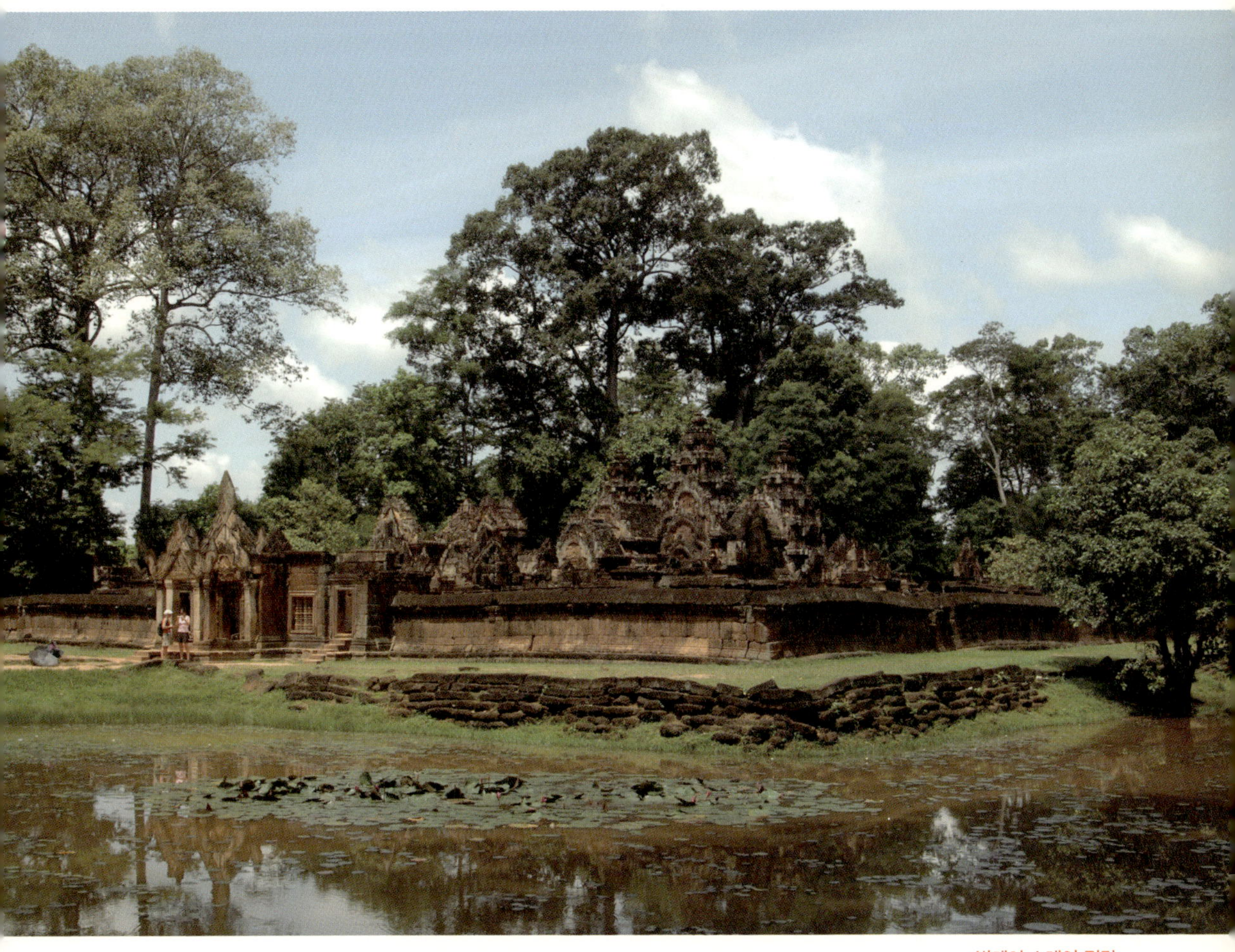

재 그 흔적을 찾을 수 없다. 외곽 담의 고푸라, 즉 탑문을 지나서 67m를 들어가면 3중의 담으로 둘러싸인 본격적인 건물군들이 나타난다. 외벽을 지나고 해자를 지나면 중간 담의 탑문이 나타나는데, 이 두 번째 담, 즉 중간담 안에 대부분의 건물들이 밀집되어 있다. 그 규모가 38×42m에 불과하다. 신전의 크기도 일반적인 신전들의 반밖에 되지 않는다. 문의 높이는 1.3m이며 중앙신전의 높이도 2m에 불과하다. 그러나 반테이 스레이는 작지만 모든 것을 다 포용하고 있는 우주요, 만다라다.

현재의 반테이 스레이는 울창한 밀림 속에 방치되어 있던 것을 1914년 프랑스인들

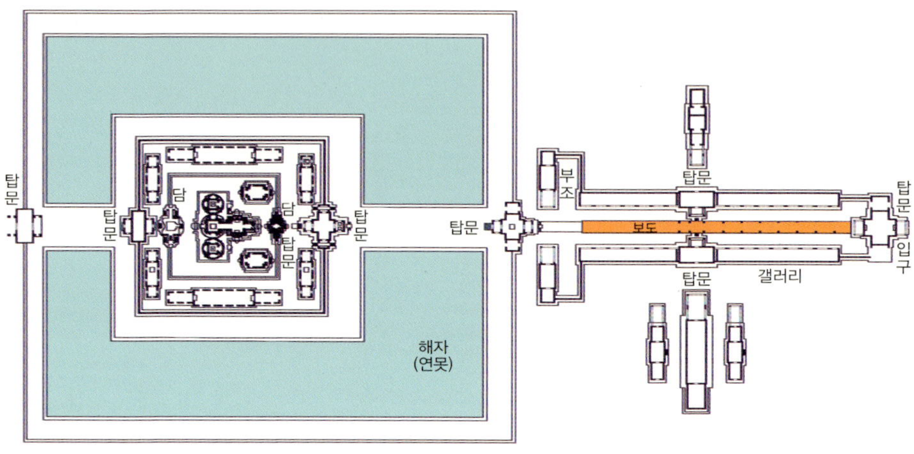

에 의해서 처음 발굴되었다. 1923년 고고학 탐험팀의 일원으로 이곳을 찾았던 프랑스의 유명한 소설가인 앙드레 말로 Andre Malraux는 아름다움에 매혹되었다. 특히 여신상에 반하여 프랑스로 밀반출하려다가 붙잡혀서 프놈펜의 감옥에 감금되었다. 도굴품을 모두 찾은 후에 석방된 앙드레 말로는 아이러니컬하게 후일 프랑스의 문화부 장관을 지냈다. 이 사건을 계기로 프랑스는 반테이 스레이에 대한 본격적인 발굴과 복원작업을 진행하였다. 1931년부터 1936년까지 프랑스의 고고학자 마샬 Marshal은 아나스틸로시스 Anastylosis 공법을 이용하여 복원작업을 진행하였다. 재건축 기법인 아나스틸로시스 공법은 붕괴된 원래의 조각들을 모아 원형을 추정한 뒤 하나하나 끼워 맞추는 기법이다. 피땀어린 정성으로 복원을 마친 마샬은 '반테이 스레이는 크메르 예술의 보석이다'라고 평하였다. 마샬은 복원을 통해 아름다운 구슬을 모아 더욱 아름다운 목걸이를 만든 것이다.

반테이 스레이는 작지만 보석처럼 아름답다. 그 아름다움은 섬세하고 화려한 건축과 정교한 조각이다. 이를 위해서 반테이 스레이는 벽돌의 사용을 최소화하고 전체를 붉은 사암으로 건축하였다. 반테이 스레이 조각의 특징은 크게 두 가지로 볼 수 있다.

첫째는 건축적으로 기둥 형식의 상인방 위에 삼각형의 돌조각인 프론톤 fronton을 올려 놓은 것이다. 이 프론톤, 즉 박공면을 3중으로 겹치게 쌓아 올렸다. 세 겹의 프론톤은 정면에서 바라보면 문 위로 불꽃이 활활 타오르는 듯한 화려하다. 반테이 스레이의 3중 박공면 구조는 건축사에서 가장 혁신적인 발전이다.

둘째는 조각적인 측면에서 부조의 입체성이다. 반테이 스레이의 부조는 거의 삼차원적인 깊이를 자유자재로 구사하고 있다. 끊임없이 펼쳐지는 넝쿨과 잎사귀 장식을 비롯해서 신화속의 인물들까지 2, 3중으로 겹쳐지는 공간성을 표출해 내고 있다. 거칠고 단단한 사암을 나무 주무르듯이 입체적 깊이로 표현해 내는 석공들의 솜씨는 경탄을 자아낸다. 힌두교 신화를 주제로 한 부조 장식은 앙코르 예술의 최고 작품으로 일컬어지며 앙코르의 보물이라고도 불린다.

반테이 스레이에는 힌두교의 모든 신들이 살아 숨쉬고 있다. 힌두신화 속의 신들은 벽감과 부조에 생생한 모습으로 조각되어 있다. 그 내용은 주로 힌두교의 대서사시인 『라마야나』와 『마하바라타』의 내용을 표현한 것이다. 그것은 주로 문의 상인방 장식으로 조각되어 있다. 힌두교의 3대 신인 창조의 신 브라흐마, 유지의 신 비슈누, 파괴의 신

시바가 다양한 모습으로 부조되어 있다. 그리고 신화에 나타난 다양한 신들의 모습이 사실적으로 묘사되어 있다. 감사를 죽이는 크리슈나, 인드라 신의 비 내림, 시바에게 사랑의 화살을 쏘는 카마, 시바가 명상을 하고 있는 카링라사산을 뒤흔드는 라바나, 시바를 유괴해 가는 라바나, 파괴의 춤을 추는 시바, 원숭이 형제 발린과 수그리바의 싸움, 난디를 타고 있는 시바와 우마 등 힌두교의 신들이 총 출동하였다. 반테이 스레이 사원 전체가 힌두 신화의 여러 신들의 이야기를 알리는 거대한 경전 역할을 하고 있다.

긴 신도를 지나며 마음을 가다듬고 |　반테이 스레이는 어머니의 품안처럼 내부가 따사롭고 아늑하다. 반테이 스레이는 4중 담과 탑문·신도神道·장서각藏書閣 그리고 중앙신전으로 구성되어 있다. 반테이 스레이는 직사각형의 길다란 구조로 두 겹의 외곽 담과 두 겹의 내부 담으로 둘러

탑문 기둥에 장식된 부조

싸여 있다. 담은 붉은 라테라이트로 나지막하게 만들어져서 상징적으로 성聖과 속俗을 구분하였다. 그러나 현재 가장 외곽에 있는 담은 완전히 유실되어 그 형체와 위치조차 알 수 없으며 나머지 담들도 거의 허물어져 성과 속은 하나가 되었다.

제1외곽 담은 외부와 사원의 경계선이다. 외곽 담의 주출입문은 동쪽 탑문이다. 제1외곽 담의 동쪽 문에서 1936년 비문이 발견되었다. 비문은 반테이 스레이의 원래 이름은 이스바라푸라Isvaraputa이며 왕족 출신의 승려이자 쟈야바르만 5세의 스승인 야즈나바라하Yajnavaraha가 건립했음을 알려 주고 있다. 그리고 탑문의 동쪽 현관 상인방에는 인드라Indra 신이 부조되어 있다. 인드라는 번개와 비의 신이자 약한 자의 수호신으로 자신의 신성한 탈 것인 아이라바타Airavata를 타고 있다. 아이라바타는 머리 셋 달린 코끼리이다.

제1외곽 동쪽 탑문을 들어서면 중앙신전까지 일직선의 신도神道로 연결되어 있다. 신도 좌우에는 기둥으로 떠받쳐진 회랑이 길게 나열되어 있다. 라테라이트로 만든 바닥돌을 밟고 67m의 신도를 따라 사원 안으로 들어서면 제1, 2외곽 담 사이의 신도 중간즈음에 남북 양쪽으로 작은 출입문이 있다. 남쪽 탑문 너머로는 직사각형 건물 세 개가 나란히 있으며 북쪽 탑문 너머로는 하나의 직사각형 건물이 있다. 그 용도는 정확하게 알 수 없다. 북쪽 문 상인방에 비슈누의 네 번째 화신이며 문지방 신인 나라싱하Narashingha가 부조되어 있다. 머리는 사자, 몸은 인간인 나라싱하가 악마 히란냐카시푸의 가슴을 찢어서 죽이는 장면이다.

문지방의 신 나라싱하는 사자인간이라는 의미이며 비슈누가 나라싱하의 화신으로 태어난 것은 악마

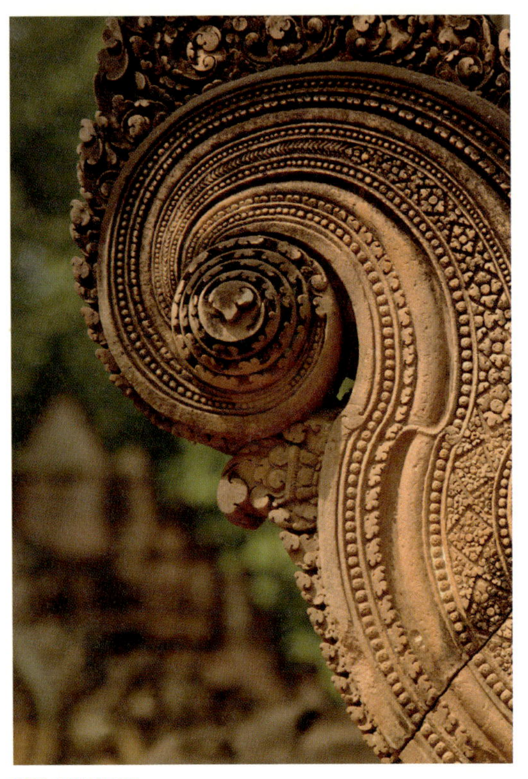
탑문 상인방 장식

히란냐야카시푸를 죽이기 위해서였다. 히란냐야카시푸를 총애한 창조의 신 브라흐마는 '신·인간·동물 그 어떤 존재라도 그를 죽이지 못하며 밤에도 낮에도, 집 안에서든 집 밖에서든 죽이지 못하는 영생의 권능'을 부여하였다. 교만해진 그는 악행을 일삼고 심지어는 아들 프라흘라다가 비슈누를 숭배하자 격노하여 아들마저 죽이려 하였다. 그의 불의를 보다 못한 비슈누는 브라흐마의 예언을 피해 그를 물리칠 묘안을 짜냈다. 우주 질서 유지의 신 비슈누의 권능 중 하나가 불의가 발생하거나 난국에 처할 때 그 상황에 맞는 상태로 환생하는 권능을 갖고 있다. 비슈누는 브라흐마의 예언 중에서 결점을 찾아 신도 인간도 동물도 아닌 반사자 반인간의 몸을 갖고, 밤도 낮도 아닌 황혼 무렵에 집 안도 집 밖도 아닌 문지방에서 그를 단숨에 살해하게 된 것이다. 이 후 나라싱하는 문지방의 신이 되었다.

남쪽 탑문 너머에는 직사각형 건물 세 개가 나란히 있다. 남쪽 문 상인방에는 난디를 타고 있는 시바와 우마가 부조되어 있다. 난디는 소이며 시바가 타고 다니는 동물이다. 그리고 우마는 시바의 부인이다. 시바의 부인은 우마Uma·사티Sati·파르와티Parvati·두르가Durga·칼리Kali 등으로 다양하다. 이 가운데 우마와 사티는 서로 같은 인물로 불리고 있다. 뿐만 아니라 다른 여인들도 모두 한 존재로서 시바의 다양한 생애에 적절한 형태의 모습으로 태어난 것으로 인식하기도 한다.

신도 북문 상인방에 새겨진 나라싱하

신도 남문 상인방에 새겨진 난디를 타고 있는 시바와 우마

그리고 신도神道의 끝 부분 바닥에 상인방 하나가 복구를 기다리고 있다. 어느 곳에 있었던 것인지는 알 수 없지만 힌두 신화의 대서사시 『라마야나』의 내용이 부조되어 있다. 라마의 아내 시타^{Sita}가 악마 왕 라바나에게 유괴되는 장면이다. 라마는 비슈누의 여섯 번째 화신이며 시타는 비슈누의 부인 락슈미 여신의 화신이다. 악마 라바나가 라마의 부인 시타를 사모하였다. 그래서 라마다는 황금사슴으로 변하여 시타가 있는 숲속으로 들어가 시타를 납치하여 랑카 섬으로 돌아갔다. 라마는

악마왕 라바나에게 유괴된 라마의 아내 시타

원숭이 왕 수그리바와 하누만의 도움을 받아 라바나를 물리치고 시타를 다시 데려왔다.

제2외곽 담은 신도神道와 사원 내부와의 경계선으로 해자의 외곽을 따라서 조성되어 있다. 담의 동쪽과 서쪽에 탑문이 있다. 동쪽에 있는 탑문은 해자를 건너는 피안교 입구에 있다. 이곳 동쪽 탑문 박공면에도 『마하바라타』에 나오는 틸로타마 이야기가 부조되어 있었다. 그러나 현재 이 조각은 현장에 없다. 프랑스의 기메 박물관으로 옮겨갔다. 신들은 두 사람의 악마 순다와 우파순다 형제가 불화를 일으켜 우주 전체가 혼란에 빠지자 아름다운 요정 틸로타마를 창조하여 이들 형제간에 경쟁을 불러일으키도록 하였다. 조각된 내용은 두 악마가 틸로타마의 팔을 각각 하나씩 붙잡고 서로 그녀를 차지하려고 다툼을 벌이는 장면이다.

우주의 바다를 지나 신의 세계로 | 동문을 지나 피안교에 올라서면 홍조를 띤 여인의 모습 같은 성채가 물 건너에 펼쳐진다. 사원은 나지막한 담장과 우주의 바다를 상징하는 해자로 둘러싸여 있다. 해자에는 연꽃이 가득하다. 연꽃은 불교를 상징하는 꽃이면서 힌두교를 상징하는 꽃이다. 연꽃은 붉은 장미빛 사원과 기막힌 조화를 이룬다. 해자를 건너는 여인의 얼굴이 붉어지는 것은 연꽃의 그림자인지 장미빛 사원의 그림자인지 알 수 없다.

사원 내부는 두 겹의 내부 담과 탑문으로 되어 있다. 제1내부 담의 동문은 해자를 건너서 만나는 첫 번째 탑문이다. 우주의 바다를 건너듯 해자를 건너면 38×42m의 제1내부 담이 나오고 그 중앙에 탑문이 있다. 불꽃이 피어오르는 듯한 모양의 박공장식은 화려함의 극치를 보여준다. 특히 양쪽 회오리 모양의 끝부분은 매우 정교할 뿐만 아니라 입체적이다. 박공면에는 역시 다른 문과 마찬가지로 두 마리 코끼리의 축복을 받고 있는 락슈미가 부조되어 있다. 락슈미는 비슈누 신의 부인으로 사랑과 미 그리고 행운의 여신이다. 비슈누가 화신으로 태어날 때마다 그의 화신에 걸맞는 모습으로 태어나는 락슈미는 비슈누와의 애정과 사랑을 과시한다. 락슈미는 연꽃 위에 앉아 있는 여인 Padmalaya, 물에서 태어난 여인 Jaladhija 등의 이름으로 불리기도 하였다. 부조에서도 락슈미는 연꽃 위에 앉아 있으며 코끼리로부터 물의 축복을 받고 있다.

제1내부담 문은 다른 문과 마찬가지로 십자형으로 되어 있다. 십자형의 문 안 중앙에 시바 신을 상징하는 링가를 꽂았던 요니가 있다. 링가는 남자의 성기모양으로 시바 신을 상징한다. 그리고 링가를 꽂았던 자리는 여자의 성기 모양으로 요니라고 한다. 두 개의 링가를 꽂았던 요니만 남아 있고 링가는 어디로 갔는지 알 수 없다. 그리고 시바가 타고 다녔던 난디상도 문을 들어서면 바로 만날 수 있다. 그러나 난디상의 몸체는 칼로 자른 듯 상부가 없어지고 다리와 꼬리만이 제자리를 지키고 있다.

문을 들어서면 제1내부담과 제2내부 담 사이에 여섯 개의 건물이 있다. 동쪽과 서쪽에는 탑문을 기준으로 좌우 두 개씩 네 개의 건물이 있다. 이 건물의 용도는 정확히 알 수 없다. 참배객들의 휴게소 용도가 아니었나 추정하고 있을 뿐이다. 그리고 남쪽과 북쪽에는 동서로 길게 펼쳐

화려한 박공장식의 십자문

진 건물이 각각 한 개씩 있다. 이 두 개의 별관은 명상을 하는 용도로 지어진 것으로 추
정하고 있다.

신을 만나 신이 되고 | 제2내부 담 문은 중앙신전으로 바로 들어서는 정문이
다. 정문의 동쪽 박공면에는 춤을 추는 시바상이 부조

탑문과 중앙 통로

제1내부 담 동문 박공면에 부조된 축복 받는 락슈미

되어 있다. 그리고 상인방에는 신이 코끼리·사자와 맞붙어 싸우는 모습이 조각되어 있다. 문의 서쪽 박공면에는 무섭고 격한 모습을 한 시바의 부인 두르가Durga가 부조되어 있다. 여덟 개의 팔로 사자의 도움을 받으면서 뱀에게 칭칭 감겨 있는 악마와 싸우고 있는 모습이다. 두르가는 여덟 개의 팔을 가지고 있는데, 왼쪽에는 창·칼·뱀·종을 그리고 오른쪽에는 북·방패·컵·물병을 각각 들고 있다. 두르가는 시바와 브라흐마·비슈누의 도움을 받아 악마 마히샤Mahisa를 물리침으로써 우주의 평화를 가져 왔다. 한편 상인방에는 말의 머리를 한 신이 두 락샤의 머리를 붙잡아 올리고 있는 모습이 새겨져 있다.

문을 들어서면 장미빛 '여인의 성채'에 숨이 멈출 것 같다. 내부 담은 거의 허물어져 흔적만이 겨우 남아 있다. 그러나 내부에 있는 건물들은 완벽하게 복원되었다. 좌우로 마주보는 아름다운 건물은 장서각이다. 앙코르 건축물에서 장서각이란 실제로 책을 쌓아두는 곳이 아니라 상인방이나 벽에 글을 모르는 백성들을 위해 그림으로 신화를 설

명하는 역할을 한다. 건물 전체가 한 권의 책인 것이다. 이곳의 장서각에는 힌두교의 신화에 나오는 이야기가 부조되어 있다. 단아한 장서각은 서쪽의 문만 열려 있고 나머지는 장식문 형식으로 새겨져 있다. 벽은 평범한 벽돌로 쌓아올려 상인방의 화려한 부조와 대조를 이루게 했다.

남쪽 장서각에서 신화를 읽다 |

남쪽 장서각에는 '카일라사산 흔들기'와 '카마를 재로 만드는 시바'가 부조되어 있다. 힌두교의 신화는 힌두교인으로서 지켜야 할 덕목이나 도리에 대해 총체적으로 설명하고 있다. 이 가운데 '카일라사산 흔들기'는 남쪽 장서각의 동쪽 문 상인방에 새겨져 있다. '카일라사산 흔들기'는 교만에 빠진 악마의 왕 라바나를 시바 신이 제압하는 이야기다. 즉 머리 10개, 팔이 20개, 다리가 4개나 되는 랑카의 왕 라바나 Ravana는 천하무적의 힘에 출중한 용모까지 겸비한 자로 창조의 신 브라흐마의 숭배자였다. 그는 머리를 모두 떼어내어 브라흐마에게 바치며 찬송한 덕분에 브라흐마는 그를 총애하여 '자신을 포함한 어떤 천상의 신이라도 그를 해치거나 죽이지 못한다'는 권능을 내렸다. 때문에 라바나는 점점 교만해졌다. 어느 날 라바나는 시바 신의 거처가 있는 신성한 카일라사산에 들어가려다 원숭이 머리의 수문장에게 저지당하였다. 자존심이 상한 라바나가 화를 내며 대들자 원숭이 수문장은 '언젠가 네 운명은 원숭이에 의해 파멸될 것이다'라는 저주를 내린다. 분한 라바나가 카일라사산을 잡고 마구 흔들었다. 파르바티 여신이 겁에 질리자 화가 난 시바 신이 온몸의 힘을 실어 발가락으로 카일라사산을 눌렀다. 라바나는 산 밑에 깔려 힘을 쓰지 못하게 되었다. 놀란 라바나는 바로 머리를 숙이고 시바 신의 권능을 찬양하는 노래를 1천 년 부르자 비로소 시바 신은 그를 놓아주었다.

동쪽 문 상인방 첫째 단에는 원숭이 수문장이 한 손을 들어 악마 라바나를 저지하면서 언쟁이 생기고 원숭이 수문장이 악마 라바나가 언젠가는 원숭이의 손에 죽음을 당할 것이라는 저주를 내리는 장면이 조각되어 있다. 이어서 분노한 라바나가 카일라사산을 잡고 뒤흔드는 장면이 있다. 라바나는 여러 개의 머리와 팔을 가진 형상으로 표현되고 있으며 카일라사산은 숲을 배경으로 한 피라미드 모양으로

남쪽 장서각 전경

새겨져 있다. 아울러 놀란 산 속의 동물들이 숲 속으로 혼비백산하여 달아나는 장면, 겁에 질린 파르바티 여신이 남편 시바 신 곁에 바싹 다가가 어깨에 기댄 채 떨고 있는 모습이 보인다. 그리고 시바 신이 발가락으로 가볍게 카일라사산을 눌러 건방진 라바나를 짓눌러 버리는 장면, 교만함을 깨달은 라바나가 1천 년 동안 시바를 찬양하는 항복의 노래를 부르는 장면이 새겨져 있다. 그 외에 시바 신 아래쪽에 명상 중인 신도들, 짐승의 머리에 인간의 몸을 가진 형상이 새겨져 있다.

'카마를 재로 만드는 시바'의 신화는 남쪽 장서각 서쪽 문 상인방에 새겨져 있다. 이 이야기는 시바와 시바의 아내 샥티에 관한 내용이다. 힌두교의 3대신인 브라흐마, 비슈누, 시바는 결혼을 하지 않은 싱글이었다. 그런데 히말라야의 아름다운 처녀 파르바티

남쪽 장서각 동쪽 문에 새겨진 카일라사산 흔들기

가 명상 중인 시바를 유혹하여 아내가 된 다음부터 신들이 아내를 취하게 되었다. 시바
가 그의 신성한 거처 카일라사산, 즉 히말라야에서 고요히 명상에 잠겨 있었다. 파르바
티가 그를 유혹하려 했으나 불가능하자 사랑의 신 까마^{Kama}에게 도움을 청했다. 까마는
그녀의 부탁을 받고 꽃 모양의 사랑의 화살을 시바의 심장에 적중시킨다. 명상을 방해
받은 시바는 화가 나 가운데 눈으로 빛을 쏘아 까마를 태워 죽였다. 시바는 세 개의 눈
을 갖고 있는데, 이마에 난 눈은 사물을 꿰뚫어보는 혜안이며 섬광을 발산하는 무기를
겸하고 있다. 그러나 눈을 뜬 순간 시바는 아름다운 파르바티를 보게 되고 사랑을 느껴
결혼하게 되었다. 그리고 코끼리 신 가네샤, 전쟁의 신 스칸다 그리고 사랑의 신 카마데
바의 세 아들을 얻는다. 후에 시바는 까마의 공을 인정하여 그의 생명을 되돌려 주었다.

북쪽 장서각에서 또 다른
신화를 읽다 |

북쪽 장서각은 인드라 신과 크리슈나가 캄사 ^{Kamsa} 왕을 죽인 이야기가 부조되어 있다. 동쪽 문 상인방에는 인드라 신이 부조되어 있다. 하늘의 신이자 비의 신인 인드라 Indra가 동물들로 가득한 숲에 신성한 비를 내리는 장면이 묘사되어 있다. 인드라는 구름과 파도 무늬로 표현된 바람에 둘러싸인 채 자신의 탈 것인 머리 셋 달린 영물 코끼리 아이라바타 Airavata가 끄는 마차를 타고 있다. 새들의 날개 위로 빗방울이 떨어지고 그 빗속에서 물의 정령 나가가 하늘을 향해 치솟

북쪽 장서각 전경

고 있다. 아래쪽에는 아름다우면서도 평범한 목가적 풍경이 부조되어 있다. 동물들에게 둘러싸인 아기 크리슈나와 형 발라라마가 쟁기를 쥔 사람의 모습으로 숲속에 내리는 비의 신선함을 음미하고 있는 장면이다.

　서쪽 문 상인방에는 캄사를 죽이는 크리슈나의 이야기가 부조되어 있다. 그림의 배경은 궁궐이다. 기둥으로 떠 받쳐진 2층짜리 궁전의 묘사는 앙코르 부조 예술의 극치를 보여준다. 이야기는 두 개의 장면으로 구성되어 있다. 첫째 장면은 성인이 된 크리슈나가 캄사왕의 머리채를 움켜잡고 그를 옥좌에서 끌어내려 죽이고, 그 옆에는 크리슈나의 생모가 놀라움과 두려움에 떨면서도 의아한 모습으로 이를 바라보고 있다. 둘째 장면은 크리슈나와 형이 덩치 큰 사람들을 죽이는 장면이다. 그리고 각 코너에는 전차를 탄 전

사들이 동물들에 둘러싸인 채 지켜보고 있다.

캄사를 죽이는 크리슈나의 이야기는 크리슈나의 탄생 전설과 관련이 있다. 우주 질서 유지의 신인 비슈누는 불의를 처벌하기 위해 여러 화신으로 탄생하는데 그 여덟 번째 화신이 크리슈나이다. 크리슈나는 탄생 때부터 고난을 거듭한다. 마투라 왕국의 왕자 캄사는 아버지를 투옥하고 왕좌를 차지한다. 그의 여동생 데바키Devaki 공주는 바수데바Vasudeva라는 귀족과 결혼을 하게 되는데, 캄사 왕은 '데바키 공주가 낳을 여덟 번째 아들로 인해 아버지에게 저지른 죄 값을 치르게 될 것이다'라는 불길한 예언을 듣는다. 불안해진 캄사 왕은 여동생에게 감시꾼을 붙이고 데바키가 아들을 낳을 때마다 죽여 버린다. 그러나 힌두교에서 신의 예언은 언제나 실현된다. 신들은 여덟 번째 아들이 태어나

북쪽 장서각 서쪽 문에 새겨진 캄사를 죽이는 크리슈나

는 날 어둠을 일찍 불러와 파수꾼들을 잠재우고 폭풍우를 내리쳐 시야를 가린다. 그 사이 바수데바는 아기를 가로채어 야무나 강가의 시골에 사는 난디의 집으로 향했다. 신들은 그를 위해 야무나 강물을 갈라 길을 터주고 바수데바는 친구의 갓난 딸아이와 크리슈나를 바꿔치기해 궁으로 돌아온다. 다음날 캄사 왕은 아기 탄생 소식에 서둘러 찾아온다. 데바키는 여자애가 무슨 나쁜 짓을 하겠냐며 살려주길 애원하였다. 그러나 캄사는 사정없이 돌로 아기를 쳐서 죽이려 한다. 순간 아기가 하늘로 솟구치고 신들이 아이를 거두었다. 한편 아기가 바뀌었음을 알게 된 캄사왕은 푸트나라는 여인으로 하여금 젖에 독을 발라 생일이 같은 날 태어난 모든 아기를 죽였다. 그런데 아기 크리슈나도 그녀의 젖을 빨았으나 오히려 그녀가 사망하고 아기는 무사하였다. 양부모는 범상치 않은 아이임을 알게 된다. 크리슈나는 성인이 된 다음 탄생의 비밀을 알게 되고, 캄사왕을 친다음 외할아버지를 석방시키고 평화를 되찾는다. 이 전설은 크리슈나를 통해 형제·부

부·부자간의 우애와 지켜야 할 덕목을 얘기한다.

시바·비슈누·브라흐마를 모신 세 개의 중앙신전 | 중앙신전은 남북으로 배열된 세 개의 신전으로 구성되어 있다. 이들 세 신전 중에서 한가운데 자리하고 있는 중앙신전에는 다른 신전에서는 볼 수 없는 전실 mandapa과 복도 antarala 그리고 본전 garba griha의 구조로 되어 있다. 이러한 구조는 인도의 같은 시대 걸작품인 캬쥬라호에 있는 힌두교 사원들과 동일하다. 이는 반테이 스레이가 인도의 영향을 받고 있음을 보여주는 것이다. 앙코르 문명은 힌두교 신화·건축예술·조각기술 등 다방면에서 인도 문명의 영향으로 이룩되었음을 알 수 있다.

나라싱하, 967년, 0.83m, 프놈펜 국립박물관　　가루다, 967년, 0.87m, 프놈펜 국립박물관

세 신전에는 힌두교신이 모셔져 있다. 중앙신전에는 시바 신의 상징인 링가^{Linga}가 모셔져 있으며, '트리브후바나마헤슈바라^{Tribhuvanamaheshvara}'라는 이름이 붙어 있다. 세 우주의 위대한 주인이라는 뜻이다. 그리고 이곳에 시바가 파르바티를 안고 있는 신상이 함께 모셔져 있었는데 현재 프놈펜의 국립박물관에 가 있다. 나머지 두 개의 신전 가운데 북쪽의 신전은 비슈누에게 봉헌된 것이고 남쪽의 신전은 브라흐마에게 봉헌된 것이다.

신전 건물에는 신전을 수호하는 수호신들이 있다. 수호신은 조각상으로 만들어 배치하거나 부조로 벽에 새겨두었다. 조각상은 각 건물의 입구에 있었다. 짐승의 머리에 인간의 몸을 가진 석상이 무릎을 꿇고 존경심을 표하는 모습을 하고 있다. 그러나 이들은 모두 프놈펜에 있는 국립박물관으로 옮겨 보관하고 있다. 현재 국립박물관에 보관되어 있는 수호신상은 약사상^{Yaksha}·나라싱하상^{Narashingha}·가루다상^{garuda}이다.

신전탑 코너에는 섬세한 부조로 여신과 남신상이 새겨져 있다. 특히 벽감의 여신 데바타상^{Devata}과 남신 드바라팔라상^{Dvarapala} 부조는 걸작품으로 평가받는다. 중앙신전에는

약사상, 967년, 0.83m, 프놈펜 국립박물관

우마를 안고 있는 시바상, 967년, 0.66m, 프놈펜 국립박물관

남신인 드바라팔라가 지키고 있다. 오른손에 창을 들고 왼손에는 연꽃 봉오리를 내려뜨리고 있는 미남의 젊은 청년이다. 굳게 다문 입술과 치켜 뜬 두 눈, 우뚝 솟은 코 그리고 뒤로 묶어 둥글게 마무리한 머리 등이 위엄 있고 남성적인 이미지를 물씬 풍긴다. 한편 중앙신전의 상인방에는 『라마야나』 중에서 원숭이 왕국의 발린Valin 왕과 수그리바Sugriva 왕의 전투 장면, 시타를 유괴해가는 라바나, 파괴의 춤을 추는 시바, 난디를 타고 있는 시바와 우마가 조각되어 있다.

남북의 양쪽의 두 신전에는 여신인 데바타가 지키고 있다. 마치 살아있는 듯한 느낌의 여신들은 풍성한 주름의 단순한 옷차림에 땋은 머리 혹은 묶은 머리를 하고 있다. 이것은 앙코르의 사원에 등장하는 여신상 가운데 반테이 스레이에서 만 볼 수 있는 헤어스타일이다. 또한 큼직한 귀걸이의 무게에 못이겨 귓볼이 아래로 처지는 볼륨감도 잘 표현하고 있다. 허리에는 진주 장식의 벨트를 매고 있으며 팔과 발목에도 장신구를 착용하였다. 또 목걸이는 세공까지 한 모습으로 표현되어 있다. 장면들이 어디 하나 흠잡

원숭이 왕자 발린과 수그리바 형제의 전투

을 데 없이 정교하고 리얼하다. 이것이 유럽에서 '동양의 모나리자'로 극찬을 받았던 작품이다. 프랑스 작가로서 문화부 장관까지 지냈던 앙드레 말로가 본국으로 밀반출하려다 붙잡힌 것이 바로 이것이다. 앙드레 말로는 후일 이 이야기를 소설 『왕도의 길』에서 그대로 묘사하였다.

돌아서 나오면 연꽃처럼 해탈하고 | 한편 중앙신전을 돌아서 뒤쪽으로 가면 제1내부 담의 서쪽 문이 나온다. 서쪽 문 박공면에는 발린과 수그리바 형제의 전투 장면이 부조되어 있다. 이 내용은 『라마야나』에 나오는 이야기이다. 원숭이 왕국 키슈킨다의 왕자인 수그리바는 형 발린 왕자가

동굴에서 악마와 전쟁할 때 형이 죽은 것으로 착각하여 동굴을 막고 귀환하였다. 수그리바 왕자는 아버지 사후 왕위에 올랐는데, 귀환한 형 발린 왕자는 동생이 왕좌를 노리고 고의적으로 자신을 죽이려했다고 오해하였다. 그리고 수그리바를 내쫓고 죽이려 하였다. 부하들과 숲속을 방황하던 수그리바는 비슈누의 화신인 라마 왕자를 만나 랑카 왕 라바나에게 유괴된 그의 아내 시타를 찾아주고 대신 형 발린을 처단하고 왕좌를 되찾는다.

중앙에는 발린과 수그리바가 싸우고 있는 장면이 부조되어 있다. 그리고 오른쪽 구석에는 막 화살을 쏜 라마와 그의 뒤에 웅크리고 앉아 원숭이를 향해 손짓을 하는 라마의 형 락슈마나가 그려져 있다. 그리고 왼쪽 구석에는 수그리바에게 마지막으로 충고를 하려다가 라마의 화살을 맞고 죽어가는 발린을 그의 아내가 경건히 떠받치고 있는 모습이 부조되어 있다.

서쪽 문을 빠져 나오면 해자에는 연꽃이 가득하다. 반테이 스레이는 물 위에 피어 있는 붉고 아름다운 한 송이 연꽃이다.

쁘라삿 끄라반 Prasat Kravan

쁘라삿 끄라반에서 쁘라삿은 사원이라는 의미이다. 일반적으로 사원이라는 의미로 와트 Wat를 많이 사용하지만 현지인들은 와트 대신에 쁘라삿이라는 용어를 사용한다. 쁘라삿 끄라반은 끄라반 사원이라는 뜻이다.

가문의 권력은 문중 사원으로 나타나고 |

쁘라삿 끄라반은 하르샤바르만 Harshavarman 1세 때인 921년에 당시 어느 귀족이 개인적으로 축조한 사원이다. 일반적인 앙코르 사원과는 달리 구조가 간결하고 규모가 작다. 사원의 형태도 남북으로 길게 축조된 단층의 기단 위에 5개의 탑이 일렬로 늘어서 있는 단순한 모습이다. 건축 자재는 사암으로 만든 동문의 틀과 기둥을 제외한 나머지 대부분은 벽돌을 사용하였다.

하르샤바르만 1세는 야소바르만 1세의 맏아들이다. 야소바르만 1세는 앙코르 초창기 왕도였던 롤루오스 지역에서 새로운 왕도 앙코르로 수도를 옮긴 인물이다. 앙코르 지역의 유일한 산 프놈바껭을 중심으로 거대한 도시 야소다라푸라를 건설하였다. 그리고 동 바라이를 건설하였을 뿐만 아니라 여러 사원을 건립하여 강력한 왕권과 위엄을 과시하고 백성의 충성심을 촉구하였다. 그러나 915년 야소바르만 1세가 죽고 맏아들 하르샤바르만 1세가 즉위하면서 나라는 혼란에 빠졌다. 하르샤바르만 1세의 통치기간은 불과 8년에 지나지 않았다. 이어서 왕위를 계승한 야소바르만 1세의 둘째 아들 이샤나바르만

2세도 5년을 넘기지 못하고 자신의 여동생과 결혼한 처남 자야바르만 4세에게 왕위를 빼앗겼다. 왕조의 혈통이 바뀐 것이다. 쁘라삿 끄라반을 건설한 귀족은 국가가 혼란한 시기에 상당한 권력을 장악하고 있던 자야바르만 4세의 가문이었을 것으로 추정된다.

벽돌로 만든 간결한 구조 | 사원의 구조는 단순하고 간결하다. 해자로 둘러싸인 사원의 서쪽에 남북으로 길게 하나의 기단을 만들었다. 그리고 그 위에 다섯 개의 탑을 나란히 건립하였다. 해자는 거의 메워져 늪지처럼 되었지만 연못에는 연꽃이 옛날의 모습 그대로 피어 있다. 주 출입구는 동쪽이지만 도로가 서쪽에 있어서 관광객들은 서쪽으로 출입을 한다. 다섯 개의 탑 가운데 비교적 원형을 보존하고 있는 것은 중앙탑으로 5층까지 남아 있다. 그리고 양쪽 네 개 탑 가운데 가장 남쪽 탑만 3층까지 남아 있고 나머지 세 개의 탑은 일층까지만 복원되었다.

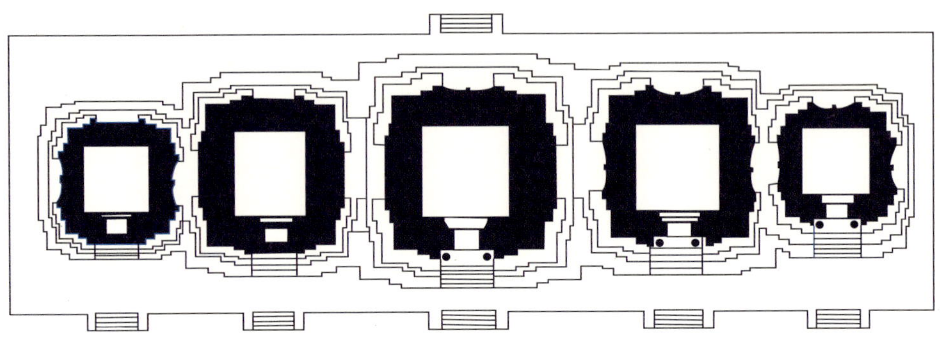

　앙코르의 사원들 대부분은 돌로 만들어진 석조 사원인데, 쁘라삿 끄라반은 전체적으로 벽돌을 사용한 벽돌 사원이다. 평지 단층 기단 위에 서 있는 다섯 개의 탑은 모두 벽돌로 만든 전탑이다. 그리고 내부 조각도 벽면 벽돌 위에 바로 새겼다. 앙코르의 다른 사원에서는 보기 힘든 독특한 사례이다.

　앙코르에 있는 대부분의 사원들이 복원 중에 있거나 복원을 기다리고 있는 것과는 달리 쁘라삿 끄라반은 복원이 완료되었다. 프랑스가 1960년대에 사원의 배수로를 새롭게 만들고 유실된 부분은 새 벽돌을 끼워 넣어서 복원을 완료하였다. 그래서 다른 사원에 비해 단아하고 깔끔하다. 한편 탑을 감상하다 보면 장식이 없는 벽돌에 CA라고 새겨진 것을 발견할 수 있다. CA는 앙코르 유적관리위원회 Conservation of Angkor의 약자로 원래의 벽돌과 새롭게 교체된 벽돌을 구분하기 위하여 새겨둔 것이다. 즉 CA라고 새겨진 벽돌은 복원을 위해 새롭게 구운 현대의 벽돌이다. 쁘라삿 끄라반은 과거가 현재와 조화를 이루며 복원되었다.

전형적인 힌두교 사원 | 쁘라삿 끄라반은 전형적인 힌두교 사원이다. 이 사원에는 힌두교의 신들이 모셔져 있다. 힌두교의 3신 가운데 시바와 비슈누가 모셔져 있으며 아울러 비슈누의 부인인 락슈미가 함께 모셔져 있다. 한가운데 자리한 중앙탑 내부에는 시바 신의 상징인 링가가 모셔져 있으며 벽에는 우주질서의 신인 비슈누가 새겨져 있다. 그리고 중앙탑 북쪽에 있는 탑의 내부에는 비슈누의 아내인 락슈미가 부조되어 있다.

힌두교에서 탑은 신이 사는 메루산을 의미한다. 앙코르의 사원들은 가운데 중앙탑을 세우고 네 방향에 네 개의 대륙을 상징하는 네 개의 탑을 세웠다. 그런데 쁘라삿 끄라반의 탑 배열 방법은 특이하다. 중앙탑을 중심으로 좌우로 두 개씩, 모두 다섯 개의 탑을 일렬로 단일 기단 위에 배치하였다. 문은 모두 동쪽을 향해 열려 있다.

중앙탑은 벽돌로 쌓은 8각형 탑이다. 사원의 입구 문은 사암으로 만들었으며 입구 좌우에는 문을 지키는 수문장인 남신 드바라팔라스가 조각되어 있다. 문기둥에는 갈매기

같은 무늬들이 새겨져 있고, 문틀 상인방에는 사람 머리 모양의 작은 두상을 새겨 넣었다. 특히 문기둥에는 '921년에 내부에 비슈누 신상을 세웠다'는 기록이 남아 있다. 그런데 현재는 시바의 상징인 링가가 모셔져 있다. 건립 당시에 비슈누를 모셨다가 뒤에 바뀐 것으로 생각된다.

중앙탑 내부의 3면에는 각각 비슈누상이 새겨져 있다. 전면 벽에는 팔이 여덟 개 달린 비슈누가 6명의 명상 중인 신도들 사이에 서 있는 모습이 새겨져 있다. 그리고 왼쪽 벽에는 팔이 네 개 달린 비슈누상이 부조되어 있다. 각 팔에는 그의 상징물인 고둥 모양의 법라패, 바퀴모양으로 우주 회전과 질서를 의미하는 법륜 그리고 곤봉과 공을 들고 있다. 오른쪽 벽에는 가루다를 타고 있는 비슈누가 조각되어 있다. 이들 부조는 부조 위에 석회칠을 하고 그 위에 채색을 한 것이다. 그러나 지금은 퇴색되어 그 내용을 알아보기 어렵다.

특히 이 가운데 중앙탑 왼쪽 벽에 새겨진 비슈누상이 주목된다. 왼쪽 벽에 새겨진 팔

중앙탑 문기둥에 새겨진 비문

이 네 개 달린 비슈누는 스스로 우주의 질서를 관장하는 신임을 알리며 우주를 향해 세 발자국 내딛는 모습이다. 비슈누상의 옆에 명상 중인 사람과 연꽃을 든 여인이 있다. 여인이 든 연꽃 위에 비슈누의 발 하나가 올려져 있다. 그 뒤편으로 대양에 물결치는 파도를 의미하는 물결 모양을 부조하였다. 이는 자신이 우주의 주인이라고 믿었던 악마의 왕 발리를 비슈누가 물리치는 장면을 묘사한 것이다.

발리에게 하늘의 왕좌를 빼앗긴 인드라가 비슈누에게 구원을 요청하였다. 비슈누는 난쟁이 바마나^{Vamana}의 모습으로 발리 앞에 나타나 세 걸음 길이의 땅을 달라고 요청하였다. 발리는 난쟁이를 비웃으며 이를 허락하였다. 난쟁이의 세 걸음은 정말 하찮은 것이라고 여겼기 때문이다. 그러나 난쟁이 바마나는 발리의 허락이 떨어지자 마자 비슈누의 모습으로 돌아와 첫 걸음으로 하늘을 건너고 두 번째 걸음으로 땅을 건너서 온 우주를 차지하였다. 그리고 마지막 세 번째 걸음에서 발을 악마의 왕 발리의 머리에 대고서 그를 지옥으로 밀어 버렸다. 결국 비슈누는 세 걸음으로 하늘과 땅 그리고 공중의 모든

중앙탑 내부 왼쪽 벽에 새겨진 비슈누

중앙탑 내부 오른쪽 벽에 새겨진 가루다를 탄 비슈누

북쪽 탑 내부에 새겨진 락슈미

318 •

세계를 악마의 잔혹한 지배로부터 구원하여 평화를 되찾아 주었다. 이후 비슈누를 찬양하고 세 걸음의 신이라고 부르게 되었다.

북쪽 탑에는 네 개의 손에 자신의 상징물을 든 락슈미가 연꽃 위에 서 있다. 그 아래에는 신도들이 꿇어 앉아 숭배하는 장면이 부조되어 있다. 락슈미가 네 개의 손에 상징물인 연꽃 등을 들고 있는데, 이는 그녀의 권능을 나타내는 것이다. 락슈미는 비슈누의 부인으로 사랑과 미, 행운의 여신으로 아름답고 어머니 같은 여신이다. 네 개의 손 중 두 개에 연꽃을 쥐고 연꽃의 눈을 갖고 연꽃을 타고 다니기 때문에 그녀 자신을 연꽃으로 비유한다. 그래서 연꽃의 여신이라는 의미로 파드마Padma라고 부르기도 한다. 유지의 신 비슈누에게는 세 명의 아내, 사라스바티·강가·락슈미가 있었지만 비슈누의 아내로 언제나 락슈미 여신만이 상징화 된다. 이는 비슈누가 아내들의 힘을 감당치 못해 사라스바티 여신은 브라흐마 신에게, 강가 여신은 시바 신에게 내어주고, 오직 남편을 잘 따르고 순종적인 아내 락슈미만 취하였기 때문이다. 중국과 일본의 불교에서는 락슈미를 길상천吉祥天이라고 한다.

나와 동행했던 아내는 나의 작업을 도와주었다. 안내 책에 있는 사진의 위치를 먼저 확인해서 필요한 사진을 놓치는 것을 막아 주기도 하고, 사진에 대한 해설을 메모해 주기도 하였다. 그리고 동네 아이들을 만나면 준비해 간 볼펜과 사탕을 나누어 주었다. 갑자기 아내가 나를 쳐다보며 난감한 얼굴을 한다. 꽃을 건넨 아이가 1달러를 달라고 한단다. 이 아이에게 1달러를 주어서 거지로 만들 것이냐, 아니면 아이의 순수함을 지켜줄 것이냐를 한참 동안 고민했다. 아내는 아이의 따가운 시선을 뒤로 하고 그의 순수함을 지켜주기로 했다. 아내는 락슈미였다.

도성과 국가 사원

도성都城은 국왕이 머무는 곳으로 왕도王都라고 한다. 왕도는 도시 가운데 가장 규모가 크고 화려하다. 국왕은 국가의 최고 권력자로서 자신의 권위를 과시하기 위해 왕도의 위용을 높이고자 하였다. 국왕 자신을 상징하기 때문에 다른 도시와 차별화 하였다. 최고 수준의 기술을 동원하여 최고의 도시로 건설하였다.

왕도는 당시의 종교와 사상을 바탕으로 철저한 계획에 의해 건설되었다. 앙코르 왕국은 힌두교의 우주관을 건축 이념으로 왕도를 건설하였다. 정사각형 구조를 취하며 내부는 정확하게 4등분하고 그 정중앙에 국가 사원을 건설하였다. 견고한 성벽은 우주를 둘러싼 히말라야 산맥을 상징하며 성벽을 따라 건설된 해자는 우주의 바다를 의미한다. 사방에 있는 네 개의 구역은 4대륙을 상징하고, 정중앙의 국가 사원은 신들이 거처하는 메루산이다. 도시 자체가 하나의 소우주였다.

도성은 적의 공격으로부터 완벽하게 방어할 수 있는 성채도시였다. 도시 자체가 하나의 거대한 방어체제를 갖추고 있었다. 끊임없는 전쟁에서 왕도를 방어할 수 있도록 난공불락의 성벽과 해자를 건설하였다. 성벽은 철분을 다량 함유하여 금강석처럼 단단한 붉은 라테라이트 벽돌을 8m 높이로 쌓아 만들었다. 그리고 성벽 외곽에는 폭이 100m에 이르는 해자를 팠다. 해자는 적의 침입을 막는 데 중요한 역할을 하였다.

국가 사원은 사원인 동시에 국왕의 무덤이다. 외형은 벽돌로 쌓아 올린 무덤형식이지만 내부는 신전를 만들어 신을 모시고 숭배하였다. 신은 메루산에 살기 때문에 사원의 모습은 산의 형태이다. 거대한 외벽으로 둘러싸인 사원의 한 가운데 돌로 높게 기단을 쌓아올렸다. 그리고 하늘 높이 솟은 중앙탑을 조성하였다. 중앙탑은 시바 신이 살고 있는 메루산이며 죽은 국왕이 사는 하늘 궁전이었다. 결국 국왕은 살아서 지상의 왕이었듯이 죽어서도 하늘의 왕이었다.

바푸온과 바이욘은 앙코르 톰 안에 있는 국가 사원이다. 바푸온은 앙코르 톰이 만들어지기 200년 전에 건설되었다. 바이욘은 자야바르만 7세가 왕도 앙코르 톰을 건설하고 정중앙에 건립한 국가 사원이다.

앙코르 톰 Angor Thom

앙코르 왕국의 최초 왕도는 롤루오스로 앙코르 시대를 개막한 곳이다. 자야바르만 2세는 인도네시아의 자바왕국에 인질로 잡혀갔다가 풀려나서 프놈클렌이라는 성스러운 산에서 독립을 선포하고 앙코르 시대를 열었다. 그는 왕도를 프놈펜 지역에서 톤레삽 호수 북쪽 롤루오스 지역으로 옮겼다. 앙코르 지역으로 왕도를 옮긴 야소바르만 1세는 앙코르 평원의 유일한 산인 프놈바껭을 중심으로 왕도인 야소다라푸라를 건설하였다. 그러나 왕위를 찬탈한 자야바르만 7세가 앙코르로부터 95km 떨어진 코케르^{Kor Ker}로 왕도를 옮겼다. 라젠드라바르만 2세는 다시 앙코르 지역으로 환도하였다. 그리고 자야바르만 7세는 참파국을 물리치고 대제국을 형성한 다음 그에 상응하는 왕도 앙코르 톰을 건설하였다. 앙코르 톰은 앙코르 왕국의 최고 왕도인 동시에 마지막 왕도이다.

거대한 도시 앙코르 톰 | 앙코르는 '도시'라는 의미이며, 톰은 '거대하다'는 뜻이다. 앙코르 톰은 이름에 걸맞게 거대한 도시이다. 최전성기의 왕도답게 145.8헥타르 약 45만 평에 달하는 방대한 규모를 자랑한다. 앙코르 톰 안에는 왕궁을 비롯하여 왕실 광장과 수많은 사원·승려와 군인·관료들이 거주하는 주택들이 자리하고 있었다.

앙코르 톰 안에 거주하는 인구는 10만 명에 이르렀다. 왕족과 귀족·승려들 그리고 그들에게 시중을 드는 하인들만이 앙코르 톰 안에 거주하였다. 일반 백성들은 성문 밖에

거주하였다. 그럼에도 불구하고 최전성기에 앙코르 내의 인구는 약 10만 명까지 증가하였다. 당시 영국 런던의 인구가 5만이었던 것과 비교하면 앙코르 톰의 규모를 짐작할 수 있다. 더욱이 그 왕도를 둘러싸고 거주하던 도시 주민의 수는 100만 명에 달한다. 규모 면에서 앙코르 톰은 당시 세계 최고의 도시였다.

앙코르 톰은 동남아시아의 중심도시였다. 자야바르만 7세는 식민지 확장을 거듭하면서 멀리 인도네시아까지 진출하였다. 따라서 동남아시아의 모든 길은 앙코르 톰으로 통하였다. 실제 자야바르만 7세는 태국·라오스·베트남 등 모든 지역으로 통하는 도로망을 정비하였다. 각 도로에는 여행객의 휴식처인 다르마살라를 15km 간격으로 건설하

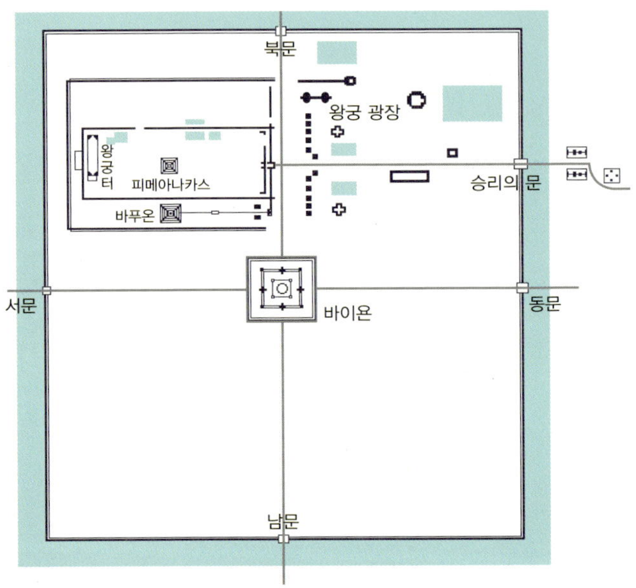

였다. 앙코르 톰은 거대한 대제국의 왕도로서 동남아시아 문명의 중심지였다.

힌두교 우주관을 바탕으로 한 계획도시 | 앙코르 톰은 자야바르만 7세의 독특한 건축 이념을 바탕으로 철저한 도시계획에 의해 30여 년에 걸쳐 건설된 계획도시이다. 앙코르 톰은 한 변의 길이가 3km인 정사각형 구조이다. 내부는 정확하게 4등분하고 그 정중앙에 바이욘 사원을 건설하였다. 그 곳은 천상의 우주를 축소하여 지상에 내려놓은 소우주였다.

앙코르 톰은 바이욘 사원을 기준으로 네 구역으로 구분되어 있다. 바이욘 사원의 서북쪽은 앙코르 톰이 건설되기 이전부터 있었던 바푸온과 피메아나카스 그리고 왕궁이 있었다. 바이욘 사원의 동북쪽은 왕궁의 확장 부분으로 테라스와 왕궁의 공식행사를 거행하였던 왕실 광장이다. 그 외 서남쪽과 동남쪽 지역에는 일반 가옥들이 있었다. 이들 가옥들은 모두 목조주택이었기 때문에 세월 속에 묻혀지고 지금은 거대한 나무들로 꽉 찬

밀림으로 변하였다.

앙코르 톰은 완벽한 용수 공급망을 갖추고 있었다. 물은 자야바르만 7세가 건설한 북쪽의 저수지 자야타타카^{Jayatataka}에서 성내의 동북쪽으로 공급받아 운하를 통해 배수용 저수지 뱅톰으로 흘러들어 왔다. 이 물은 다시 담장 밑으로 흘러 외부해자로 빠져 나갔다. 라테라이트로 만든 해자와 운하·상수도·하수도 시설은 완벽하였다.

난공불락의 성채도시 |

앙코르 톰은 난공불락의 성채도시로 도시 자체가 하나의 거대한 방어체제를 갖추고 있었다. 끊임없는 전쟁을 겪어온 자야바르만 7세는 왕도를 방어할 수 있는 성벽과 해자를 건설하였다. 앙코르 톰은 한 변이 3km인 정사각형의 도시로 성벽의 총 길이는 12km이다. 성벽은 철분을 다량 함유하여 금강석처럼 단단한 붉은 라테라이트 벽돌을 8m 높이로 쌓아 만들었다.

앙코르 톰 해자 전경

그리고 성안에는 성벽을 따라서 25m 폭으로 성토된 도로를 건설하였다.

앙코르 톰의 성벽 외곽에는 폭이 100m에 이르는 해자를 팠다. 해자는 성벽 주변에 설치하여 적의 침입을 막는 것이 가장 중요한 목적이다. 앙코르 톰의 해자는 동서양을 막론하고 가장 규모가 크다. 앙코르 지역은 몇 개의 작은 동산을 제외하고는 지평선이 보이는 대평원이다. 평야지대에서 적의 침입을 막을 수 있는 가장 좋은 방법 가운데 하나가 해자이다. 뛰어난 전략 전술로 참파국을 물리치고 앙코르 왕국을 적으로부터 구한 자야바르만 7세는 해자의 건설을 통해 앙코르 톰을 완벽한 성채도시로 만들었다.

해자는 종교적인 의미도 가지고 있다. 해자는 신성한 것으로부터의 격리, 즉 신의 세계와 인간의 세계를 격리한다. 따라서 앙코르 톰은 해자로 인하여 왕궁의 신성함을 유지할 수 있었다. 그리고 탑문에 있는 인드라 신은 비의 신으로 농업을 주업으로 하는 앙코르 왕국의 생명과 같다. 해자에 있는 물은 인드라 신의 은총이며 권능을 담은 생명수이다.

한편 해자는 농경지에 물을 공급하는 수로 및 수원지의 역할도 하였다. 주업이 농업이었던 앙코르 왕국은 물이 곧 생산력이며 생명이었다. 지평선으로 둘러싸인 광활한 평야에 물을 공급하기 위해서 왕들은 왕도를 정할 때마다 거대한 저수지를 만들어 농업용수를 공급하였다. 자야바르만 7세는 자야타타카 바라이를 건설하였다. 그리고 앙코

해자를 건너는 다리 난간에 새겨진 선신

르 톰의 해자를 수로로 이용하여 농경지에 물을 공급하기도 하고, 해자 그 자체를 하나의 물을 저장하는 저수지로 활용하기도 하였다. 그러나 현재 해자는 대부분 말라 버렸고, 남문 일대에서만 겨우 원형의 일부를 볼 수 있다.

성벽 안쪽의 각 모서리 제방 위에는 네 개의 작은 탑형 사원이 있다. '천사의 사당'이라는 의미를 가진 쁘라삿 츠렁 Prasat Chrung이다. 네 개의 사당은 사암으로 만들어졌으며, 관세음보살을 숭배하는 불교 사원이다. 십자형으로 되어 있으며 동쪽으로만 출입하도록 되어 있다. 위로 올라가면서 연꽃 봉오리 형상을 하고 있으며 벽면에는 여신상이 새겨져 있다. 이곳에는 성벽을 축조한 자야바르만 7세를 찬양하는 비석이 있으며, 사원에는 성벽의 정초석과 성을 둘러싼 해자의 시작점을 표시하고 있다. 인간이 최선을 다해서 적을 방어하지만 인간의 능력을 벗어난 부분은 신의 몫으로 돌리고 있는 것이다.

자비로운 미소가 있는 성문 |

앙코르 톰에는 다섯 개의 성문이 있다. 동서남북 각 성벽의 중앙에 각각 하나씩 네 개의 성문이 있다. 이들 문은 중심축을 향해 있으며, 정중앙에 자리한 바이욘 사원으로 모인다. 남문은 밖으로는 시엠립 시내와 연결되며 현재는 관광객들의 주 출입구로 이용된다. 북문은 성 밖의 프레아 칸과 닉 뽀안으로 갈 때 통과한다. 동문은 승리의 문에게 그 자리를 내어주어 쓰임새가 별로 없고,

동쪽 승리의 문

시체나 쓰레기를 내어가는 허드레 용도로 사용되었다. 서문은 앙코르 톰에서 서 메본과 서 바라이와 연결되어 있다.

한편 동쪽에는 승리의 문 Gate of Victory이 하나 더 있다. 승리의 문은 왕실 광장의 로열박스와 직선으로 연결되어 있다. 전쟁에서 승리한 병사들이 이 문을 통해 위풍당당하게 들어와 거대한 왕실 광장에서 사열하여 왕에게 전승보고를 드리는 용도로 만들어졌다. 성 밖으로는 동 메본과 연결된다.

성문 입구에는 해자를 건너는 다리가 있다. 다리는 신의 세계와 인간의 세계를 연결

하는 무지개를 의미한다. 그리고 다리 난간 양옆에는 각각 54개의 석상이 나열되어 있는데, 이것은 힌두교의 신화인 '우유바다 젓기'를 형상화한 것이다. 신과 악마들이 영생의 약 암리타amrita를 구하기 위해 서로 동맹을 맺고 만다라산을 거대한 뱀 바수키의 몸에 묶어 우유의 바다를 1천 년 동안 휘젓는다는 내용이다.

다리의 입구에는 거대한 뱀 바수키가 9개의 머리를 부채처럼 펼치고 들어오는 사람들을 응시하고 있다. 그리고 선한 신들과 악한 악마는 뱀의 몸통을 무릎 위에 받쳐 들고 난간을 형성한다. 난간을 형성하고 있는 석상 가운데 왼쪽은 선한 신들이고 오른쪽은

앙코르 톰 남문 전경

악마들이다. 선한 신은 전신에 밝은 색채를 띠며 온화하고 자비로운 표정을 하고 있다. 반면 악한 악마의 석상은 색채는 물론 툭 불거져 나온 눈 등 표정이 매우 험악하다.

성문은 고푸라 탑문의 형태로 되어 있다. 고푸라 탑문은 성벽에 성문을 내면서 그 통로 위를 탑처럼 높게 쌓아서 성벽 내에서도 돋보이도록 한 기법이다. 자야바르만 7세는 사방에 얼굴이 새겨진 탑문 양식을 도입하였다. 성문의 높이는 23m이며 출입문 양쪽에는 머리가 세 개 달린 코끼리, 즉 아이라바타를 탄 인드라 신이 지키고 있다. 번개와 하늘의 신 인드라가 자신의 무기인 금강저를 들고 문을 지키고 있다. 인드라 신을 태운 코가 셋 달린 코끼리 아이라바타는 코로 연꽃을 잡고 있다. 그리고 꼭대기에는 네 개의 얼굴 조각상이 가운데 있는 연꽃 모양의 산을 사방에서 수호하는 형상이다.

자야바르만 7세는 고푸라 탑문 형식을 통해서 자신을 신격화하였다. 성문 통로 양쪽을 지키고 있는 인드라는 약한 자와 중생을 보호하는 신으로 천상천하에서 가장 강력한 벼락을 주무기로 사용한다. 그런데 자야바르만 7세는 인드라 신 위에서 관세음보살의 모습으로 사방의 중생들을 바라보고 있다. 매우 자비로운 미소를 머금은 채 모든 신의 가장 높은 곳에 자리하고 있는 자야바르만 7세는 지상 최고의 권력자인 동시에 최고의 신이었다.

앙코르 톰의 중심 바이욘 | 바이욘 사원의 화려한 모습은 앙코르 톰의 번영을 상징한다. 중국 사신 주달관은 당시 앙코르 톰의 모습을 상세하게 기록하였다.

앙코르 도성의 중앙에는 황금탑(바이욘 사원)이 하늘을 찌르고 서 있으며, 그 주위에는 20여 개의 탑들과 수백 개의 석실(회랑)이 백여 칸이나 되었다. 그 동쪽에는 황금사자 두 마리가 지키고 있는 황금다리가 있고, 8개의 황금 부처상이 석실을 따라 있다. 황금탑에서 북쪽으로 1리를 가면 청동으로 만든 동탑(바푸온 사원)이 있다. 황금탑보다 더 높은 곳에서 바라보면 울창한 숲으로 둘러싸여 있으며, 그 아래에는 석실이 수십 칸 있다. 또 그곳에서 북쪽으로 1리를 가면 거기가 국왕이 사는 왕궁이다. 왕궁의 뜰 안에는 별도의 황금탑(피메아나카스 신전)이 있다. 해상 무역상인들이 왕래하면서 이들은 앙코르 왕국을 '부유하고 화려한 진랍국'이라고 칭하였다. 이는 이처럼 많은 황금탑이 있었기 때문이다.

앙코르 톰의 모든 길은 바이욘으로 통하였다. 정사각형의 성곽도시인 앙코르 톰의 정 가운데 바이욘이 있다. 동서남북의 성문에서 시작된 길은 모두 바이욘으로 연결된다. 바이욘을 중심으로 사방으로 폭 25m의 도로가 4개 있다. 바이욘은 우주의 중심인 메루산인 동시에 자야바르만 7세를 상징한다. 세상의 모든 길은 우주의 중심인 메루산으로 통하고 당시의 모든 힘은 자야바르만 7세에게 집중되어 있었음을 의미한다. 그리고 승

리의 문에서 왕실 광장으로 연결된 또 하나의 도로가 있다. 전쟁에서 승리한 군대가 당
당하고 자랑스러운 모습으로 개선하기 위해 만든 별도의 도로이다. 앙코르 톰 내부에
있는 다섯 개의 도로에는 사람들이 쉴 수 있도록 쉼터가 마련되어 있다.

바푸온 Bapuon

바푸온은 앙코르 톰이 만들어지기 200년 전에 건설되었다. 바푸온은 우다야디트야바르만 Udayadityavarman 2세가 1060년경에 완성하였다. 수리야바르만 1세의 뒤를 이은 우다야디트야바르만은 신왕사상을 강조하기 위해서 그의 정신적 스승인 대사제 사다시바 자예드라판디타의 건의를 받아들여 신들이 거주하는 황금 사원을 왕도 중앙에 건설하였다. 그리고 사원 중앙에 황금의 시바 신 링가를 세웠다. 이 황금 사원이 바푸온이다.

왕도 야소다라푸라 중심의 국가 사원 |

바푸온은 왕도王都 야소다라푸라의 중심에 자리한 국가 사원이었다. 바푸온 사원은 바이욘 사원의 북서쪽 400m 지점에 있다. 앙코르 톰에서는 바이욘 사원이 왕도의 정중앙에 자리한 국가 사원이었다. 그러나 앙코르 톰이 건설되기 전 야소다라푸라에서는 바푸온이 왕도의 정중앙에 자리한 국가 사원이었다. 당시의 왕도 야소다라푸라는 앙코르 톰과 구조가 거의 동일하였다.

바푸온은 불교가 융합된 힌두교 사원으로 시바 신에게 바쳐진 사원이다. 하늘 높이 솟아 있는 사원은 힌두교 신들이 거주하는 메루산을 의미한다. 힌두교의 메루산은 불교에서는 수미산須彌山으로 불리운다. 힌두교와 불교는 충돌하지 않는다. 우다야디트야바르만 2세는 불교를 옹호하였던 그의 부왕 수리야바르만을 위하여 불교적인 요소도 함께 가미하였다. 바푸온 사원에 힌두교와 불교가 혼재되어 있는 것은 바로 이같은 이유 때

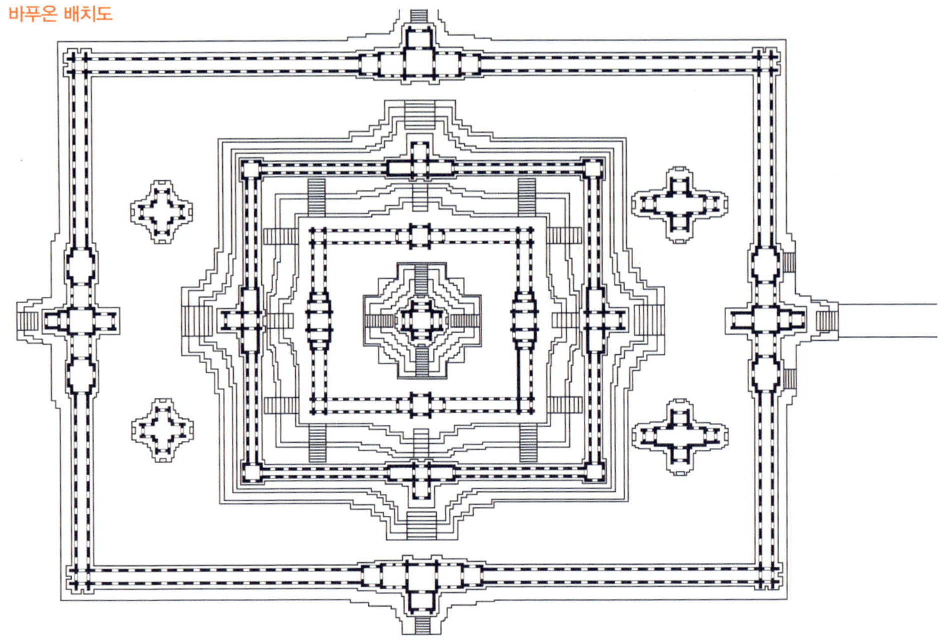

문이다.

바푸온은 외곽 담으로 둘러싸인 메루산의 형상을 하고 있다. 외곽 담의 둘레는 425×125m로 장방형이다. 북쪽은 왕궁과 연결되며 동쪽은 왕실 광장과 연결된다. 동쪽 정문을 들어서면 우주의 바다를 상징하는 연못을 가로질러 172m에 달하는 다리가 있다. 세 줄로 된 수많은 기둥들이 받치고 있는 다리는 2세기 후인 1250년에 만들어진 것이다. 다리 사이사이에는 다양한 동물들의 부조가 있다. 말라버린 연못 바닥으로 내려가 다리 밑을 들여다보면 3열의 둥근 기둥들이 도열하고 있는 모습이 장관이다.

바푸온은 5층으로 된 거대한 피라미드 형태의 사원이다. 메루산은 인간을 포함한 삼라만상이 거주하는 네 개의 대륙 중앙에 위치한다. 메루산을 상징하는 원형탑이 5단짜리 4각형 기단基段 위에 건축되었다. 각 방향으로 네 곳에 현관이 나 있으며 계단을 통해 내부로 들어갈 수 있다. 내부는 맨 아랫단부터 3단까지는 단을 빙 둘러 복도로 이루어진 회랑의 모습을 하고 있다. 동쪽 문을 통해 3층으로 올라서면 십자형의 경전을 보관하는 네 개의 장서각이 있고 가운데 3단 피라미드 형태의 중앙신전이 있다.

 | 바푸온은 앙코르 지역에 있는 사원 가운데 가장 튼튼하지 못한 건축물이다. 따라서 여러 번 붕괴되고 몇 번의 재건을 거듭하였다. 현재도 프랑스 극동학교에서 복구 작업을 벌이고 있다. 바푸온은 수백 개의 부조로 장식되어 있다. 이 사원을 둘러싸고 있는 네 개의 담 가운데 유명한 이야기 부조로 장식되어 있는 것은 두 번째 담에 있는 고푸라 탑문뿐이다.

바푸온의 부조는 힌두교인이 지켜야 할 덕목을 이야기 하는 『라마야나』·『마하바라타』이다. 액자식으로 된 조그마한 사각형의 테두리 안에 새겨진 부조들은 일상생활상과 숲속의 장면을 생동감 있게 표현하고 있다. 두 번째 담 동쪽 고푸라의 앞쪽 남쪽 면에는 『라마야나』에 나오는 장면, 즉 시타가 자신의 정절을 증명하기 위하여 불의 시련을 겪는 이야기가 새겨져 있다. 북쪽 면에는 『마하바라타』에 나오는 쿠룩셰트라 전투 이야기가 새겨져 있다. 그리고 뒷면 북쪽에는 길들인 코끼리를 이용하여 교묘하게 야생 코끼리를 잡는 장면과 함께 짐마차와 하인들을 그린 일련의 장면들이 새겨져 있다.

피안교 다리 아래 3열의 둥근기둥

복원의 날을 기다리는 돌들

뒷면 남쪽에는 호랑이를 사냥하는 남자의 부조 밑에 한 여자를 두고 결투를 벌이는 장면과 목을 베는 장면 등이 있다.

남쪽 고푸라의 앞면 서쪽에는 한 고행자가 호랑이에게 쫓겨 나무 위로 올라가는 장면, 사냥꾼이 바람총으로 새를 잡는 장면 등 일상을 그린 장면이 새겨져 있다. 그리고 『바가바타 푸라나』에 나오는 크리슈나의 어린 시절에 일어난 일화 세 가지도 그려져 있다. 남쪽 고푸라의 뒷면에는 고행자들의 삶을 그린 장면이 새겨져 있다. 그리고 원숭이들이 거대한 락샤사와 싸우는 장면, 하누만이 아카시아 숲에서 시타를 만나는 장면 등 『라마야나』에 나오는 장면들이 그려져 있다.

서쪽 고푸라는 불안한 상태이기는 하지만 지금까지 원래의 상태를 유지하고 있는 유일한 고푸라이다. 앞면에는 웅장한 전투 장면과 동물들이 그려져 있고, 한 무리의 악사와 궁전에서 아름답게 단장을 하는 여인들의 모습, 궁전에 라마와 락슈마나인 듯한 사람이 활을 들고 있는 장면 등이 보인다. 쿰바카르나 깨우기에 관한 이야기는 3단으로 되어 있다. 뒷면에는 신화 속에 나오는 씨름과 전투 그리고 동물들이 벌이는 혼전이 펼쳐지고 있다.

북쪽 고푸라의 앞면에
는 『라마야나』에 나오는
랑카 전투에 관한 이야기
의 여러 장면을 볼 수 있
다. 뒷면은 황소와 말들이
마주보고 있는 장면, 『라
마야나』에서 라마와 수그
리바가 락슈마나 앞에서
동맹을 맺는 장면, 사람과
동물이 싸우는 장면 등이
등장한다. 그리고 바닥에
떨어져 있는 벽돌들도 이
고푸라에서 떨어져 나온
것인데 여기에도 다양한
장면들이 부조되어 있다.

한편 서쪽 2단 벽면에
는 부처님의 열반상이 새
겨져 있다. 비스듬히 누운

벽면에 새겨진 다양한 내용의 부조

자세로 열반에 드시는 부처님의 모습은 그 길이가 무려 40m에 이른다. 그러나 많은 부
분이 훼손되어 현재도 복구작업을 진행하고 있다.

바푸온은 사원의 대부분이 붕괴되어 정확한 규모를 추측하기 어렵다. 일찍부터 프랑
스 고고학팀에 의해 복원작업이 진행되었다. 하지만 크메르 루즈 시절 내전과 베트남
전쟁으로 복원공사는 1972년에 중단되었다. 1990년대에 다시 공사를 재개하였으나 지
반이 무너지는 등 공사에 난항이 계속되자 철근 콘크리트를 만들고 그 기초 위에 라테
라이트와 사암을 붙여나가는 방법으로 공사를 마무리했다. 그러나 아직도 사원의 웅장
함과 아름다움이 복원 공사용 천막에 가려져 있다.

바이욘 Bayon

바이욘은 앙코르 톰의 정중앙에 자리한 국가 사원이다. 왕도가 야소다라푸라였을 때 정중앙에 바푸온이라는 국가 사원이 있었듯이 왕도가 앙코르 톰으로 확대 발전하면서 바이욘이 새롭게 건설되었다. 국가 사원은 국왕을 상징하기 때문에 나라의 중심인 왕도의 정중앙에 자리한다. 특히 신왕사상과 결합하여 국왕은 곧 신과 동일시되었다. 국가 사원에서는 종교적으로 신을 숭배함과 동시에 현세의 국왕도 함께 숭배하였다. 따라서 국가 사원은 국왕과 신이 동시에 살고 있는 메루산을 상징한다.

앙코르 톰 정중앙의 국가 사원 |

참파국은 메콩강을 거슬러 올라와 톤레삽 호수에 정박한 뒤 앙코르의 왕도를 공격하였다. 나무로 둘러쳐진 앙코르의 성벽은 참파국의 공격에 힘없이 무너졌다. 국왕마저 죽임을 당한 앙코르는 철저하게 파괴되었다. 그러나 앙코르의 위기는 위대한 영웅 자야바르만 7세를 탄생시켰다. 그는 위기에 빠진 앙코르 왕국을 구원하였다. 남아 있던 크메르군을 규합한 자야바르만 7세는 톤레삽 전투에서 참파국 군대를 대파하고 승리를 거두었다. 이후 그는 대규모의 정비 사업을 시작하였다. 완벽한 성채도시 앙코르 톰을 건설하고 각 지방으로 연결되는 도로를 건설하였으며, 자선병원을 건립하였다. 그리고 신왕사상을 바탕으로 국가 사원인 바이욘을 앙코르 톰 정중앙에 건설하였다.

자야바르만 7세는 국왕으로 즉위한 이후 국교를 불교로 바꾸었다. 그는 정통 왕위계

승자가 아니고 참파국을 물리친 공으로 비어 있던 왕위에 올랐기 때문에 카스트라는 철저한 신분제도를 바탕으로 정통을 강조하는 힌두교가 부담스러웠다. 반면 불교는 평등을 주장하며 신분적으로 비교적 자유로웠다. 자야바르만 7세는 국교를 힌두교에서 불교로 개종함으로써 종교적으로 자신의 왕위 계승을 정당화하고자 하였다.

자야바르만 7세는 대승불교를 채택하였다. 대승불교는 부처 이외에 보살의 개념을 도입한 보다 대중적인 불교이다. 그는 자신을 대승불교의 보살 가운데 가장 자비로운 관세음보살과 일치시킴으로써 자신이 백성들에게 가장 자비로운 존재임을 과시하고자 하였다. 그리고 자신을 관세음보살의 모습으로 바이욘 사원에 새겼다.

바이욘은 이후 몇 차례 변화를 거듭하였다. 바이욘은 건설 당시 십자형으로 설계되었으나 자야바르만 7세가 죽고 자야바르만 8세에 의해 국교가 불교에서 힌두교로 바뀌면서 사각형으로 바뀌었다. 불교 사원이었던 바이욘을 힌두교 사원으로 전환하는 과정에서 중앙신전의 불상은 땅속에 묻히고 그 자리에 비슈누와 시바가 합체된 신상인 하리하

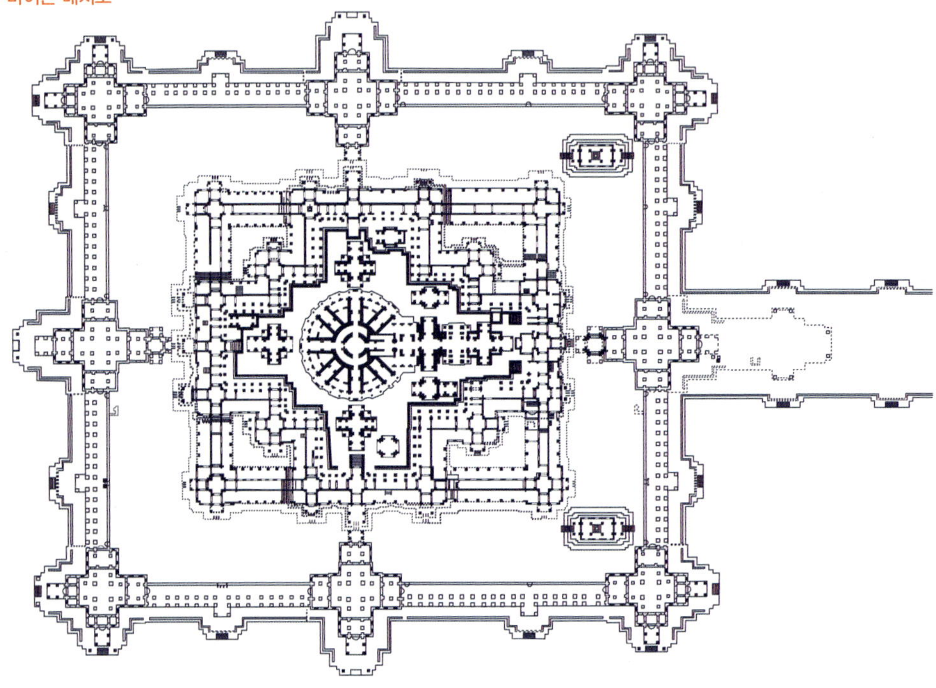

라상이 모셔졌다. 54기의 관세음보살 사면상도 일부는 파괴되어 현재는 37기만 남아 있다.

그러나 현재 바이욘은 불교사원이다. 캄보디아가 태국의 식민 지배를 받으면서 그들에 의해 소승불교가 전파되었고, 바이욘에는 다시 힌두교 신상 대신에 불상이 모셔지는 변화를 겪었다. 그러나 불교가 힌두교에서 파생되어 나온 것이기 때문에 기본적인 사원의 구조에는 큰 변화가 없었다.

관세음보살의 미소, 자야바르만 7세의 자비 |

바이욘의 기본 형태는 불교의 중심 수미산을 상징한다.

앙코르 왕국의 사원은 대부분 힌두교 사원으로 건설되었기 때문에 힌두교 신이 사는 메루산의 형태를 하고 있다. 하늘 높이 솟아 있는 힌두교 사원은 신화에 등장하는 신들이 거주하는 메루산을 의미한다. 불교의 수미산은 힌두교의 메루산과 마찬가지로 인간을 포함한 삼라만상이 거주하는 네 개의 대륙의 중앙에 위치한다.

바이욘에는 정중앙에 수미산을 상징하는 중앙탑이 있고 주변에 수많은 탑들이 중앙탑을 향하여 있다. 바이욘의 탑이 몇 개인지는 정확하게 알 수 없다. 다만 앙코르 톰 남문에 선신과 악신의 수가 54명인 것과 마찬가지로 54개였을 것으로 추정된다. 그러나 실제로는 49개의 흔적만 확인할 수 있으며 현재 남아 있는 것은 37개이다. 탑의 정상에는 얼굴이 새겨져 있다. 탑에 얼굴을 새길 때 사면에 네 개의 얼굴을 새기는 것이 원칙이다. 그러나 탑 가운데 세 개의 얼굴이 새겨진 것도 있고, 두 개의 얼굴이 새겨진 것도 있다.

탑에 새겨진 얼굴이 누구의 얼굴인가에 대해서는 세 가지의 설이 제기되고 있다. 첫째, 관세음보살의 얼굴이라는 것이다. 자야바르만 7세는 대승불교를 숭배하면서 바이욘을 불교 사원으로 건설하였다. 따라서 대승불교에서 가장 자비로운 존재인 관세음보살

회랑 기둥에 새겨진 압사라

문을 통해 본 중앙탑

을 새겨 백성들로 하여금 숭배하게 하였을 것이다. 둘째는 자야바르만 7세의 얼굴이라는 것이다. 자야바르만 7세는 바이욘 사원을 건설하면서 부조 등을 통해 자신이 평생 쌓았던 업적을 그대로 담아 두고자 하였다. 그는 자신이 참파국에 정복당한 앙코르 왕국을 탁월한 전략으로 물리치고 대제국을 형성하였다. 이같은 사실을 바이욘 벽에 부조로 새겨 백성들에게 알리고 동시에 역사에 길이 남기고자 하였다. 셋째, 탑에 새겨진 얼굴은 관세음보살인 동시에 자야바르만 7세라는 것이다. 자야바르만 7세는 자신을 관세음보살이 현신한 것으로 표현하였다. 백성들과 역사 속에 관세음보살과 같은 자애로운 백성의 어버이로, 세상의 고통에 귀 기울이는 자비로운 관세음보살로 기억되기를 원했던 것이다.

탑에 새겨진 얼굴의 표정은 다양하다. 모두 서로 다른 모습을 하고 있다. 넓은 이마, 살짝 감은 듯한 눈매, 선명한 쌍꺼풀, 선이 굵고 두툼한 입술 그리고 가끔은 환한 미소, 때로는 잔잔한 미소를 띤 신비로운 얼굴들이다. 조각한 사람들이 아마도 자신이 생각하고 있는 최고의 미남·미인의 얼굴을 새긴 듯하다. 얼굴의 모습은 시간에 따라서 달라지기도 한다. 아침 해가 떠올라 서쪽 지평선으로 질 때까지 바이욘에 쏟아지는 햇살은 얼굴의 표정을 천만가지로 변화시킨다. 빛의 밝기와 해의 길이, 빛이 만들어내는 그림자의 길이, 음영의 효과에 따라 얼굴 표정은 살아 있는 사람의 그것처럼 수시로 달라진다. 그리고 보는 방향과 각도에 따라서 그 얼굴 표정은 전혀 다른 모습으로 나타난다. 바이욘을 여러 차례 방문하여도 항상 새로운 느낌을 받는 것은 바로 이 때문이다.

바이욘에는 앙코르의 미소가 있다. 또한 관세음보살의 자비로운 미소가 있다. 모두 다 캄보디아인의 미소이다. 캄보디아인들은 잘 웃는다. 낯선 사람이라고 하더라도 서로 눈을 2초 이상 마주치면 미소를 띤다. 참 순박하고 착한 심성의 사람들이다. 바이욘의 미소는 자야바르만 7세의 자비의 미소인 동시에 캄보디아인들의 깊은 심성에서 우러나오는 자연스러운 미소이다.

미소는 친근감을 준다. 아무런 부담없이 가까워질 수 있다. 우리나라의 불상이 그러하듯이 바이욘의 관세음보살도 입가에 은은한 미소를 띠고 있다. 신분적 차별·빈부의 격차·남녀노소의 구분도 없이 그것을 바라보는 누구에게나 미소를 띤다.

거대한 피라미드 형태의 사원 | 바이욘은 거대한 피라미드 형태의 사원이다. 바이욘은 돌을 깎아 쌓아 올린 석조 사원이다. 앙코르 와트가 벽돌을 한장 한장 쌓아서 만든데 비해 바이욘은 자연미의 돌을 깎아서 만든 사원이다. 크기가 서로 다르고 형태가 다른 20여만 개의 돌을 블록놀이 하듯이 끼워 맞추어 건설하였다.

바이욘의 주 출입구는 동쪽 문이다. 앙코르 와트의 주 출입구가 서쪽인 것과는 대조적이다. 주 출입구가 동쪽인 것은 왕실 광장이 동쪽으로 향해 있다는 것과 같은 이유이다. 승리의 문을 통해 개선하는 군대를 맞이하기 위해 왕실 광장이 동쪽을 향해 있는 것과 마찬가지로 자야바르만 7세는 자신을 상징하는 주 출입구도 동쪽으로 하였다.

바이욘은 3층으로 구성되어 있다. 1층은 8개의 고푸라 문과 16면으로 구획된 정사각형의 구조이다. 72m 길이의 동쪽 문을 들어서면 양쪽에 사자상이 있고, 1층은 156×141m의 외부 회랑으로 되어 있다. 2층은 1층과 마찬가지로 정사각형의 구조로 되어 있

다. 2층에는 80×70m의 내부 회랑으로 되어 있다. 1층 외부 회랑과 2층 내부 회랑 사이에는 16개의 건물이 있었다. 이곳은 불교 승려들이 거처 했던 곳으로 추정된다. 이 건물은 다시 힌두교로 개종한 자야바르만 8세에 의해 파괴되어 그 흔적만 남아 있다. 동쪽 문을 통해 2층으로 올라서면 앙코르 지역의 다른 사원과 마찬가지로 남북 양쪽에 장서각이 남아 있다. 3층에는 한 가운데 직경 25m 크기의 거대한 중앙탑이 있다. 중앙탑은 불교의 수미산을 상징하는 것으로 지상으로부터 43m의 높이로 솟아 있다. 원래는 십자형으로 되어 있었으나 후에 원형으로 바뀌었다.

바이욘의 또 다른 경이로움은 1층의 외부 회랑과 2층의 내부 회랑을 장식하고 있는 장대한 부조이다. 1층의 외부 회랑은 인간의 영역으로 일반 백성들의 출입이 허용되었다. 자야바르만 7세의 전승 장면과 국왕의 덕치로 실현된 평화로운 백성들의 일상생활이 새겨져 있다. 자야바르만 7세는 글을 모르는 백성들에게 부조를 통해 자신의 업적을 알리고자 하였다.

2층 내부 회랑은 신의 영역으로 승려들만 출입이 허용되고 일반 백성들은 들어갈 수 없는 신성한 지역이었다. 이곳에는 『라마야나』와 『마하바라타』에 나오는 힌두교 신화가 새겨져 있다. 2층 내부 회랑은 자야바르만 7세가 만든 것이 아니라 후대 힌두교로 국교를 개종한 자야바르만 8세의 작품으로 추정된다. 조각 솜씨가 조잡할 뿐만 아니라 내용과 성격이 불투명한 것이 많기 때문이다.

1층 외부 회랑 – 인간의 나라 |

1층 외부 회랑은 8개 구역으로 나누어져 있다. 동서남북 각 면은 한 가운데 고푸라 문을 기준으로 두 구역으로 구분된다. 전체적으로 외부 회랑은 길이 35m, 높이 3m의 회랑 8개로 구성되어 있다. 부조의 벽은 다시 가로로 2단, 혹은 3단으로 구분되어 있다. 중간 단을 기준으로 상단에는 신분적으로 높은 인물을 조각하거나 먼 곳을 상징한다. 반면 하단은 신분적으로 낮은 인물을 조각하고 가까운 곳을 부조하였다. 부조된 인물의 신분은 크기로 구분하였다. 신분이 높은 인물은 크게 부조하고, 신분이 낮은 인물은 상대적으로 작게

군대행렬-중국 지원군

군대행렬-가족과 함께 전쟁터로 가는 앙코르 군대

군대행렬-진군하는 참파군

전투 장면―해전

전투 장면―육전

전투 장면―시체를 넘어 진군하는 군대

일상 생활 풍경—수퇘지 싸움

일상 생활 풍경—도자기 만들기

일상 생활 풍경—공물을 바침

부조하였다. 이 기법은 고대미술에서 나타나는 가장 단순한 방법이다. 이처럼 복잡하지 않고 단순한 기법을 사용한 것은 쉽게 민중들이 이해할 수 있도록 배려한 것이다.

외부 회랑에는 전쟁을 통해 평화를 되찾은 자야바르만 7세의 업적이 파노라마처럼 새겨져 있다. 내용은 치열한 전투 장면과 평화로운 일상생활 두 가지로 크게 구분된다. 치열한 전투 장면은 1177년 참파국의 침략으로 앙코르가 점령당하고 산으로 도망가는 장면에서부터 1181년 자야바르만 7세가 다시 앙코르를 재탈환하기까지 치루었던 여러 가지 전투 장면이 등장한다. 전장에 나가는 군사들의 행렬은 장엄하다. 전투 장면에는 다양한 군대가 등장한다. 아군인 앙코르 군인은 짧은 머리에 투구나 갑옷을 입지 않은 채 창이나 방패를 들고 있다. 반면 적군인 참파국 군인은 연꽃을 뒤집은 것 같은 금속 투구를 쓰고 있다. 지원군인 중국 군인은 의복을 차려입고 구레나룻 수염을 기르고 있다. 당시에 중국은 지금의 베트남인 참파국을 견제하기 위해 앙코르 왕국과 동맹관계를 맺고 있었다. 그리고 전투 장면도 톤레삽 호수에서 치루었던 해전과 육지에서 이루어졌던 육전으로 구분된다.

외부 회랑에는 당시 앙코르인의 일상생활이 묘사되어 있다. 전쟁과 함께 평화가 부조되어 있는 것이다. 다양한 사람들과 다양한 삶의 모습이 전투 장면 사이사이에 부조되어 있다. 그것은 당시를 살고 있었던 사람들의 모습일 뿐만 아니라 현재를 살고 있는 캄보디아인들의 모습이기도 하다. 벽에 새겨진 모습은 현재 캄보디아인의 생활 속에 그대로 남아 있으며, 당시 중국 사신 주달관이 쓴 『진랍풍토기』에도 그대로 남아 있다. 캄보디아인들의 삶의 모습은 긴 역사의 흐름에도 불구하고 별다른 변화가 없었음을 알 수 있다.

외부 회랑의 조각은 현실적이고 생동감이 있다. 앙코르 와트의 부조가 지나치게 완벽하고 양식적이라면 바이욘의 외부 회랑 부조는 어설프고 거칠지만 생동감 있고 현실적이다. 그것은 외부 화랑에 새겨진 부조가 힌두교나 앙코르 신화의 내용이 아니라 역사적인 사실과 생생한 민중의 삶을 표현하고 있기 때문이다. 민중들의 일상생활은 인간적이고 친근하다. 전투 장면조차도 매우 낭만적이다. 전투의 치열함보다는 오히려 전투 중에 일어난 에피소드가 훨씬 더 가슴에 와 닿는다. 자야바르만 7세는 외부 회랑의 부조를 통해 백성들에게 관세음보살처럼 자비롭고 친근한 모습으로 다가가고자 하였던 것이다.

　외부 회랑은 시계방향으로 돌아야 한다. 바이욘의 주 출입문인 동쪽 문을 들어서면 양쪽에 사자상들이 있고 문틀만 남아 있다. 동문을 들어서면 외부 회랑을 만난다. 외부 회랑의 이야기 속으로 들어가면 과거 속에 자리한 자신을 발견하게 된다.

여신 데바타

　2층의 내부 회랑은 동서남북 각 면의 한 가운데 계단이 있고 두 개의 탑이 자리하고 있어서 각 면은 여섯 개의 구역으로 구분된다. 전체적으로 80×70m에 이르는 내부 회랑은 24개 구역으로 나누어져 있다.

　내부 회랑은 승려들에게만 출입이 허용되고 일반인들의 출입이 통제된 신성한 영역이었다. 외부 회랑에 역사적인 사실이 부조된 것과는 대조적으로 내부 회랑에는 힌두교 신화인 『라마야나』와 『마하바라타』에 나오는 신화의 내용이 부조되어 있다. 그러나 내부 회랑의 부조들은 신화를 일관성을 가지고 장기적인 계획에 의해 조각된 것이 아니다. 부조된 내용은 서로 연결되지 못하고 별개의 것으로 존재한다.

　2층 내부 회랑의 부조는 신화를 주제로 하여 조각하였을 뿐만 아니라 단편적인 내용을 조각하고 있어서 현실감과 생동감이 떨어진다. 역사적 사실과 일상생활을 부조하여 생동감 있고 현실적인 1층 외부 회랑과는 대조적이다. 조각 자체도 미완성의 상태로 남아 있는 것이 많아 그 내용을 파악하기 어려운 것이 많다. 1층 외부 회랑은 불교의 관세음보살을 자칭했던 자야바르만 7세의 작품이고 2층 내부 회랑은 힌두교로 개종한 자야바르만 8세의 작품이다. 신화가 역사적인 사실보다 현실성이 떨어지는 것은 어쩌면 당연한 것이라 하겠다.

　바이욘에는 전체 54개의 탑이 있었으나 현재는 37개가 남아 있다. 모든 탑에는 관세음보살상이 새겨져 있어서 얼굴탑이라 부르기도 한다. 이 가운데 3층에 16개의 탑이 있고 중심에 중앙탑이 자리한다. 중앙탑은 동서남북 네 방향으로 출입구가 있고 가운데 직경 5m의 석굴 안에 불상이 모셔져 있었다. 그러나 자야바르만 8세 때 힌두교로 개종하면서 불상은 우물에 버려졌다.

　1933년 프랑스의 학자 조르쥬 트루베가 중앙탑을 조사하는 과정에서 우물 속에 있는 불상을 발견하였다. 높이 3.6m의 불상은 나가 위에 올라 앉아 있는 형상으로 자야바르

2층 내부 회랑－시바 숭배

2층 내부 회랑－비슈누 숭배

2층 내부 회랑－신숭배

만 7세를 나타낸다. 이후 1935년 모니봉 국왕에 의해 승리의 길의 남쪽, 즉 남 끌레앙 근처에 모셔졌었다. 현재 이 불상은 비히어 프람필 로벵 Vihear Prampil Loveng에 모셔져 있다.

중앙탑과 그 안의 밀실은 원형의 기초 위에 자리한다. 원형은 하늘을 상징한다. 그리고 인도에서 화장한 부처를 안치한 최초의 사리탑이 원형이었던 데서 기원한다. 바이욘은 방이라는 뜻이다. 그것은 바로 자야바르만 7세와 그 가족들이 모셔진 무덤이라는 뜻이다. 자야바르만 7세는 이곳 바이욘에서 앙코르를 수호하면서 영원히 살아 있다.

중앙탑에 모셨던 불상

왕궁과 왕실 사원

왕도王都에는 왕궁王宮을 비롯하여 국왕이 사용하는 다양한 시설들이 있다. 통치 행위를 하는 왕실 광장, 국왕의 종교생활을 위한 왕실 사원 그리고 국왕이 죽으면 들어갈 수 있도록 만들어진 국왕의 무덤이 있다. 왕궁과 왕실 광장·왕실 사원이 살아 있는 국왕을 위한 것이라면, 국가 사원은 죽은 이후의 국왕을 위한 것이었다.

왕궁이 국왕을 위한 사적인 공간이라면 왕실 광장은 국가적 행사를 위한 공적인 공간이다. 왕궁은 11세기 수리야바르만 1세가 건설한 이후 13세기까지 여러 차례 복원 과정을 거치면서 권력의 중심이 되었다. 동서로 585m, 남북으로 246m의 직사각형으로 높이 5m의 붉은 라테라이트 담으로 둘러싸여 있었다. 그 내부에는 왕실 사원과 목욕탕 그리고 주거 건축들이 있었다.

그러나 대부분의 왕궁 건축물은 없어지고 담장과 건물의 잔해만이 남아 있다. 당시 건축물은 대부분 나무로 지어졌기 때문이다. 돌로 만들어진 담장과 문·건축물의 기초 부분만이 그 당시의 영광을 보여주고 있을 뿐이다.

왕실 광장은 여러 가지 행사를 통해서 국왕이 일반 군중과 접하는 장소이다. 그곳에서 거행되는 주요 행사는 외국 사신의 영접, 국가의 공식행사, 군대 사열, 전투에 출정하는 군대에 대한 전송, 귀환한 군대의 환영 등이다. 왕실 광장은 광장과 테라스로 구성되어 있다. 광장은 여전히 넓은 모습으로 자리하고 있으며, 사열대였던 테라스는 목조 건축물은 없어지고 석조로 되어 있는 테라스만 남아 있다. 테라스에는 다양한 조각들이 부조되어 있는데 크게 코끼리 테라스와 문둥이 테라스로 구분된다.

한편 왕궁의 정중앙에는 국왕의 종교생활을 위한 왕실 사원이 있었다. 피메아나카스Phimeanakas가 그것이다. 피메아나카스는 왕실의 제단이자 왕실 사원이다. 국왕이 뱀 여인과 동침을 하는 비밀스러운 궁전이라고 하여 '천상의 궁전Aerial Palace'이라고 부르기도 한다.

왕 궁

왕궁은 담장과 건물의 잔해만이 남아 있다. 수리야바르만 1세는 1010년 자야비라바르만과 왕권을 둘러싼 9년간의 내전에서 승리하였다. 수리야바르만 1세는 왕궁을 건설하고 1011년에는 관리들로부터 충성서약을 받았다. 충성서약은 왕궁의 고푸라 석주에 새겨져 있는데 서명한 사람은 4,000여 명에 달한다.

왕궁의 목욕탕 | 왕궁의 전체 넓이는 14헥타르에 이르며 문은 동쪽에 한 개, 남쪽과 북쪽에 각각 두 개씩 총 다섯 개가 있다. 이 가운데 주 출입구는 동쪽 문과 직선으로 이어져 있다. 후에 내부에 담을 하나 더 쌓았다. 내부 담벽에는 다양한 내용들을 부조하였다. 큰 연못 주변 담벽에는 악어·물고기·소·말 등의 부조가 새겨져 있다. 서쪽 담벽에는 16세기에 만든 것으로 보이는 행진하는 사람들·코끼리·말 등이 조각되어 있다.

왕궁은 왕실 사원과 목욕탕 그리고 주거 건축들로 구성되어 있었다. 왕실의 제단이자 사원인 피메아나카스가 왕궁의 정중앙에 자리하고 있다. 국왕과 왕비 등이 사용하였던 사각형의 목욕탕이 있다. 목욕탕은 여자용과 남자용으로 구분된다. 작고 깊은 연못은 여성용인 쓰라 쓰레이 Srah srei이며 큰 연못은 왕과 남자들이 목욕하던 곳이다.

큰 연못은 자야바르만 8세가 건설한 것으로 125×45m의 직사각형이다. 연못은 사암으로 둘러싸여 있고 13개의 계단으로 연못과 연결되어 있다. 연못의 깊이는 5.3m로 바

닥에는 라테라이트가 깔려 있다. 이곳에서 왕을 위한 각종 수중경기가 열렸던 것으로 생각된다. 문둥왕 테라스와 흡사한 연못의 부조는 2단으로 되어 있다. 아랫단에는 짐승과 인간 모습을 한 큰 뱀이 새겨져 있으며, 윗 단에는 암수의 가루다 한쌍이 부조되어 있다. 작은 연못은 큰 연못의 동쪽, 왕궁의 동북쪽에 자리하고 있는데 크기는 40×20m 이다. 왕궁의 여인들이 목욕하던 곳으로 사암으로 만들어졌으며 연못의 깊이는 4.5m이다. 그러나 현재 연못에는 화려한 선남선녀들이 목욕하는 대신 썩은 나무 한그루가 앙코르 왕국의 운명처럼 물속에 넘어져 있다.

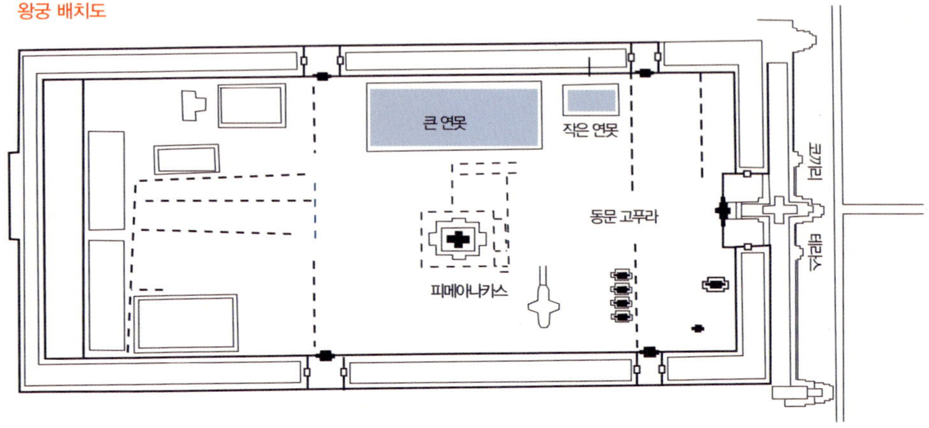

화려했던 건축물은 주춧돌만 남기고 |

왕실 건축물들은 서쪽에 집중되어 있었다. 그러나 건물의 흔적은 찾아 볼 수 없고 외부보다 1.2m 정도 높은 지반 위에 검은 주춧돌만이 무질서하게 흩어져 있다. 당시 신들의 거처인 신전은 석재로 만들었지만 왕의 거처인 왕궁은 목재로 건축하였다. 목재로 지어졌던 왕궁은 천년이라는 세월을 이기지 못하고 주춧돌만 덩그러니 남겨 놓았다.

왕궁의 건축물들은 모두 동쪽으로 향해 있었다. 정실正室의 기와는 연鉛판으로 되어 있었으며 그 나머지는 흙으로 구운 연와煉瓦였는데 황색을 띠고 있었다. 건축물과 회랑 그리고 통로는 장관이었다. 국왕이 정사를 보는 곳에는 금으로 장식된 창문이 있고, 격자창 좌우에는 거울이 달린 4각 기둥이 있었다. 거울은 40~50개 면에 이르렀다. 그리고 창문 아래는 코끼리 모양으로 장식하였다. 그러나 현재 왕궁터는 쉼터와 기념품을 파는 장터로 바뀌었다. 물건을 파는 호객꾼의 시끄러운 소리만이 가득하다.

왕실 광장과 연결되는 왕궁의 주 출입구인 동쪽 탑문은 비교적 그 형태를 그대로 유지하고 있다. 십자형 탑문인 동문은 왕궁의 정문으로서 위용을 간직하고 있다. 기둥의 화려한 조각과 상인방의 중앙에 새겨진 수호신인 '칼라'의 머리 조각이 예사롭지 않다. 그러나 내부에 들어서면 천정이 날아가 버려 하늘이 훤히 보인다. 이곳이 현재가 아닌 이미 지나간 영광의 자리였음을 실감나게 한다.

동쪽 탑문의 문설주에는 정교한 산스크리트 명문이 새겨져 있다. 수리야바르만 1세가 취임식을 거행할 때 4,000명의 관리들로부터 받은 충성서약이다. 이 충성서약은 1011년 9월 9일에 이루어졌다. 국왕에 대한 충성서약을 배신할 경우에는 '내세에서 군주에게 온갖 방법으로 고통 받도록 청원할 것이다', '32개 지옥에서 다시 태어나게 될 것이다' 등의 서약 내용이 들어 있다. 동쪽 문을 나서면 넓은 공간이 나타난다. 왕실 광장이다. 남북으로 길게 뻗은 광장은 위대한 앙코르 왕국의 상징이다.

동쪽 탑문에 새겨진 충성서약 비문

연못 주변 담벽에 새겨진 부조

왕이 목욕하던 큰 연못, 옆에 왕비가 목욕하던 작은 연못이 있다.

왕실 광장

　동문을 나와 테라스 위에 올라서면 눈앞에 펼쳐진 엄청난 규모의 광장은 압도적인 위용을 과시한다. 남북으로 300m에 걸쳐 펼쳐진 왕실 광장은 평소에는 정원으로 사용되지만, 국가적인 행사가 있을 때는 국왕이 직접 일반 군중을 접견하는 장소이다. 광장에서 진행되는 행사는 외국 사신의 영접, 국가의 공식행사, 군대사열, 전투에 출정하는 군대의 전송, 귀환한 군대의 환영 등이다.

앙코르 왕국의 상징, 왕실 광장 |

앙코르 왕국이 전성기를 누리던 시절 왕실 광장은 대제국의 상징이었다. 광장의 가운데로 승리의 길이 열려 있다. 왕궁의 정문과 국왕이 사열을 받았던 로얄박스 그리고 승리의 문은 일직선으로 되어 있다. 승리의 문은 앙코르 왕국의 영원한 적국이었던 참파국으로 가는 먼 길의 출발점인 동시에 종착점이었다. 왕실 광장에서 출정식을 한 자야바르만 7세는 참파국을 물리치고 다시 승리의 문을 통해 이 광장으로 개선하였다. 전쟁에서 승리한 군대가 위풍당당한 모습으로 들어와 전승을 보고하였다. 왕실 광장은 승리의 상징이며 대제국의 상징이다.

　왕실 광장은 축제가 열리던 곳이다. 앙코르 왕국의 축제는 전쟁의 승리로 평화가 찾아왔을 때 그리고 힘써 일한 결과로 풍요가 온 나라에 가득할 때 열렸다. 왕궁 앞에 크고 높은 나무들을 묶어서 대규모 연단을 만들고 이 연단에 각종 등불과 꽃가지를 달았

다. 낮에는 광장에 60m 높이의 장대를 세우고 밧줄타기를 하였다. 그리고 밤에는 꽃으로 장식된 화약과 폭죽으로 불꽃놀이를 하였다. 꽃모양의 불꽃은 100리 밖에서도 볼 수 있었다. 폭죽 소리는 대포 소리와 같아서 그 폭음이 도성 전체를 진동시켰다. 국왕은 이 자리에 외국 사절을 초대하였다. 중국 사신 주달관도 초대되어 이 광경을 보고 『진랍풍토기』에 당시 풍경을 상세하게 기록하였다.

왕실 광장에서는 거의 매달 축제가 열렸다. 정월에 시작된 축제는 4월에는 폴로처럼 공 던지기 게임을 하는 포구축제가 열렸다. 5월에는 영불수靈佛水 축제를 개최하여 국가 안의 멀고 가까운 곳에 있는 모든 불상을 모으고 물을 떠오게 해서 국왕과 함께 불상을 씻었다. 6월에는 육지에서 배를 끌게 하고 국왕이 높은 연단에 올라 관람하였다. 7월에는 벼이삭을 태우는 행사를 하였다. 이때가 되면 새로운 벼를 수확하여 이를 남문 밖에서 태워 부처에게 공양하였다. 8월에는 애람이라는 춤 축제가 열렸다. 왕궁 안에서 매일 연주에 맞추어 춤을 추고, 돼지 싸움과 코끼리 싸움을 벌였다. 국왕도 외국 사절과 함께 이 같은 축제를 관람하였다. 9월에는 군중 집회를 열었다. 이 집회는 왕궁 앞에서 사람들을 검열하는 것으로 인구를 조사하기 위한 것이었다.

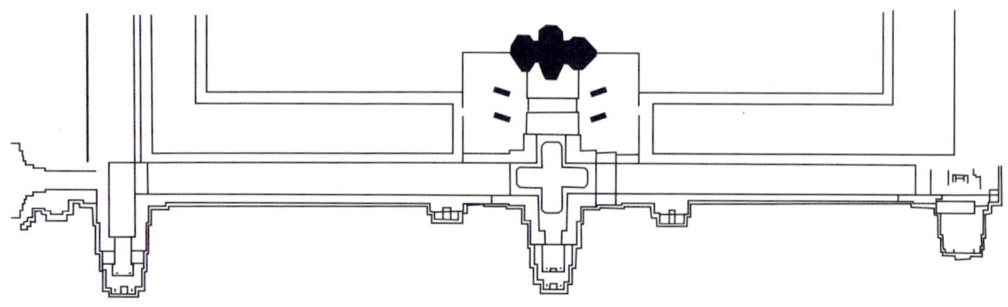

　왕실 광장에는 국왕이 사열을 하였던 건물의 테라스가 있다. 목조건물이었기 때문에 건축물은 세월 속으로 사라지고 테라스만이 옛 영광을 보여주고 있다. 테라스는 코끼리 테라스와 문둥이 왕 테라스 두 부분으로 구분된다. 코끼리 테라스는 300m에 이르는 거대한 것으로 광장으로 내려가는 계단이 설치되어 있다. 문둥이 왕 테라스는 테라스의 가장 북쪽에 자리하고 있다. 테라스 위쪽에 문둥이 왕으로 알려진 자야바르만 7세의 조각상이 자리하고 있었기 때문에 문둥이왕 테라스라는 이름이 붙여졌다.

　왕실 광장의 건너편에는 승리의 문을 중심으로 프라삿 수오르 프랏^{Prasat Sour Prat}과 끌레앙이 좌우 대칭의 형태로 자리하고 있다. 프라삿 수오르 프랏은 승리의 문을 사이에 두고 좌우로 각각 6개씩 12개의 탑이 나란히 서 있다. 라테라이트로 만든 탑 프라삿 수오르 프랏^{Prasat Sour Prat}은 '줄을 타는 춤꾼의 탑'이라는 의미이다. 그리고 승리의 길 좌우에는 대칭으로 북 끌레앙과 남 끌레앙이 있다. 끌레앙은 '창고'라는 뜻이다. 이 건물의 용도는 왕실의 귀중품이나 무기를 보관했던 곳으로 추정된다. 그러나 창고로 보기에는 건물이 지나치게 아름답고 품위가 있어서 귀족이나 외국 대사들이 앙코르의 왕을 알현하기 위해 대기하던 곳으로 추정하기도 한다.

코끼리 테라스 |

왕실 광장은 넓은 광장과 사열대로 구분된다. 사열대는 광장에서 벌어지는 군대를 사열하고 축제를 관람하기 위한 것으로 광장을 따라서 길게 만들어진 누각형의 건축물이었다. 현재 목조건축물은 사라지고 건물들을 떠받쳤던 기단基壇만이 테라스란 이름으로 남아 있다. 테라스의 화려하고 장엄한 조각은 당시의 웅장하고 화려했던 모습을 짐작케 한다.

코끼리 테라스는 거대하고 장엄한 구조물이다. 참파국을 물리치고 대제국을 형성한 자야바르만 7세는 막강한 국력을 바탕으로 앙코르 톰을 완성하였고, 코끼리 테라스는 그 심장부에 해당한다. 코끼리 테라스라는 이름은 테라스 아래 긴 외벽에 실물 크기의 거대한 코끼리 상이 벽에 가득 조각되어 있기 때문이다.

코끼리 테라스는 바푸온 신전 입구에서 왕궁 정문을 지나 문둥이왕 테라스까지 300m에 이른다. 테라스 위에는 자야바르만 7세가 왕궁을 확장하면서 지은 누각 형식의 건물들이 있었다. 사열대를 비롯하여 정원을 감상할 수 있는 정자 형식의 건물들이었다. 그러나 이들 건물은 목조건축이었기 때문에 천년 세월동안 사라져 버렸다. 2단의 테라스 위에 건물 기단의 흔적만 남아 있다. 그리고 기단을 장식하는 부조들만 남아 옛 영광을 말해준다.

코끼리 테라스에는 왕실 광장으로 오르내릴 수 있는 다섯 개의 계단이 있다. 왕궁의

코끼리 테라스에 새겨진 코끼리 부조

정문과 연결된 중앙에 세 개가 있고, 남쪽과 북쪽 끝에 각각 한 개씩의 계단이 있다. 중앙계단의 용도는 대단히 중요하다. 뱀신 나가의 허리로 테를 두른 난간이 있고, 입구에는 날렵하지만 늠름한 사자상이 지키고 서 있다. 이곳에서 바라보면 정면에 승리의 문이 보이고, 길이 직선으로 연결되어 있다. 이곳에 로얄박스가 있었다. 국왕이 국가적 행사를 하면서 민중들 앞에서 연설하거나 군대의 사열을 받았던 곳이다.

코끼리 테라스에는 많은 조각들이 있다. 테라스 벽의 코끼리들은 모두 양각 형태의 부조로 되어 있다. 사열을 받듯이 테라스 벽 가득히 새겨진 코끼리의 조각은 장엄하다. 단순하면서도 동일한 형상의 반복은 지루함보다는 엄숙하고 장중함을 느끼게 한다. 테라스의 계단을 장식하는 코끼리들은 융기 형식으로 되어 있다. 마치 벽에서 툭 튀어 나올 것 같은 형상을 취하고 있어서 리얼하고 생동감을 느끼게 한다. 머리가 세 개 달린 코끼리는 긴 코를 늘어뜨린 채 연꽃을 주워 모으는 모습을 하고 있다. 이 코끼리는 비를 내려주는 농경의 신 인드라를 태우고 다니는 아이라바타Airavata이다.

중앙 계단과 북쪽 계단 사이 테라스 외벽에는 코끼리와 호랑이가 결투하는 장면이 조각되어 있다. 코끼리 두 마리가 호랑이를 사냥하는 장면이다. 코끼리 한 마리는 호랑이의 몸통을 잡고 있고 다른 한 마리는 넓적다리를 잡고 있다. 다른 한쪽에는 코끼리를 부리는 사람이 물병에서 물을 마시는 장면이 조각되어 있다. 옆에 있는 주인이 그의 어깨를 툭툭치며 다음 사람이 마실 물을 남겨놓으라고 한다. 매우 일상적이어서 재미 있다.

왕실 광장 전경

코끼리 테라스-코끼리 부조

코끼리 테라스-북쪽 계단

코끼리 테라스-기루와 부조

왕실 광장 테라스에 코끼리가 조각되어 있는 것은 코끼리가 당시에는 가장 중요한 전
투 병력이었기 때문이다. 오늘날 탱크와 같은 것이었다. 앙코르 지역에 있는 부조에 나
타난 전투 장면을 보면 두 명의 병사가 코끼리를 타고 한 조를 이루고 있음을 볼 수 있
다. 자야바르만 7세가 참파국을 물리치고 대제국을 형성할 수 있었던 것은 바로 이 코끼
리 부대 덕분이었다. 따라서 자야바르만 7세는 제국의 위세와 국왕의 권위를 상징하기
위해 테라스에 강력한 힘의 코끼리를 새긴 것이다. 코끼리는 앙코르의 힘이었다.

중앙 계단을 떠받치는 테라스의 외벽에는 가루다와 용맹스러운 사자가 새겨져 있다.
가루다는 힌두신화에서 비슈누 신이 타고 다니는 천상의 새이다. 가루다가 테라스에 새
겨진 것은 국왕이 살고 있는 곳이 하늘 궁전임을 상징하는 것이다. 하늘 궁전을 지향했
던 자야바르만 7세는 이같은 개념을 직접적으로 암시하는 가루다를 기단에 조각하였던
것이다. 그리고 사자는 백수의 왕으로 가장 강력한 왕권을 상징한다.

인드라 신을 태우고 다니는 코끼리 아이라바타

코끼리 테라스의 북쪽 끝에는 운동경기를 하는 장면이 조각되어 있다. 말을 타고 창 싸움을 하는 사람·씨름 선수·질주하는 전차·검투사·폴로 경기를 하는 사람 등 다양한 모습이다. 왕실 광장에서 벌어진 축제의 모습을 보여주는 것이다. 국왕이 축제의 장면을 후세에 전하고자 하는 의도에서 조각한 것으로 생각된다. 생동적인 부조의 장면 속에서 백성들이 즐거워하며 환호하는 소리가 들려오는 듯하다.

북쪽 계단 끝의 이중벽 사이에는 색다른 형태의 말 조각이 있다. 머리가 다섯 개 달린 말이 무사들에게 둘러싸여 있다. 이 말에 대한 해석은 두 가지이다. 첫째, 당시 왕의 말을 형상화한 것으로 보는 견해이다. 말머리 위쪽으로 왕과 왕비가 사용하는 파라솔이 새겨져 있기 때문이다. 둘째, 관세음보살이 중생을 구원하기 위해 발라하Balaha라는 말로 나타난 불교 설화를 형상화한 것이라는 견해이다. 이곳에 등장하는 인물들은 연꽃 받침 위에 올라 서 있다. 그리고 머리가 짧은 난쟁이들이 놀란 표정으로 말 다리 사이에 잔뜩 움츠리고 있다. 말 머리 주변에는 악마들이 압살라와 인간을 위협하는 장면도 있다. 특히 테라스를 만든 자야바르만 7세는 자신이 곧 관세음보살이라 하였다. 따라서 머리가 5개 달린 말은 발라하라는 말의 모습으로 나타난 관세음보살로 보는 것이 타당할 것 같다.

문둥이왕 테라스 |　　문둥이왕 테라스는 코끼리 테라스의 가장 북쪽에 있다. 코끼리 테라스가 300m로 길게 뻗어 있는 직선의 형태를 취하고 있는 것과는 대조적으로 전체 길이가 25m에 불과하며 각으로 이루어진 반원의 형태이다. 그리고 내벽과 외벽의 이중벽 구조로 되어 있다. 프랑스가 이곳을 보수하다가 흙 속에 파묻혀 있던 또 다른 벽을 발견한 것이다.

테라스의 이름이 문둥이왕 테라스가 된 것은 테라스 위에 문둥이왕 조각상이 자리하고 있었기 때문이다. 현재 문둥이왕 테라스 위에 있는 문둥이왕 조각상은 복제품이다. 진품은 프놈펜 박물관에 소장되어 있다. 이 조각상은 완전히 발가벗은 상태로 황색가사를 걸치고 있다. 머리를 꼬아서 틀어 올리고 오른쪽 무릎을 세우고 앉아 있는 이 조각상은 불타오르는 내면의 세계를 표현하고 있다. 두툼한 입술 위로 콧수염이 약간 나 있고,

힘차게 받친 턱의 모습과 풍만한 뺨, 시원한 이마에 짙은 눈썹과 지긋이 내리감은 눈,
우뚝 솟은 매부리코 그리고 싱긋이 미소짓는 입술 사이로 이가 보이는 표정 등 인간의
내면에 대한 섬세한 표현들은 앙코르 예술의 정수이다. 이러한 형태의 조각상은 앙코르
왕국에서는 보기 힘든 것으로 주로 자바 불교 양식이다. 자야바르만 7세가 대제국의 건
설을 위해 자바섬까지 정벌하는 과정에서 유입된 것으로 추정된다.

　문둥이왕은 누구일까? 조각상의 주인공에 대한 학설은 다양하다. 첫째, 앙코르 지역
으로 왕도를 옮겨 진정한 앙코르 시대를 연 야소바르만 1세라는 설이다. 위대한 왕 야소
바르만 1세에게는 슬픈 전설이 있
다. 그는 말년에 문둥병에 걸렸다.
그래서 은퇴하여 숲속에서 슬픈 여
생을 보냈다. 앙코르 톰 안에 있는
문둥이왕 테라스는 후대에 그를 위
하여 만들어졌다는 것이다.

　둘째는 이 테라스를 건립한 자야
바르만 7세라는 설이다. 그는 앙코
르 지역에 많은 병원을 지었다. 이
것은 자신이 문둥병 환자였기 때문
이라는 것이다. 캄보디아 현지인들
은 지금도 이 조각상을 자야바르만
7세로 믿고 있다. 병원은 물론이고
호텔이나 관공서에는 이 조각상을
복제하여 안치하고 있다. 그들에
게 자야바르만 7세는 왕의 존재를
넘어 자신을 수호하는 신의 존재로
가슴속에 간직되고 있다.

　셋째는 신상神像이라는 설이다.

발라하라는 말의 모습으로 나타난 관세음보살 1

이 석상이 부富의 신인 '쿠베라Kubera'를 상징한다고 하는데, 그것은 쿠베라가 문둥병자로 추정되기 때문이다. 그리고 이 조각에 새겨진 고대 문자를 근거로 죽음의 신 야마Yama라고 추정하기도 한다. 이들 학설 가운데 자야바르만 7세라는 학설이 가장 유력하다.

문둥이왕 테라스의 용도는 화장터였을 것으로 추정된다. 조각상에 새겨진 문자 '죽음의 신 야마', '야마의 심판' 등의 단어를 종합해보면 문둥이왕 테라스에서 왕의 화장을 치루었거나 왕실 전용의 화장터가 있었을 것으로 추측해 볼 수 있다. 야마Yama는 힌두교나 불교에서 죽은 자의 영혼을 심판하여 극락과 지옥으로 보내는 권한을 가진 신으로 불교에서는 염라대왕閻羅大王으로 지칭된다. 그리고 앙코르의 신전들은 대개 장제전葬制殿을 겸하며 사람이 죽으면 화장하는 풍습이 있었다. 따라서 왕이 승하하면 이곳 문둥이왕 테라스에서 만인이 보는 가운데 화장을 하고, 그 유골을 신전에 모셨을 것으로 생각된다.

문둥이왕 테라스는 내·외벽의 이중구조로 되어 있다. 내벽은 원래 왕궁 광장 테라스였다. 최초의 내벽은 사암으로 쌓았고 그 폭도 1m에 지나지 않았다. 그나마 붕괴되어 같은 재질로 새로 쌓으면서 그 폭을 2m로 확장하였다. 외벽은 자야바르만 7세가 왕궁을 확장하면서 새롭게 만든 것이다. 왕궁의 위용에 걸맞는 장엄한 코끼리 테라스를 건설하면서 테라스의 선을 맞

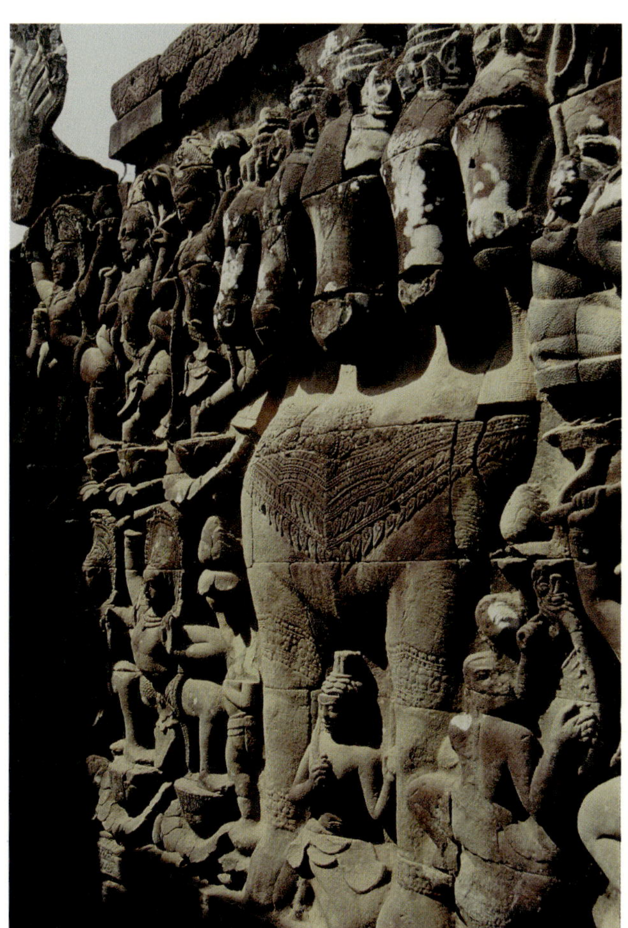

발라하라는 말의 모습으로 나타난 관세음보살 2

문둥이왕 테라스에 새겨진 여신

문둥이왕 테라스의 부조

문둥이왕 테라스 전경

추기 위해 원래의 것을 놔두
고 같은 선상에 테라스를 새
로 건립하다보니 두 겹의 테
라스가 형성된 것이다. 확장
신축된 테라스의 외벽은 기단
의 각 면이 25m이며 높이는
6m이다. 아래쪽 기단은 강한
라테라이트를 사용했으며, 부
조를 새기는 윗 단은 부드러
운 사암으로 건축했다. 윗 단
은 총 7단으로 쌓았는데 각
단마다 부조들이 빼곡하게 새
겨져 있다.

문둥이왕 테라스의 부조는
작지만 섬세하다. 크고 웅장
한 코끼리 테라스의 부조와

문둥이왕 조각상

대조적이다. 벽돌을 쌓아 7단으로 올린 벽에는 양각 기법의 섬세한 부조가 빼곡하게 새
겨져 있다. 인체의 굴곡이 확연하고 악마나 인간·압사라들의 표정 또한 희노애락의 감
정이 분명하게 느껴질 정도로 선명하다. 동일한 것이 없는 다양한 표정의 부조 감상은
즐겁다. 힌두 신화에 등장하는 나가·가루다·악마·육감적인 여인·압사라 등을 볼 수
있다. 발굴에 의해서 드러난 북쪽 외벽과 내벽의 조각은 보존 상태가 매우 좋은 편이다.
그 가운데서도 북쪽 외벽이 가장 좋다. 내벽의 조각 역시 상당 부분 보수되어 상태가 아
주 좋다. 내벽의 전반적인 주제는 외벽의 모티브와 비슷하며 코끼리 등이 조각되어 있
다. 문둥이왕 테라스의 조각을 보고 있으면 어느새 나 자신도 신화속으로 들어가 그 조
각 가운데 하나가 된다.

문둥이왕 테라스 부조–남신

줄타기와 재판을 했던 프라삿 수오르 프랏 |

앙코르 톰 왕실 광장에서 시작되는 승리의 문을 사이에 두고 좌우로 각각 6개씩 12개의 탑이 나란히 서 있다. 라테라이트로 만든 탑과 탑 사이의 거리는 약 35m이다. 이 탑들의 이름은 프라삿 수오르 프랏Prasat Sour Prat이다. '줄을 타는 춤꾼의 탑'이라는 의미다.

앙코르 왕국에서는 정월이 되면 가득稼得이라고 하여 축제를 벌였다. 이 축제에서 줄타기를 하였다. 나무를 연결하여 높은 연단을 설치하고, 마치 장대나무를 세워 놓은 것과 같은 모습의 탑을 만들었다. 탑과 탑 꼭대기에 밧줄을 연결하여 그 위에서 줄타기를 했다. 국왕은 왕궁 앞의 테라스에 앉아 이 광경을 구경하였다. 프라삿 수오르 프랏은 나무로 만들던 임시 탑을 벽돌탑으로 바꾼 것으로 생각된다.

한편 프라삿 수오르 프랏에서 재판을 하기도 하였다. 13세기에 이곳을 다녀간 주달관은 사람들 사이에 분쟁이 일어나면 이 탑에 올라가서 죄를 가렸다고 기록하고 있다.

두 사람 사이에 소송이 일어나면 누가 옳고 그른지 밝히기가 어렵다. 이때는 왕궁의 맞은편에 있는 12개의 작은 석탑에 가서 두 사람이 각각 하나의 석탑에 앉는다. 그리고 그 바깥에는 양쪽의 친척들이 둘러서서 보호한다. 어떤 때는 1,

2일, 어떤 때는 3, 4일 간 앉아 있다. 잘못한 자는 반드시 증거가 드러나기 마련인데, 몸에 부스럼이 생기거나 기침을 하고 열이 나는 등의 증거가 나타난다. 잘못이 없는 자는 아무 일도 일어나지 않는다. 이와 같은 방식으로 잘잘못을 구분하는데, 이것을 '신의 판결'이라 한다. 아마도 토지신의 신비적인 능력으로 이와 같은 일이 일어나는 것 같다.

문둥이왕 테라스 부조-여신

12개의 탑은 승리의 문으로 가는 길을 사이에 두고 좌우 대칭으로 자리하고 있다. 양쪽 6개씩 있는 탑 가운데 각 5개씩 10개의 탑은 약간 앞으로 나와 있고, 각 1개씩 2개의 탑은 약간 뒤로 물러나 있다. 라테라이트로 만들어졌으며 상인방과 박공은 사암으로 만들었다. 박공면에는 나가의 장식이 있는 것도 있지만 대부분은 조각 장식이 없다. 탑은 위로 올라갈수록 좁아지는 3층으로 되어 있으며, 문은 왕궁을 향하여 열려 있다. 그리고 다른 세 방향에는 큰 창문이 있다.

프라삿 수오르 프랏

왕실 보물창고, 끌레앙 | 코끼리 테라스에서 넓은 왕실 광장을 사이에 두고 동쪽 건너편에 프라삿 수오르 프랏이 있고, 그 바로 뒤에 끌레앙이 있다. 끌레앙은 승리의 길 좌우에 북 끌레앙과 남 끌레앙이 대칭으로 자리하고 있다.

끌레앙은 '창고'라는 뜻이다. 그러나 이 건물의 정확한 용도는 알 수가 없다. 두 가지 설이 있다. 첫째는 이름에서 알 수 있듯이 '보물 창고'라는 것이다. 즉 왕실의 귀중품이나 무기를 보관했던 곳으로 추정하고 있다. 그런데 끌레앙은 창고로 보기에는 건물이 지나치게 아름답고 품위가 있다.

둘째, 외국사신을 영접하던 곳이라는 것이다. 이는 북 끌레앙에 사신들의 '왕에 대한 충성 맹세'의 장면이 정교하게 새겨져 있기 때문이다. 학자들은 흔치 않은 이 부조가 새겨졌을 이유를 추측해 보건데 아마도 귀족이나 외국 대사들이 앙코르 왕국의 국왕을 알

현하기 위해 대기하던 건물이 아닐까 하는 추정을 하고 있다.

북쪽 끌레앙은 원래 라젠드라바르만 2세 시절 목조건물로 지어졌다. 그 후 아들 자야바르만 5세가 충성 맹세 부조와 아름다운 인테리어로 정성을 들인 현재의 석조 건물로 개축되었다. 자야바르만 5세는 크메르 건축을 단순한 건축물이 아닌 예술적 최고 경지로 이끈 탁월한 재능을 가진 인물이었다. 따라서 개축을 하면서 건물의 변신과 함께 용도도 변경하지 않았을까 생각된다.

연대적으로는 북쪽 끌레앙이 먼저 건립되었고, 남쪽 끌레앙은 후대에 건립되었다. 북쪽 끌레앙은 라젠드라바르만 2세가 나무로 건설한 것을 자야바르만 5세가 석조 건물로 개축하였다. 북쪽 끌레앙은 40×4.7m의 크기에 1.5m 두께의 벽으로 되어 있다. 중앙의 문은 코끼리 테라스 쪽을 바라보고 있으며 통로는 나가로 장식되어 있으나 훼손이 심하다. 남쪽 끌레앙보다는 건물의 장식이 보다 섬세하고 정교한 편이며 내부에서 자야바르만 5세의 비문이 발견되었다.

　남쪽 끌레앙은 수리야바르만 1세 당시에 건립되었으나 건물 및 인테리어 모두 미완성인 상태로 남아 있다. 40×4.2m의 크기로 북쪽 끌레앙에 비해서 장식이 적고 단촐하다. 사암으로 만들어진 내부는 아무런 장식이 없는 하나의 홀로 되어 있다.

　길다란 직사각형 구조의 사암과 라테라이트로 건립된 두 건물은 모두 밀림 속에 파묻힌 채 오랜 세월을 버티어 왔다. 거대한 보리수 나무들이 거센 뿌리로 휘감아 누른 탓에 발굴에 무척이나 애를 먹었다고 한다. 현재도 곧고 거대한 열대 거목들이 뒤에 버티고 서 있다.　끌레앙은 현재 보수 중이라 내부에는 들어갈 수 없다.

끌레앙의 출입문과 창문

피메아나카스 Phimeanakas

피메아나카스는 왕실의 제단이자 사원이다. 피메아나카스는 왕궁의 정중앙에 자리하고 있으며, 국왕이 뱀 여인과 동침을 하는 비밀스러운 궁전이라고 하여 '천상의 궁전 Aerial Palace'이라고 부르기도 한다. 또한 '황금탑'이라는 이름도 가지고 있는데 그것은 사원의 3층 중앙신전 꼭대기를 황금으로 입혔다고 전해지기 때문이다.

천상의 궁전 | 피메아나카스는 라젠드라바르만 2세가 짓기 시작하였으나 대부분의 중요 시설물은 수리야바르만 1세 때 완성하였다. 피메아나카스는 3층의 피라미드형으로 되어 있다. 1층은 35×28m로 계단층이며 2층은 회랑이 있는 회랑층이고 3층은 30×25m로 중앙신전이다. 붉은색 라테라이트와 사암으로 건립하였는데 그 층을 나눔에 있어서도 섬세한 배려와 미적 감각이 돋보인다.

피메아나카스는 전체적으로 직사각형의 구조이다. 1층은 계단층으로 지상에서부터 정점을 향해 뾰족하게 3단으로 공간을 나누었다. 3단의 사방 각 면 한 가운데 신전을 향하는 계단을 만들었다. 그리고 각 단층마다 계단 양쪽에 사자상을 배치하고 각 층의 코너에는 사암으로 만든 코끼리상을 배치하였다.

2층에는 사방을 둘러 사암으로 쌓은 좁은 복도, 즉 회랑이 있다. 이 같은 회랑은 난간과 벽의 구실을 하였다. 회랑에는 앙코르 톰 사방을 내려다 볼 수 있는 창문이 나 있다. 그리고 회랑의 사방 각 코너에는 좁고 작은 방이 있다.

뱀 여인과 국왕의 동침 │

3층은 신전이며 계단으로 연결되어 있다. 황금으로 덮힌 신전은 뱀 여인이 왕과 동침하던 신비의 장소이다. 이와 관련하여 주달관이 지은 『진랍풍토기』에는 피메아나카스에 관한 내용을 상세하게 전해주고 있다.

궁전의 한 가운데는 금탑이 있다. 궁전의 금탑 안에는 국왕이 밤만 되면 탑 아래에 드러눕는다. 이 나라 사람들은 나에게 다음과 같은 이야기를 전해주었다. 탑 한가운데는 머리가 아홉 달린 뱀의 정령이 있는데, 이 정령이 왕국 토지의 주인이며 여인의 모습으로 변하여 매일 밤 나타난다. 국왕은 여기서 먼저 그녀와 동침하는데, 그 시간에는 국왕의 부인이라 하더라도 결코 들어올 수 없다. 저녁 9~11시가 지나면 국왕은 이 탑에서 나와서 처첩과 함께 잠을 잔다. 하룻밤이라도 나타나지 않으면 그때는 앙코르 국왕이 죽음에 이르게 된다. 국왕이 하룻밤이라도 가지

않으면 그때마다 반드시 재앙이 내리게 된다.

크메르 건국신화에 의하면 국왕은 뱀의 여인nagi에게서 태어났다. 뱀왕nagaraja은 토지의 주인이자 왕과 국가의 수호신이다. 이와 같은 전설은 결국 왕가의 혈통에 신성한 뱀의 피가 흐르고 있다는 것을 의미한다. 앙코르의 뱀은 우리나라에서 용으로 바뀌었다.

피메아나카스의 이와 같은 전설은 연못 옆 벽에 부조로 새겨져 있다. 피메아나카스 북쪽 왕궁 방향에 두 개의 연못이 있다. 동쪽에 있는 작은 연못은 왕비를 비롯한 왕실 여인들이 더위를 식히고 몸을 정갈히 하던 곳Srah Srei이다. 서쪽에 있는 큰 연못은 남자들 전용이었다. 뱀 여인과 동침하기 전에 왕이 정갈히 몸을 씻었을 이 연못은 현재도 흔적이 남아 있다. 아름다운 장식의 난간과 보도가 피메아나카스와 직접 연결되어 있었다. 난간에는 뱀신 나가와 여인에게 둘러싸인 남자의 조각이 새겨져 있어서 피메아나카스의 전설을 대변한다.

천상의 궁전으로 올라가는 계단은 급경사이다. 계단을 오르려면 대단한 용기가 필요하다. 국왕이 이곳에 올라갈 수 없을 정도로 체력과 담력이 약해지면 바로 왕위를 양위해야 한다는 의미도 담고 있다. 국왕의 위대한 지도력은 남다른 용기와 건강한 체력에서 시작되었다.

참고문헌

- 서규석, 『신화가 만든 문명 앙코르 와트』, 리북, 2003
- 서규석, 『신이 만든 영혼의 도시 앙코르』, 수막새, 2007
- 최병욱, 『동남아시아사』, 대한교과서주식회사, 2006
- 최장길, 『앙코르 왓 신들의 도시』, 앙코르 출판사, 2007
- 이우상, 『앙코르 와트의 모든 것』, 푸른역사, 2006
- 김용옥, 『앙코르 와트·월남가다 上, 下』, 통나무, 2005
- 전운성, 『메콩강, 가난하나 위대한 땅』, 논형, 2009
- 이지상, 『혼돈의 캄보디아, 불멸의 앙코르 와트』, 북하우스, 2007
- 심인보, 『앙코르 기행』, 새로운 사람들, 2002
- 김형준, 『이야기 인도신화』, 청아출판사, 1994
- 트래블게릴라, 『앙코르 유적』, AATNB, 2006
- 브뤼노 다강, 이종인 역, 『앙코르 장엄한 성벽 도시』, 시공사, 1997
- 비토리오 로베타, 윤길순 역, 『앙코르 와트』, 문학동네, 2006

- Claude Jacques, 『Angkor, citys and temples』, River books, 1997
- National Geographic Art Guide , 『Angkor』, Marilia Albanese, 2006
- Helen Ibbitson Jessup, 『Masterpieces of National Museum of Cambodia』, Friend of Khmer Culture, 2006

- 肥塚 隆, 『世界美術大全集, 東洋編 12, 東南アジア』, 小學館, 2001

- 캄보디아 정보센터, http://www.info-cambodia.com
- 앙코르 매직버스, http://goangkor.com.ne.kr/

인간이 만든 신의 나라

1판 1쇄 발행 2010년 12월 10일

1판 2쇄 발행 2013년 6월 10일

글 쓴 이   차장섭

펴 낸 이   주혜숙

표지디자인   오신곤

펴 낸 곳   역사공간

　　　　　　서울시 마포구 서교동 463-31 플러스빌딩 3층

　　　　　　전화: 02-725-8806~7

　　　　　　팩스: 02-725-8801

　　　　　　e-mail : jhs8807@hanmail.net

등록   2003년 7월 22일 제6-510호

ISBN 978-89-90848-78-9 03910

가격 19,000원